日本古代史

法と政治と人と

長谷山 彰
Haseyama Akira

慶應義塾大学出版会

目次

はじめに

歴史上のいずれの王朝や国家であっても、法や制度に頼らずに政権を運営できた例はない。創業の頃は武力で天下を統一した英雄のカリスマ性に頼って政治を運営できたとしても、その後継者の代になれば法を基盤とする効率的な行政システムをもたずに政権を安定的に維持することは難しい。唐の太宗は「創業と守成といずれか難き」と臣下に問うたが、いずれも難しいという結論しか得られなかった。太宗ならずとも王権を守り国家の存続を図るには、武力だけでは足りず、法や制度が必要になる。そして法や制度を有効なものとし、国家機構を効率よく動かすには優れた政治的手腕をもつ人材が必要である。法治か人治かという問いへの答えは両者の融合の中にこそ政治の要諦があるというしかないのである。

現実社会を無視した厳格な法治は社会の発展に必要な柔軟性や闊達な気風を奪って閉塞感をもたらし、法による正当な裏付けのない人治は独裁と腐敗を生み出す。適正な法と優れた政治家と効率の良い行政システムの三種を備えることで三権分立の思想は初めて民主国家を支える原理となり得るがそれを可能にするのは結局のところ、国民一人一人の智徳の水準である。明治の初めに政府が「官」の強化による近代化を進めたのに対して、福澤諭吉は「民」の強化による近代化を理想として、「一身独立して」「一国独立す」の信念のもとに、教育者（慶應義塾の創立）、啓蒙思想家（『西洋事情』、『学問のすゝめ』、『文明論之概略』などの著作）、言論人・経営者（慶應義塾出版局、交詢社、時事新報の設立）として幅広い活動を繰り広げた。封建制の束縛から脱した独立自尊の人材を数多く育て、個々の輪を強くすれば国という鎖全体も自然と強化されるという発想である。良識ある国民に支えられた理想の統治システムの実現は現代にあっても難しい。

日本歴史を遡れば、古代においては、壬申の乱に勝利して、初めて「現人神《あらひとがみ》」と呼ばれた天武天皇の一代には左右大臣は置かれず、天皇の意志を規準として政治が行われた。天武天皇の死後、鸕野《うの》皇后（持統天皇）が跡を継いで即位すると、その時代には、左右大臣を中心とする太政官制が整備され、飛鳥浄御原《きよみはら》令が施行された。さらに持統天皇が譲位し、孫の文武天皇が即位した後に、我が国初の完備した法典である大宝律令が制定され、国号も「日本」と定められるなど国家機構の整備は進んだ。

平安末、院政期の混乱を経て、武家の政権を誕生させた源頼朝時代の初期には、頼朝の自筆花押が据えられた下文《くだしぶみ》が御家人にとって地頭職補任《ぶにん》や所領安堵《あんど》の最大の保証と受け止められ、さまざまな紛争の解決も頼朝の裁断が下れば当事者はそれに服した。天下統一を成し遂げた頼朝のカリスマ性が政権安定の基盤になっていたのである。しかし、頼朝死後、頼家、実朝と二代の将軍が非業の死を遂げ、鎌倉政権が大きく揺らいだとき、それを乗り切ることができたのは、御成敗式目の制定に結実する法の整備と評定衆の設置など統治システムの強化である。カリスマ的な英雄頼朝の独裁から執権北条氏を中心とする集団的な政治運営に切り替えることで、鎌倉幕府は危機を克服して存続を果たすことができた。徳川幕府においても家康が関ヶ原の戦い以後、幕府開創以前から、律令格式をはじめとする朝廷法や御成敗式目などの武家法の採集を大々的に進め、大量の法制史料群は一部は徳川御三家に分賜されたが、多くが江戸城内の紅葉山文庫に収められ、現在に伝わっている。

法制史的な視点から見れば、日本史上の政治変革は中央集権的な統一政権をめざす動きと、独裁に反発し、地方分権的政治をめざす動きのせめぎ合いの中で新しい政治形態が生み出されてゆく動的過程としてとらえることができる。徳川幕府が長期にわたって安定した政権を維持できた理由はさまざまだが、一つにはその制度的基盤が中央集権と地方分権の絶妙なバランスの上に成り立っていたからであろう。西欧の近代化の波が東洋の果ての島国に押し寄せた時に、明治維新後の近代化が強力な中央集権国家の樹立をめざす動きとなったことも偶然ではない。

本書が対象とする日本古代においては、国家成立の動きは史書や金石文で確認できる限りでは紀元前後の弥生時代後期から始まった。したがって、本書の叙述もその頃から始めている。また律令国家の成立と変容を主な対象にしているので、中世国家の出発点となる院政期の国家像については詳しく論じていない。

弥生時代の中期以降、水稲耕作を基盤とする共同体が成長して、九州北部を中心に小規模な政治集団が分立する倭人社会が成立し、やがて統合の動きが進んで、いくつかの地域的政権の連合によって倭国という広域政権が誕生した。その後、大和王権、推古朝から、大化改新を経て、律令国家の成立へと向かう長い歩みは、諸段階を経つつも最終的に中央集権国家を志向する動きである。日本における国家の成立期をどこに置くかについては、一般的に三世紀の邪馬台国時代、五世紀の倭の五王の時代、あるいは七世紀の律令国家の時代に画期を求めることが多い。しかし、国家の基準をどのように設定するかによって、とらえ方は異なり、必ずしも学説は一致していない。法制史の観点からみれば、支配の対象としての領土と領民をもち、行政権、裁判権、財政権、軍事権、外交権等を一元的に把握する政治権力の成立を基準として国家の成立を論じることが多い。したがって、本書の目的も法制度と政治過程の両面から日本古代国家の形成過程を眺めることにあるが、その際に重視したのは当時の東アジアの国際情勢との関連において日本国内の政治過程をとらえることである。

中国大陸、朝鮮半島に近く、極東に位置する日本は地政学的にみて東アジア諸国の動きと無関係に政治や外交を進めることは不可能であった。古代国家形成の動きも中国及びその周辺諸国との交流の中で進められた。特に、日本の国家形成期である三世紀から七世紀の頃は、中国大陸においては紀元前後の秦漢から始まって隋唐へと巨大な帝国が興亡を繰り返す動乱期に当たり、周辺諸国もその影響で建国と対立抗争の時期を迎えた。倭国も邪馬台国段階から中国王朝を中心とする東アジア諸国の対立の中に巻き込まれ、提携と衝突、平和から戦争へと一瞬で転化しかねない危うい均衡の上に乗った外交を展開せざるを得なかった。外交上の巧緻な駆け引きが要求される時期にあって、政治家の外交感覚も研ぎ澄まされたが、それでも時に軍事衝突が発生した。領土をめぐる国家間の対立や、軍事衝突、敗戦を契機とする国家制度の改革や政治的な権力闘争の展開など、日本歴史の上で類例を求めるならば、中世・近世よりも、むしろ時代を飛び越えて明治以降の近代国家の歩みに重なるものがある。また、国家間の関係とは別に、古代には朝鮮半島を経由して、中国や遠くは西域の先進的な文明が人と技術を伴い大量に日本列島に流入した。飛鳥文化や天平文化は優れて国際的な文化であり、一方で多様な国籍の人々が都を闊歩し、渡来系の氏族が貴族集団を含めて日本社会に溶け込んだが、他方では中国的な中華意識の導入によって、異国を蛮夷とみる思想も生まれた。

欧米の研究者の間では、日本歴史の特色をアジアでいち早く近代化し、ほとんど例外的に植民地化を免れた明治以降の発展過程に求めるせいか、明治期及び近代化の土台となった江戸期あたりの分析に力を入れる傾向が強い。その反面、日本古代については、中国的な国家像を追い求めたが、国家の未熟な発達段階ゆえに不完全な制度しかできず、中国の模倣にとどまったと評価し、正面から取り上げることが少ない。また日本の歴史研究者にあっても、戦前には、応仁の乱以前は外国の歴史とほとんど同じであって、日本歴史の研究対象とする必要性は低いとする見方があった。

しかし、現代の日本と中国や朝鮮半島の国々との関係は、遡れば古代にその淵源を求めることができる。また古代の国家制度についても、日中の律令制を子細に比較してみると、中国的な制度を範としながらも、日本の伝統や社会的現実に適合するよう主体的に改変を加え、あえて折衷的な制度を創出した点に日本の律令制の特色がある。一国の現在の姿は連続的に継起する歴史過程の産物であり、一つの時代にみられる特色をもってその国の歴史像を固定化することは適切ではない。

本書は、日本列島における古代国家形成の動きを法と政治の二つの視点から明らかにすることを目的としており、外交史に重点を置くものではないが、できるだけ中国を中心とする東アジア諸国との関係を念頭に置いて歴史像を描くことに努めた。また歴史を創造する主体である人物の姿について可能な限り具体的に触れるよう努力している。信頼性の高い史料に基づき実証的に歴史の実像を明らかにすることは歴史学の学問的信頼性を高める上で重要なことであるが、歴史が人間によって紡ぎ出される物語性を本来的に備えている以上、人間を離れた歴史はあり得ない。実証性を重んじ禁欲的に歴史像を描こうとする態度が過ぎれば、歴史の叙述は無味乾燥な事実の羅列にすぎなくなる恐れがあり、時として教科書にもその傾向がみられる。本書では史実の実証性を重んじつつ、歴史がもつ物語の香りをほのかながらも加える工夫を凝らした。

また、本書は慶應義塾大学の教科書でもあり、本格的に日本古代史を学びたい人のために「学習の手引き」、より深い学習に役立つ「工具書ならびに分野別参考文献一覧」、詳細な「年表」を付した。

著者の力量不足が災いして、意図に反して内容ははなはだ不十分であるが、本書が少しでも日本古代史に興味をもつ読者のお役に立てば幸いである。

本書の刊行にあたっては、慶應義塾大学出版会編集部の佐藤藍子さんにお世話になった。また重版に際して、最小限の誤りを正し、学説に関して、読者の誤りを招く可能性がある記述を訂正した。訂正作業については、山形大学人文学部准教授十川陽一氏のお手を煩わせた。記して感謝申し上げる。

第一章

倭国王卑弥呼の誕生

1　邪馬台国から倭国へ

倭国王卑弥呼の誕生

弥生時代の中期、紀元前後の頃、日本列島の倭人社会では多くの地域的な政治集団が分立し、時に争いを繰り返していたが、動乱の末に地域的な小国家の連合体である倭国が成立し、一人の女性が倭国王に共立された。『三国志魏書』東夷伝倭人条、いわゆる「魏志倭人伝」はその間の事情を次のように伝える。

其の国、本亦男子を以て王と為し、住《とど》まること七、八十年。倭国乱れ、相攻伐して年を歴《へ》たり。乃《すなわ》ち共に一女子を立てて王と為す。名づけて卑弥呼という。

倭国王卑弥呼の誕生である。卑弥呼とはどのような人物であったのだろうか。「魏志倭人伝」は卑弥呼の人物像について次のように記している。

鬼道に事《つか》え、能《よ》く衆を惑わす。年已《すで》に長大なるも夫壻《ふせい》無く、男弟有り、佐《たす》けて国を治む。王と為りて以来、見ること有る者少なく、婢千人を以て自ら侍《じ》せしむ。唯男子一人有り。飲食を給し、辞を伝え、居処に出入りす。

宮室、楼観、城柵、厳に設け、常に人有り。兵を持して守衛す。

これによれば、魏との通交が始まった頃には卑弥呼はすでにかなり高齢の女性であったが、夫を迎えることなく、神聖な存在であったらしい。「鬼道に事え、能く衆を惑わす。」という表現からは女性シャーマン（呪術師）、巫女として神意を伝え聞く特殊な能力を備えていたことが知られる。その力が評価されて倭国の王に共立されたのであろう。王となってから人々の前に姿を現すことがないという記述も卑弥呼の神聖性を物語っている。といっても卑弥呼一人が政治権力を独占していたのではなく、男弟が政治を補佐していた。このような政治体制をヒメ—ヒコ体制と呼び、聖俗二元政治の存在を認める説もあるが、女王とその男弟が聖権と俗権を分有していたとはいえず、祭司王として一元的に政治権力を掌握する卑弥呼を男弟が支えていたとみるべきであろう。「魏志倭人伝」は「佐治＝佐けて国を治む」と表現するが、これは五世紀代の史料である埼玉県行田市の稲荷山古墳出土鉄剣の銘文にみえる「（大王の）天下を左（佐）治した」とする表現と同様の意味であり、あくまで国王は卑弥呼一人である。

このように王権を保持する女性とその補佐者である男性血縁者という関係は、後の推古女帝と甥の厩戸《うまやど》皇子（聖徳太子）、あるいは皇極（斉明）女帝と息子である中大兄皇子などの関係に類例を見出すことができる。『日本書紀』によれば、長く日照りが続き民が難渋した際に、大臣の蘇我蝦夷による仏教の祈雨法が効験を現さなかったのに対して、皇極帝が南淵《みなぶち》の河上で四方を拝し、天を仰いで雨乞いの儀式を執り行うとたちまち雷雨が生じ天下が大いに潤ったという。亀型石や酒船石など飛鳥京跡で発掘された周辺の導水施設は、皇極天皇時代の宗教的儀式のための施設であったとされており、卑弥呼よりも時代が下る女性天皇にもある種の宗教的能力が期待されていたことがうかがわれる。

ところで、一般に卑弥呼は邪馬台国の女王と呼ばれることが多いが、「魏志倭人伝」は卑弥呼を邪馬台国にとどまらず倭国全体の王として位置づけている。「倭国乱れ、相攻伐して年を歴たり。乃ち共に一女子を立てて王と為す」という表現から、この時代、すでに倭人社会には複数の政治的連合体である「倭国」が成立しており、その盟主として卑弥呼が国王に「共立」されたことが知られる。卑弥呼の倭国王としての地位を確実にしたのは魏王朝による認証であった。「魏志倭人伝」は次のように記す。

景初二［三］年（二三九）十二月、詔書して倭の女王に報して曰く、今汝を以て親魏倭王となし、金印紫綬《しじゅ》を仮《ゆる》し、装封して帯方の太守に付し、仮授せしむ。

西暦二三九年、卑弥呼は魏の皇帝から「親魏倭王」の金印紫綬を授与され、倭国王に冊封された。その前年景初二年（二三八）には、帯方郡を置いて自立していた公孫氏が魏によって滅ぼされており、これによって倭国と魏の直接通交の道が開けたのである。公孫氏を滅ぼした魏の将軍は、蜀の神格化された軍師諸葛亮《しょかつりょう》（孔明）と争い、後世「死せる孔明生ける仲達を走らす」と揶揄された司馬懿《しばい》（仲達）である。景初二年、五丈原の戦いで孔明が陣没したのち、魏は洛陽に引き上げた司馬懿の軍を遼東半島の公孫氏討伐にふりむけ、公孫氏滅亡後、新たに帯方郡を置いた。その直後に卑弥呼が通交を求めてきたのである。なお呉と激しく争っていた魏にとって、倭国は呉の背後を突き得る存在として期待され、「親魏倭王」の印綬賜与が実現した。卑弥呼にとっても倭国内の地位を固める上で魏王朝の権威を借りることは大きな意味があった。

倭人社会の発展

女王卑弥呼が統治する倭国はどのような過程をたどって成立したのであろうか。その様子は中国史書と近年の考古学の成果によってある程度たどることができる。紀元前一〇八年以降、漢の武帝が朝鮮に楽浪、臨屯、真番、玄菟の四郡を置いて郡県制による直轄支配を始めたことを契機に、九州北部の首長達が朝鮮半島を経由して中国王朝と外交を始めるようになった。『漢書』地理志には次のような記事がみえる。

楽浪海中に倭人あり。分かれて百余国となる。歳時を以て来たり献見すという。

この記事は卑弥呼の時代よりも二世紀ほど前、紀元前後の日本列島の様子を示す史料であり、東アジアの国際社会に初めて倭人が登場したことを示している。『漢書』は彼らを「倭人」と呼び、倭人社会は百余国に分かれているとしている。ここでいう「国」は、弥生の農耕集落を基盤とする小さな政治集団にすぎず、この段階ではいまだ国家と呼べるほどの広域的な政権は成立していない。

前漢は紀元八年に王莽《おうもう》の簒奪によって滅び、二五年に後漢が建ったが、その時代にも倭人の入朝が続いたことは『後漢書』東夷伝の記事からわかる。

建武中元二年（五七）倭の奴国、奉貢朝賀す。使人自ら大夫と称す。倭国の極南界なり。光武賜うに印綬を以てす。

江戸時代の天明四年（一七八四）に博多湾頭志賀島から発見された「漢委奴国王」（漢の委（倭）の奴の国王）と刻された金印は光武帝から奴国王に賜与された印であった。「奴国《な》」という表現から、一世紀半ば頃には倭人社会に一定の政治集団である国（クニ）が成立していたことが知られる。「魏志倭人伝」に現れる「奴国」や「伊都国《いと》」、「対馬国」などの国々である。

二世紀に入ると国家の成立段階はさらに進んでいたようである。『後漢書』には、

安帝の永初元年（一〇七）倭国王帥升《すいしょう》等、生口百六十人を献じ、請見を願う。

と記されている。倭国王の帥升らが奴隷を献上して安帝に請見を願ったというのである。ここに「倭国王」の表記がみえることをもって、卑弥呼以前にすでに広域政権としての「倭国」が成立していたとする見解が有力である。一世紀半ばの奴国の段階から半世紀が過ぎ、倭国内部での王権の成長が進んでいたであろうことは容易に想像できる。ただし、この段階の倭国王がのちの卑弥呼の段階の倭国王と同程度の王権に達していたかどうかは疑問である。まず「帥升等」と遣使の主体が複数形になっているのは「魏志倭人伝」にみえる奴国、伊都国、対馬国、一支国などと同様、小規模な政治集団である国（クニ）の首長が共同で使いを送ったことを示唆している。『後漢書』は倭人条の冒頭で、

使駅を漢に通じる者三十許の国。国は皆王と称す。世々統を伝える。

と記している。中国史書では「国」は封地をもつ諸侯の版図を指しており、伊都国、対馬国、奴国などもこれに当たる。したがって、中元二年には倭の諸国の中で奴国が単独で後漢王朝に使いを送ったのであるが、永初元年には、倭の複数の小国王が共同して使いを送ったとみてよい。これに対して卑弥呼は「親魏倭王」という称号が象徴するように明らかに倭国全体の王であり、「魏志倭人伝」でも一貫して卑弥呼は「倭王」「倭の女王」と表現されている。「魏

志倭人伝」は邪馬台国については「女王の都する所」としているから、卑弥呼が邪馬台国とまったく無関係であったというのではなく、もともとは小国家としての邪馬台国の女王であった卑弥呼が、倭の諸国によって倭王に共立され、魏王朝から「親魏倭王」の冊封を受けて「倭国王」の地位が確立したと理解すべきである。このことはとりもなおさず日本列島の中に小規模な政治集団としての「国」を統合した広域政権としての国家が誕生したことを示している。

邪馬台国の所在地論争

江戸時代の元禄年間に大阪の医師松下見林は『異称日本伝』を著し、その中で、『日本書紀』神功紀が「魏志に曰く」として正始元年（二四〇）に魏使が詔書・印綬を倭王にもたらした記事を引用していることに注目して、神功皇后を卑弥呼にあて、「邪馬台国は大和国なり」とした。その後、新井白石は「魏志倭人伝」にみえる一支（大）国を壱岐、末盧国を肥前松浦郡、伊都国を筑前怡土《いと》郡、奴国を筑前那珂《なか》郡（博多地域）に比定すると共に邪馬台国大和説を唱えた。また本居宣長は「魏志倭人伝」が、「不弥国から南へゆくと女王国へ至る」とするなど、帯方郡から狗邪韓国・対馬・一支を経る南北の軸線上に邪馬台国を位置づけていること、「女王国の東、海を渡ったところにも国があり、皆倭種である」とする記載は邪馬台国を大和とすると理解できないとして九州説を主張した。

近代以降では、明治三十年、慶應義塾出身の東洋史学者那珂通世がその著『上世年紀考』において、『日本書紀』の神功紀の紀年が実際の年代よりも干支二めぐり、すなわち百二十年遡って位置づけられており、神功皇后の時代は三世紀代ではなく、実際には四世紀後半であり、卑弥呼と神功皇后は無関係であることを明らかにした。これによって、大和説は力を失い、明治四十年、東京帝国大学の白鳥庫吉が「魏志倭人伝」の里程記事にみえる里数を計算して現在の里数と対照したうえで、邪馬台国の所在地を有明海沿岸部に想定した。これに対して、京都帝国大学の内藤虎次郎（湖南）は、それまでの九州説の多くが、邪馬台国へ至る里程記事の「水行十日陸行一月」を「陸行一日」の誤りとして邪馬台国の所在を九州に収めていたことを批判し、「陸行一月」が正しく、中国の古書では東と南、西と北をかねるのはふつうであるから、実際の方位は南ではなく東と見て邪馬台国大和説を主張した。

戦後になると、「魏志倭人伝」の記す方位と距離に従うと、邪馬台国が遠く九州南方の海上に出てしまうことが問題とされた。しかし、半島沿岸から対馬、壱岐を経て九州北岸の伊都国までは直線的に連続した里程を記しているが、魏使が駐在する伊都国から先はそこを起点として奴国・不弥国・投馬国・邪馬台国への里程を放射状に記しているとみて、邪馬台国九州説をとる榎一雄の説が出て注目された。このほかにもさまざまな議論があり、文献史学の上では論争は決着していない。

考古学の世界では、戦後、京都府の椿井《つばい》大塚山古墳など畿内を中心に各地から出土する三角縁神獣鏡をもって、卑弥呼が魏の皇帝から下賜された「銅鏡百枚」及び首長達に配られた同笵鏡（同じ鋳型による複製品）とみて、邪馬台国畿内説を主張する小林行雄の学説が有力であった。しかし、その後、魏の故地では三角縁神獣鏡が一枚も出土しておらず、また魏では存在しない景初四年銘鏡が日本国内で発見されたことから、三角縁神獣鏡は日本国内で模作された仿製鏡であるとする森浩一説や、三角縁神獣鏡は日本に渡来した呉の工人集団による作品とみる王仲珠の説が現れた。他方で、三角縁神獣鏡は魏の皇帝直属の工房で製作された倭国への下賜を目的とする「特鋳」の鏡とする説もあり、論争が複雑化した。

そもそも三角縁神獣鏡による所在地論は、鏡を出土する前方後円墳の成立年代が四世紀以降であり、卑弥呼の没年（二四七年頃）とずれがあることが難点であったが、近年では樹木の年輪の変動パターンの対比による年輪年代法の測定などから前方後円墳の成立時期を三世紀半ばに繰り上げることが多い。その結果、古墳出現期最大の前方後円墳であり、『日本書紀』の伝承では倭迹迹日百襲姫尊《ヤマトトトヒモモソヒメノミコト》の墓とされる奈良県桜井市の箸墓《はしはか》古墳を「魏志倭人伝」にいう卑弥呼の墓（「大いに冢《ちょう》を作る。径百余歩」）に比定し、同時期に大和を中心に吉備地方から北部九州に広がる画一的な前方後円墳の造営法をもって、邪馬台国を中心とする倭国の政治連合の成立とみる白石太一郎の説が有力となっている。

邪馬台国の所在地については、江戸時代からの論争の過程でさまざまな説が登場したが、現在では、論争は北部九州説と畿内説の二説に収斂している。九州説であれば、卑弥呼の統治する倭国はのちの大和王権に比べてまだ地域的に限定された国家にすぎないことになるが、畿内説によればその王権は畿内を中心に九州北部、おそらく中国地方や東海地方をも含む広範な地域を支配していたことになる。

邪馬台国の終焉

西暦二四五年頃、朝鮮半島では韓族の反乱が起き、連合して帯方郡を攻め、太守弓遵を戦死させた。日本でもこの頃、女王卑弥呼と南方の狗奴国との間に争いが起こり、女王は帯方郡に急を告げた。二四七年、帯方太守の使張政はかねて皇帝から託されていた詔書と黄幢《こうどう》をもって倭国に渡り、檄文をつくって人々に告諭したという。しかし、この頃卑弥呼は死亡し、その後男王が立てられたが国内は服せず戦乱が起こり、卑弥呼の宗女で年十三歳の台与《とよ》（壱与《いよ》）を王に立てることで国内は収まった。台与は使いを付けて張政を送り、その使いはさらに洛陽に至って朝貢した。

二六五年、中国では魏王朝が滅び、晋（西晋）が起こるが、『日本書紀』神功皇后紀に引く『晋起居注』及び『晋書』武帝紀によると、翌二六六年（泰始二）、「倭の女王」が晋に朝貢した。おそらく台与の遺使と思われるがこの記事を最後に以後、百年間、倭国は中国側の史料から姿を消す。

2　邪馬台国時代の社会

社会身分

「魏志倭人伝」は倭国の制度や風俗についても詳しく記録している。その中には中国風の官職名の記載もあるので、どこまでが倭国の実態を記しているか疑問も残るが、東夷伝全体を見ると烏丸《うがん》や扶余、高句麗などについてもそれぞれ倭国とは異なる官職名や風俗を載せているので、大体において信頼性は高いものと思われる。

「魏志倭人伝」の記載によれば、倭国の内部にはすでに一定程度の官職・身分制度が成立している。例えば、対馬国について「大官を「卑狗」といい、副を卑奴母離と曰う」と記している。「卑狗」はのちの「彦＝ヒコ」に通じ、男性の上級身分の者への尊称と考えられる。一大（支）国についても、官を「卑狗」といい副を「卑奴母離」と記している。「卑奴母離」はほかに奴国、不弥国にも共通してみえるし、対馬、壱岐、そして博多湾沿岸の奴国の地に置かれていることからみて、倭国の境界領域を守る「夷守《ヒナモリ》」としての意味をもつ職名であろう。

また、「女王国より以北には特に一大率を置き、諸国を検察せしむ。諸国これを畏憚す。常に伊都国に治す」という記載から、伊都国に「一大率」と呼ばれる官が置かれ、諸国の検察に当たっていたことがわかる。ほかにも「租賦を収むるに邸閣あり。国々に市有り。有無を交易し、大倭これを監す。」とあり、すでに租税を徴収していたこと、国々の市には交易を統制する「大倭」と呼ばれる官職が置かれていたことが知られる。

社会の内部には階層分化が始まり、一定の身分も生まれていた。「魏志倭人伝」では「大人の敬する所を見れば、（下戸）ただ手を搏《う》ち、以て跪拝《きはい》に当《あ》つ」「（下戸）大人と道路に相逢えば、逡巡して草に入り、辞を伝え事を説くには、或いは蹲《うずくま》り、或いは跪《ひざまず》き、両手は地に拠り、これが恭敬を為す。」と記されており、大人と下戸という明らかな身分格差が生じている。大人を支配層ないし共同体の上層部、下戸を被支配層ないし共同体の一般成員とみなすことがあるが、ほかの個所では「其の俗、国の大人は皆四、五婦、下戸は或いは二、三婦なり」としており、一夫多妻の家族形態からみてどちらも首長層である可能性もある。

ちなみに『三国志　魏書』には倭人条以外にも「大人」の呼称がみえる。烏丸鮮卑東夷伝に引用された「魏書」には烏丸の俗を伝える中で、「勇健にして能く闘訟相侵犯を理決する者を推募して大人と為す。邑落に各小帥有り。不世継也。数百千落自ら一部と為し、大人召呼する所有れば、木を刻《う》ちて信と為す」とみえ、邑落ごとの小首長である「小帥」の上位にあって数百、千余の邑落からなる「部」を統帥する首長が「大人」であったと記す。また後漢の光武帝の建武二十五年には烏丸大人郝旦らが衆を率いて闕に詣ったので、その渠帥八十余人を侯王と為したとみえる。鮮卑伝にも、後漢の承平年中に敦煌・酒泉以東の邑落の大人が皆遼東郡に詣って賞を受けたことがみえる。倭人伝の「大人」と「下戸」の関係も、首長同士の上下関係であった可能性が高い。下戸が大人に恭敬を示す際には蹲りあるいは跪き両手を地面についているので、上下関係はあるが、明らかな身分関係を示すものではない。跪拝の礼は律令国家の時代においても朝廷で行われていたようで、天武朝や文武朝に中国的な礼制に合わせるため繰り返し立礼を命じる法令が出されており、逆に根強い慣習の存在がうかがわれる。

家族制度

家族制度については、「屋室有り父母兄弟は臥息処を異にす」「其の会同坐起には父子男女別無し」と記されている。これについては「魏志韓伝」に「家を挙げて其の中に在り」としていることとの対比が注目される。韓伝の記事は大家族の同居を示唆しているが、倭人伝からは小規模家族を核とする別棟寝所の生活形態と、父母の臥息（就寝）する家屋の近傍に息子がそれぞれ臥息する家屋がある居住形態を推測できる。この様相は井戸・倉庫を共有し、溝などで敷地を区画した数棟の竪穴住居が集合する弥生時代の村落景観を思わせる。倭人伝は刑罰について「其の法を犯すや、軽き者は其の妻子を没し、重き者は、其の門戸及び宗族を滅ぼす」と紹介している。中国的な同祖同姓の父系血縁集団である「宗族」とそこに包摂される「門戸」がみえるので、妻子を没収するという表現も合わせて考えれば、夫方居住婚に基づき、男子が妻帯して「門戸」を構え「宗族」に帰属している親族構造が想定できる。他方で、「其の会同坐起には父子男女別無し」という表現には家父長制的な上下秩序はみられないので、ゆるやかな父系制集団の存在が読み取れる。

コラム1　倭国王帥升は倭国王か

本文に紹介したように、『後漢書』東夷伝には、後漢の永初元年（一〇七）に「倭国王帥升等」が使いを派遣し、生口百六十人を献じて、安帝に請見を願ったという記事がみえる。「倭国王帥升等」については、一般に「倭国王」が称号であり、「帥升」がその王名、使いを送った主体は「帥升」ほか複数の人物（「等」）と理解されている。

しかし、この記事は本来、「倭国」の「王師」であるところの「升」とほかのもの達が使いを送ったと読むべきで、さらにいえば、『魏書』の原本には「倭国主帥升等」、すなわち「倭国」の「主帥」であるところの「升等」と記されていたのではないかという疑いがもたれる。

その理由は、『後漢書』や『魏書』の東夷列伝の記載をみると、東夷の首長に対して、王権の成長度合いに応じて称号を使い分けており、それらの一つに「主帥」があるということである。『魏書』東夷伝中の韓伝には次のような記載がみえる。

韓　其俗少綱紀、国邑雖有主帥、邑落雑居、不能善相制御
（韓、その俗、綱紀少なし。国邑に主帥有りと雖も、邑落に雑居して、善く相制御することあたわず）

韓では国邑ごとに「主帥」がいるが、それぞれ邑落に雑居していて互いに制御することができないと述べられている。「邑」は城壁で囲まれた集落であるから、これらの「主帥」は広域を支配する韓王ではなく、地域ごとの首長である。ちなみに、『後漢書』東夷伝高句麗条によれば高句麗は光武帝の建武八年（三二）朝貢して、すでに「高句麗王」の称号を得ており、『魏書』東夷伝高句麗条も「其の国王有り」と明記している。したがって、『魏書』東夷伝が一国レベルの「王」と区別して、国内の小政治集団の長を「主帥」と呼んでいることが知られる。また同書韓伝では、馬韓、辰韓、弁韓の三韓の首長を「長帥」とし、さらに弁韓辰韓十二国の小別邑の長を「渠帥」と区別していることも注目される。

『魏書』はほかに、東沃祖についても「大君主無く、世世、邑落に各長帥有り」と記しており、東夷伝の表記を総合的に考えれば、『魏書』は東夷の首長について、政治的集団の規模や権力の度合いに応じて「王」、それに準ずる地位として「長帥」ないし「主帥」、さらにそれよりも下の地位として「渠帥」の称号を用いていると思われる。

『後漢書』東夷伝には「主帥」の語はみえないが、同書の東沃祖伝には武帝の時代に朝鮮を滅ぼして沃祖の地を

玄菟郡となし、のちに沃祖を県として、楽浪東部都尉に属せしめたが、光武帝以後、都尉の官を罷め、「渠帥」らを沃祖侯に封じたことがみえる。同様に濊伝にも光武帝の建武六年、楽浪東部都尉を省き、領東の地を放棄した際に、その「渠帥」を悉く県侯に封じたことがみえ、「大君長無し」と記している。

五世紀に撰述された『後漢書』東夷伝倭の条は、三世紀の『魏書』東夷伝を参照しているから、首長の称号についても『魏書』が用いる概念を踏襲している可能性が高い。『後漢書』の原本は失われており、同書東夷伝の記事は現存する宋・元の『後漢書』版本や、北宋版『通典』、大宰府所蔵の平安期の『翰苑』によっており、今となってはそれに従うしかないが、『後漢書』東夷伝の原本には「倭国」の「主帥」である「升等」が使いを遣わしてきたと記されていたのではないかと想像するゆえんである。

もし、現存する『後漢書』東夷伝の写本を信頼すると、卑弥呼以前にすでに「倭国王」が誕生していたこと、また広域政権としての「倭国」が成立していたことになるが、卑弥呼の遣使より一世紀以上を遡る時期に広域にわたる政治的連合体としての倭国が成立していたとは考えにくい。倭国を除けばこの段階で国名と一体として「王」と称されているのは高句麗王だけであり、後漢や魏を脅かすほどの勢力を持っていた烏丸や鮮卑も王号は認定されていない。

この記事は「倭国」の「主帥」等の共同派遣とみるのが自然で、おそらく『魏書』東夷伝倭人条にみえる奴国や伊都国などの首長が共同して後漢王朝に使いを送ったのが実態であったと思われる。やはり、歴史上、中国王朝によって正式に「倭国王」に認定されたのは卑弥呼が最初であろう。

【参考文献】

三木太郎「「倭国王師升等」の一管見」『日本歴史』第二一八号、一九六六年。

第二章

倭の五王と東アジアの国際関係

1　倭王武の野望

五世紀を通じて、五人の倭王が次々と中国南朝の宋に使いを遣わし、中国皇帝に対して官爵の叙授を求めた。その最後の倭王武が皇帝に奉呈した上表文の内容が『宋書』倭国伝に載せられている。

倭王武の上表文

封国は偏遠にして、藩を外に作す。昔より祖禰《そでい》躬《みずか》ら甲冑を擐《つらぬ》き、山川を跋渉し、寧処に遑《いとま》あらず。東は毛人を征すること五十五国、西は衆夷を服すること六十六国、渡りて海北を平ぐること九十五国。（中略）臣下愚なりと雖も　忝くも先緒を胤《つ》ぎ、統《す》ぶる所を駆率し、天極に帰崇す。道、百済より遙《はるか》にして船舫を装い治む。しかるに句驪無道にして、図りて見呑を欲し、辺隷を掠抄し、虔劉《けんりゅう》して已まず。（中略）今に至りて、甲を練り兵を治め、父兄の志を申《の》べんと欲す。（中略）窃《ひそか》に自ら開府儀同三司を仮し、その余は咸《み》な仮授して、以て忠節を勧む。

上表文は、武の祖先が自ら甲冑を着用して軍を率い、四方に領土を広げたことを高らかに宣言し、さらに海を渡って海北を平らげ、部下を率いて中国皇帝に帰順し、百済を経由して朝貢しようとしたところ、句麗（高句麗）が無道にも倭国に隷属する百済の地を侵し、民を掠取していること、そこで、高句麗を征討せんがために、「開府儀同三司」その他の称号を授与してほしいことなどを強い調子で要求している。『宋書』本紀によれば順帝の昇明二年（四七八）に倭国王武が使いを遣わして方物を献上し、安東大将軍号を授けられており、上表文はこのときに上呈されたものと考えられる。

すでに紹介したように、漢代から倭国を含む中国周辺の族長が中国王朝に入朝し、皇帝から官爵を授与され、国王として認定される（冊封）慣行が行われていた。五世紀代にはいわゆる倭の五王が中国南朝に使いを送り、官爵の授与を求めた。三世紀代の「魏志倭人伝」以降、五世紀代の倭の五王に至る間の倭国の状況を伝える文献史料は残されておらず、中国史書の上で倭国との通交は途絶えていたため、この時期は空白の四世紀と呼ばれている。その間、半島では三一三年高句麗が楽浪郡を滅ぼし、三四六年には百済が馬韓諸国を統一、三五六年には新羅が辰韓諸国を統一した。この間の朝鮮半島の混乱のために中国へ至る通交ルートが確保できなかったことと、三一六年に晋が滅んで中国でも五胡十六国といわれる分立抗争の時代に入ったために、倭国との通交が絶えていたのであろう。

一方、倭国の内部では四世紀を通じて畿内勢力による国内の統一が進められ、東は関東から西は九州北部までを影響下に置いた広域政権としての大和王権が成立していた。倭の五王の遣使記事からは、五世紀代を通じて倭王が他の地方豪族とは隔絶した権力を獲得していった過程が読み取れる。また、国内で地位を固めた倭王が軍事力を背景に積極的に海外に進出して、半島の諸国と提携や衝突などの外交を展開していた様子もうかがわれる。

倭の五王の遣使記事は『宋書』（沈約〈～五一三〉撰）、『晋書』（房玄齢〈～六四八〉ほか撰）、『南斉書』（蕭子顕〈～五三七〉撰）、『梁書』（姚思廉〈～六三七〉撰）などの中国史書の夷蛮伝、東夷伝、東南夷伝の倭に関する記述に登場する。表1はそれらを列挙したものである。ただし、それらの遣使記事のうちで、四一三年の倭王讃による東晋への遣使記事は信憑性が低く、また、四七九年と五〇二年の記事は新王朝である斉、梁の樹立を祝う形式的な周辺国王への進号であり、実際の遣使はなかったとされている。

これら讃、珍、済、興、武の五人の倭王については、中国史書における親子兄弟関係の系譜と、『古事記』、『日本書紀』にみえる皇統譜、天皇の諱《いみな》、和風諡《し》号との比較など江戸時代以来の研究によって、讃、珍については応神、仁

表1　倭の五王の遣使記事

四一三	「倭夷」（王名を欠く）東晋に方物を献ず。	『晋書』本紀
	晋安帝の時、倭王讃有り、使いを遣わして朝貢す。	『南史』倭国伝
四二一	宋武帝、永初二年、倭讃、万里貢を脩む。除授を賜うべし。	『宋書』倭国伝
四二五	宋文帝、元嘉二年、讃、司馬曹達を遣わし、上表し、方物を献ず。	『宋書』倭国伝
四三〇	宋文帝、元嘉七年、倭国王（讃か）、宋に朝貢す。	『宋書』本紀
四三八	讃没し、弟珍立つ。珍宋に遣使朝貢し、使持節・都督倭百済新羅任那秦韓慕韓六国諸軍事・安東大将軍・倭国王と自称す。文帝、珍を安東将軍・倭国王に除す。珍また倭隋等十三人を平西・征虜・冠軍・輔国将軍の号に除せんことを願いゆるされる。	『宋書』本紀 『宋書』倭国伝
四四三	宋文帝、元嘉二十年、倭国王済、宋に朝貢し、安東将軍倭国王に除される。	『宋書』本紀
四五一	宋文帝、元嘉二十八年、倭国王済、使持節・都督倭新羅任那加羅秦韓慕韓六国諸軍事を加授される。安東将軍は故のごとし。並びに倭王の臣下の二十三人が軍・郡に除せられる。	『宋書』本紀 『宋書』倭国伝
四六〇	宋孝武帝、大明四年、倭国、使いを遣わして方物を献ず。	『宋書』本紀
四六二	倭王済没し、世子興使いを遣わして貢献す。 倭国王世子興をもって安東将軍となす。	『宋書』本紀 『宋書』倭国伝
四七七	宋順帝、昇明元年、倭国使いを遣わして方物を献ず。	『宋書』本紀
四七八	興没し、武立つ。使いを遣わして上表す。（倭王武の上表文）倭王武、使持節・都督倭百済新羅任那加羅秦韓慕韓七国諸軍事・安東大将軍・倭国王と開府儀同三司を自称し、使持節・都督倭新羅任那加羅秦韓慕韓六国諸軍事・安東大将軍倭王に任じられる。	『宋書』本紀 『宋書』倭国伝
四七九	斉高帝、建元元年、南斉、武を鎮東大将軍に進号す。	『南斉書』倭国伝
五〇二	武を征東将軍に進号す。	『梁書』本紀・倭国伝

徳ないし履中、反正のいずれかとされ説が分かれているが、済、興はそれぞれ允恭、安康に、そして本章の主人公である武は雄略天皇に相当することがほぼ確実となっている。雄略天皇の和風諡号は『古事記』では大長谷《オホハツセ》若建命《ワカタケルノミコト》、『日本書紀』では大泊瀬幼武《オホハツセワカタケル》天皇であり、その名の本体であるワカタケルの「タケ」によって中国史書が武の表記を採用したと考えられる。

倭の五王と中国王朝の官爵

『宋書』には、讃、珍、済、興、武が、それぞれ中国王朝の官爵を自称し、また配下に仮授（自ら仮に授与）した称号が記載され、それに対して中国皇帝が正式に認めた（除正）称号の内容も記されている。それによって、倭国王の遣使の意図や、中国王朝の倭国に対する評価を知ることができる。

例えば、珍は四三八年に、

使持節　都督倭百済新羅任那秦韓慕韓六国諸軍事　安東大将軍　倭国王

を自称して除正を求めたが、これに対して宋の文帝が認めたのは安東将軍倭国王だけであった。

珍に続く済は、四四三年に安東将軍倭国王に冊封された後、四五一年には、

使持節　都督倭新羅任那加羅秦韓慕韓六国諸軍事

を加号された。

宋王朝では倭王が代替わりして自称称号の除正を求めると、いったん先代の当初の称号に戻して、その後の遣使の際に現在の称号を昇格させる進号や新たに称号を付加する加号を行う慣例があった。珍が賜与された安東将軍倭国王も、先代の讃が最初に除授された称号を踏襲した可能性が高い。また、済の跡を継いだ興も四六二年の遣使の際には安東将軍倭国王に冊封されている。

倭王武は四七八年に、

使持節　都督倭百済新羅任那加羅秦韓慕韓七国諸軍事　安東大将軍　倭国王及び　開府儀同三司

を自称して除正を求めたが、順帝は、

使持節　都督倭新羅任那加羅秦韓慕韓六国諸軍事　安東大将軍　倭王

を授けるにとどめた。つまり、武の自称称号から安東大将軍号と百済を除いた六国諸軍事のみを認め、開府儀同三司については申請を却下したのである。百済に対する都督諸軍事はかつて珍も要求して却下されているし、済も同様である。

ところで、歴代の倭王が除正を求めた称号は⑴使持節⑵都督諸軍事⑶将軍の三種類からなっている。『宋書』百官志によれば、使持節は皇帝の使者で二千石以下の官人の生殺与奪の権限をもつ地位であり、この下には官位をもたない者の生殺与奪の権限をもつ持節、戦時において軍令を犯したものを殺す権限をもつ仮節がある。都督諸軍事は特定の地域における軍事的支配権の掌握を意味し、その下に監諸軍事、督諸軍事がある。したがって、このことからいえば使持節都督諸軍事を与えられた倭王の位置づけはかなり高いといえるが、称号と現実の支配権は必ずしも一致しないし、高句麗や百済と比べると南朝による倭の位置づけは低いものであった。将軍号で比較すると、倭王は武の安東大将軍以外はいずれも安東将軍号であるが、この時期に高句麗王は征東将軍ないし車騎将軍、百済王は鎮東将軍ないし鎮東大将軍を賜与されている。宋朝の官制では、倭王の安東将軍を含む四安将軍（東西南北四方を安んじるの意）は鎮東将軍を含む四鎮将軍や四征将軍と同格の第三品だが、その中でも四安将軍が一番地位が低く、四鎮将軍がその上、四征将軍が最高の位置づけである。また安東大将軍を含む四安大将軍と四鎮大将軍・四征大将軍・車騎将軍はいずれも第二品だが、その位置づけはやはり四安大将軍が一番低く、順に高くなってゆく。倭王の格づけが高句麗王や百済王に比べて低いことは明らかである。

しかし、将軍号については倭王の自称がほぼ認められているので、まだしも承服し得る事柄であり、倭王にとっての重大な関心事は都督百済諸軍事が認められるかどうかにあった。その点に関して宋王朝は一貫して倭王の要求を拒否したが、そのような宋王朝の外交姿勢には当時の東アジア情勢が色濃く反映している。百済は北朝と結ぶ高句麗に対抗する必要から、百済王余映（腆支《てんし》王）が四一六年に、東晋に入朝して、

使持節　都督百済諸軍事　鎮東将軍　百済王

に封じられて以来、歴代南朝に使いを送り、都督百済諸軍事の称号を賜与されていた。中国王朝には伝統的な遠交近攻策（遠くの勢力と結んで近くの敵を攻める）があり、南朝も百済を優遇することで、北魏を封じ込める策を用いていた。宋王朝としては倭王の百済に対する支配権を認めることはできなかったのである。一方の倭王の立場からいえば、半島政策を有利に進める上で、百済に対する優越的立場を主張することはぜひとも必要であった。

「魏志韓伝」弁辰条に「国（弁辰）鉄を出す。韓、濊、倭皆従いてこれを取る」とあるように、早くから倭人は鉄資源を求めて半島に渡っていたが、四世紀末頃から高句麗が南下政策をとり百済と争うようになると、百済を支援して高句麗と対抗することで半島での足がかりを確保していた。四世紀代の倭と半島の情勢に関しては文献史料が乏しいが、残された金石文史料からは倭国が半島の政治情勢に介入し、時に海を渡って兵を送り、高句麗と軍事衝突を繰り返していた様子がうかがわれる。高句麗側の史料である広開土王碑には、「百残・新羅、旧是属民由来朝貢。而倭、以辛卯年来渡海、破百残□□新羅、以為臣民」と刻記されている。倭が辛卯年（三九一）以降に、海を渡り元来高句麗の属民である百済・新羅を破って臣民と為したので、高句麗が出兵して倭を打ち破ったというのである。碑は広開土王の事績を顕彰する目的で建てられたものであるから誇張はあるとしても、倭が渡海して半島で高句麗と軍事衝突していたことは事実とみてよい。

特に、四七五年、高句麗の長寿王の攻撃によって百済の王都漢城が陥落し、百済の蓋鹵王《こうろ》（余慶）が斬殺された事件は倭国への影響が大きかった。この危機的な状況の中で、百済は王都を南の熊津《ゆうしん》に遷して打開を図ったが、新王も臣下の叛乱にあって殺害されるなど混乱が続いた。倭王武が上表文を呈したのは三年後の四七八年であり、その中で高句麗の無道を非難していることは偶然ではない。この頃、すでに新羅は軍事的に劣勢で高句麗に服従していたので、半島情勢をめぐっては高句麗・新羅と百済・倭という対立構造が成立していた。仮に百済が滅亡に至れば倭国は半島における足がかりを一挙に失うことになりかねない。そのような焦慮が倭王武の上表文には反映しているのである。

また、武が自称した都督諸軍事号には百済に加えて加羅が含まれている。ここでの加羅地域は、百済・新羅を除き、秦韓・慕韓を合わせた小国家群が並立する半島南部の加耶地域を意味しているから、結局、倭王武が百済を含む半島南部全域の盟主として北方の高句麗と対決する構図を描いている。武が開府儀同三司の称号を要求したこともそのことと密接に関係している。三司は皇帝の師範たる三公と同格で（宋では太尉・司徒・司空）、独自に府（官庁）を開設できる栄誉職であり、宋王朝で開府儀同三司を賜与された周辺諸国の王は四名にすぎない。そのうちの一人が高句麗王であり、四六三年に高璉（長寿王）が開府儀同三司・車騎将軍に任じられている。半島南部の盟主を自認し、高句麗との対決を決意した倭王武にとって、都督百済諸軍事と開府儀同三司の称号獲得は宿願であった。

しかし、倭王武のこの要求も宋王朝の外交方針とは相容れないものであった。当時、高句麗は南朝と冊封関係にあったが同時に北魏とも冊封関係を結んでいた。南朝としては両面外交を展開し向背定まらない高句麗を牽制するために、高句麗の背後にあって晋時代から冊封関係のある百済を軽視することはできなかったし、そもそも北魏と対抗している状況では高句麗を刺激する政策はとれなかったのである。宋王朝の態度に落胆した倭王武は東アジア情勢全体を見回したとき南朝の倭国軽視の姿勢は今後も変わることがないと悟り、中国王朝の権威を借りる外交路線を捨て、冊封体制から離脱して独自の道を歩むことを決意した。

以後、倭国が中国皇帝に官爵の叙授を求めることはなくなる。倭王武以後、一世紀の空白を経て五八九年に隋が統一を果たすと推古朝の倭国は中国王朝への遣使を再開するが、もはや中国王朝の官爵を要求することはなく、倭国が百済や加耶諸国に対して宗主権をもつ小帝国であることを主張するようになった。

2　治天下大王への道

雄略天皇の即位

朝鮮半島南部の盟主として高句麗と対抗し、半島における覇権を確立するという野望はついに実現しなかったが、倭国内部では倭王武すなわち雄略天皇の時代は、王権が他の王族や豪族を超えて強大化した時期であった。もう一度『宋書』にみえる倭の五王の遣使記事をみると、倭王珍は自らへの安東大将軍号授与と共に倭隋ら十三人への平西・征虜・冠軍・輔国将軍号の除正を一括して申請している。しかし、武の時代には倭王単独の申請であり、配下の除正を申請した形跡はない。

『日本書紀』や『古事記』からも王権の上昇ぶりを読み取ることができる。雄略天皇は一族の皇子達を多数死に追いやり、五世紀を通じて大王家の外戚として強大な勢力を誇っていた葛城氏を滅ぼして即位した。

『日本書紀』によれば、一連の事件の発端は雄略天皇の兄である安康天皇が、自分が滅ぼした大草香《おおくさか》皇子の遺児である眉輪《まよわ》王の復讐により殺害されたことにあった。かつて、安康天皇は弟である大泊瀬《おおはつせ》皇子（のちの雄略天皇）の后として大草香皇子の妹幡梭皇女《はたびのひめみこ》を迎えようとしたが、使者に立った根《ね》使《の》主《おみ》は大草香皇子が承諾の印として託した宝冠を横領して、申し入れは拒否されたと讒言した。怒った安康天皇は大草香皇子を滅ぼし、幡梭皇女を大泊瀬皇子に配すると共に、大草香皇子の后中帯《なかし》姫《ひめ》を自分の后とし、まだ幼かったその子眉輪王の命を助けて宮中で養うこととした。事件から三年後、遊宴で安康天皇の酔余の一言から事情を察した眉輪王は、酔い伏している天皇の隙をうかがい刺殺した。事件を知った大泊瀬皇子は兄たちの関与を疑い、まず八釣白彦《やつりのしらひこ》皇子を殺害した。次に疑われた坂合黒彦《さかあいのくろひこ》皇子は、眉輪王と共に救いを求めて有力豪族である葛城氏の円大臣《つぶらのおおおみ》の宅に逃げ込んだため、大泊瀬皇子は二人を差し出すよう要求したが、円大臣は、「人臣が事によって王家に逃げ込む例はあれども、君王が臣舎に隠れる例を知らず。情において差し出すに忍びず。」と答え、娘の韓媛《からひめ》と領地である葛城宅七区を奉ることで許しを乞うた。しかし、大泊瀬皇子は聞き入れず眉輪王や坂合黒彦皇子らと共に円大臣一族を滅ぼした。最後に、雄略天皇は、履中天皇の子で葛城氏出身の母をもつ市辺押磐《いちのべおしわ》皇子を近江の蚊屋野へ遊猟に誘い出して謀殺した。雄略天皇の父允恭天皇と履中天皇は兄弟であり、この事件は允恭系と履中系の王統の対立を背景としていた。

葛城氏は大和盆地西部を根拠地とする有力豪族で、一族の女性が応神・仁徳から安康天皇に至る歴代天皇の后となるなど、五世紀代の大和王権において強大な力をふるっていた。眉輪王と共に誅殺された坂合黒彦皇子も祖母が葛城襲津彦《そつひこ》の娘、磐之媛《いわのひめ》であり、市辺押磐皇子は葛城襲津彦の子葦田宿禰の娘、黒媛を母としていた。葛城氏とそれに繫がる王族を打倒することで雄略天皇の即位は実現したのである。

『日本書紀』によれば、ある春の日、葛城山へ遊猟に出かけた雄略天皇は、自分と面貌容儀がそっくりで背の高い「長人」に出会う。内心これは神ならんかと怪しみつつ、「何処の公ぞ」と問うと、その人は「現人之神《あらひとがみ》ぞ。先ず王の諱《みな》を称《なの》れ。然して後に噵《い》わん」と答えた。天皇が、「朕はこれ幼武尊《わかたけるのみこと》なり」と名乗ると、「僕《やつかれ》は是、一事主神《ひとことぬしのかみ》なり」と答えが返ってきた。その後、二人は馬を並べて鹿を逐い、一日狩りを楽しんだ。日暮れに至って、神は来目水《くめのかわ》（高取川）のほとりまで天皇を送り二人は別れたという。これを聞いた百姓は「有徳の天皇なり」と称えた。一言主神社は現在も葛城山の山麓にあり、葛城氏によって古くから祀られていた神とされている。この伝承は神人交流譚の一種であるが、そこには葛城氏の勢力低下に伴い、王権が葛城氏の祭祀権を奪ったことを象徴的に示す政治的意図が込められているとみなされている。

しかし、『古事記』では同じ伝承がだいぶ意味合いの異なる形で記録されている。ある日、葛城山に登ろうとした雄略天皇は自分と全く同じ装いの行列を従えた人物と出会った。「茲《こ》の倭国に、吾を除いて亦王は無きを、今誰人か如此行く」と問いかけると、その人も同様に答えたので、怒った雄略天皇が弓に矢をつがえ、「名を名乗れ。互いに名乗りあってから矢を放つことにしよう」というと、「われは葛城の一言主大神ぞ」と声が返ってきた。驚いた天皇は畏まって、大刀や弓矢をはずし、衣服を脱いで伏し拝んだ。その後、天皇が長谷の朝倉宮に帰る時に、一言主大神は、一行と共に長谷の山口まで送ってきたという。

『日本書紀』と『古事記』、二つの記事に共通しているのは、舞台が葛城山で雄略天皇が葛城氏の祭神である一言主神と出会うこと、最後に二人が別れるのが、『日本書紀』では畝傍山《うねびやま》の西を流れる来目水（高取川）のほとり、『古事記』では朝倉宮の所在する長谷の山口とあって、葛城氏の支配地域と雄略王権の支配地の境界であることである。雄略の即位に当たって、葛城氏の主要な勢力は打倒されたが、いまだに無視できない葛城勢力が残存していて、その機運が、『古事記』にみえる雄略天皇が神を前に恐れ畏まった伝承に反映したと考えられている。雄略天皇の力の政策には豪族の反発も大きかったのである。

雄略朝から雄略天皇没後の清寧天皇即位の時期にかけて、『日本書紀』に吉備氏の反乱伝承がみえることも見逃せない。吉備の勢力は四世紀半ばから大和勢力と密接な関係をもっており、特に瀬戸内海に面して強大な水軍を動かしていた吉備氏は、大和勢力が九州や朝鮮半島と交渉する場面で重要な氏族であった。その関係は抗争を経た主従関係ではなく、早い時期から交流と連合の形が成立していたと考えられている。半島との交渉に活躍した葛城襲津彦の伝承と同様に、吉備氏にも百済との交渉や新羅征討に従事した人物の伝承が多い。しかも五世紀代の王権を支えた葛城氏と吉備氏の間には婚姻による提携関係があった。その吉備氏の反乱伝承は、雄略天皇の時代に王権が強大化する過程で大和王権と吉備氏との間に対立関係が生じ、王権が吉備氏を力で屈服させる事態に至ったことを示している。

部民制の成立

五世紀頃から、大和王権では朝廷の職務を分掌する殿守（トノモリ）・水取（モイトリ）・掃守（カニモリ）・門守（カドモリ）などの伴（トモ）が成長していた。これらの伴を管理するのが伴造（トモノミヤツコ）で、五世紀後半には軍事を担当する大伴・物部《もののべ》・佐伯や神祇祭祀を司る中臣・忌部《いんべ》・卜部《うらべ》などが職掌を世襲して連《むらじ》や造《みやつこ》姓を名乗るようになった。

さらに五世紀末になると雄略朝を中心に、「今来漢人《いまきのあやひと》」「手末才伎《たなすえのてひと》」などと呼ばれる技術者集団が朝鮮半島から大量に渡来した。彼らは錦織部《にしごりべ》・陶部《すえべ》・馬飼部・韓鍛冶部《からかぬちべ》・衣縫部など「部《べ》」の集団に編成され、その中の有力者が馬飼造などの伴造となって配下の部民集団（品部）を統率し、王権に奉仕した。また、これ以前に渡ってきていた東漢《やまとのあや》氏や西文《かわちのふみ》氏はこれらの技術者集団を多く配下に入れ、勢力を伸ばした。

「部」の成立と共に旧来の伴も部に再編され、殿部・水部・掃部・門部などに改称された。ほかにも地方豪族配下にあって中央への貢納に当たる海部《あまべ》・鵜飼部などの集団も品部制に組み込まれて中央の伴造に所属し、中央豪族配下の領有民である部曲（カキ）も大伴部・蘇我部などと称されるようになった。

渡来系技術者集団の編成によって生まれた伴造—品部制は旧来の伴造—伴の体制が族制的な原理によって結ばれていたことに比べるときわめて官僚制的な体制であって、しかも大化前代を通じて大和王権の基本的な支配制度となったため、部民制と呼ばれている。

部民制成立の影響で、大和王権を構成する豪族の身分標識としての氏姓《ウジカバネ》の制度も整備され、大王に近侍し朝廷の職掌を名に負う大伴・物部・中臣などが連姓を名乗り、葛城・巨勢《こせ》・平群《へぐり》など大和の有力豪族は地名を氏名とし、臣《おみ》姓を名乗るようになったと考えられている。

雄略天皇から欽明天皇にかけての時代、特に六世紀代には地方首長も王権の支配下に組み込まれ、カバネを与えられた。五世紀代に王権による河内平野の開発に伴って、渡来系氏族の技術や労働力による開発拠点として設置された屯倉《みやけ》が、地方の支配拠点として拡大すると、多くの屯倉が設定された関東地方南部の比較的服属度が高い首長には笠原直など直《あたい》姓が与えられた。また、関東地方北部の下毛野・上毛野君や九州の筑紫君など、独立性が高く、『日本書紀』に反乱伝承がみえる氏族には君《きみ》姓が与えられた。

六世紀末から七世紀の初頭には、地方首長が大和王権によって国造（クニノミヤツコ）に任じられて一定の行政権や裁判権をもって領域内の民を支配し、王権の名代や屯倉を管理する体制が全国的に拡大した。大和王権の支配体制は部民制を基盤とし、伴造制と国造制を柱とするようになってゆく。

治天下大王の誕生

これまで、便宜上『日本書紀』の表記に従って、倭の五王に比定される応神から雄略について天皇号を付してきたが、のちに触れるように天皇号の成立は推古朝ないしは天武朝と考えられており、この時期には実際には天皇号は用いられていない。天皇号の成立以前の大和王権の首長は大王号を称していたことが、文献の上でも考古学的成果からも確かめられている。そして、その大王号は雄略天皇の時代に成立した可能性が高いのである。

埼玉県行田市稲荷山古墳から出土した辛亥年（四七一）の記銘をもつ鉄剣には、「治天下大王」の文字が刻まれている。その全文は次のようなものである。

表　辛亥年七月中記。乎獲居臣、上祖、名意富比垝。其児、多加利足尼。其児、名弖已加利獲居。
　　其児、名多加披次獲居。其児、名多沙鬼獲居。其児、名半弖比。
裏　其児、名加差披余。其児、名乎獲居臣。世々、為杖刀人首、奉事来至今。

獲加多支鹵大王寺、在斯鬼宮時、吾、左治天下、令作此百練利刀、記吾奉事根原也。

（訓読）

表　辛亥年七月中、記す。オワケの臣。上祖、名はオホヒコ。其の児、（名は）タカリのスクネ。其の児、名はテヨカリワケ。其の児、名はタカヒ（ハ）シワケ。其の児、名はタサキワケ。其の児、名はハテヒ。

裏　其の児、名はカサヒ（ハ）ヨ。其の児、名はオワケの臣。世々、杖刀人の首と為り、奉事し来り今に至る。ワカタケル大王の寺、シキの宮に在る時、吾、天下を左治し、此の百練の利刀を作らしめ、吾が奉事の根原を記す也。

冒頭、辛亥年（四七一）に銘文を記したことから始まって、意富比垝（オホヒコ）から乎獲居（オワケ）までの八代の系譜を記し、世々、大王を警護する杖刀人の長として仕えてきたこと、獲加多支鹵（ワカタケル）大王が斯鬼宮に在るときに吾（乎獲居臣）が大王の天下を左治したこと、その奉事の根原を記すためにこの刀を作らせたという由来が述べられている。

銘文にみえる獲加多支鹵（ワカタケル）大王は『日本書紀』に「大泊瀬《おおはつせ》幼武天皇《わかたけるのすめらみこと》」、『古事記』には「大長谷《おおはつせ》若《わか》建命《たけるのみこと》」と称される雄略天皇すなわち「オホハツセワカタケル」のことであり、四七八年に宋に上表文を送った倭王武と同一人物と考えられる。

これとは別に熊本県の江田船山古墳から出土した大刀にも、无利弖《むりて》という人物が典曹人として「治天下獲加多支鹵大王」に奉事した事が記されており、東西の古墳から出土した鉄剣銘文に「獲加多支鹵《ワカタケル》大王」の名がみえることは雄略天皇の頃、すでに大王号が成立していたこと、大王の支配が東は関東から西は九州まで広がっていたことを示している。雄略天皇が有力な王族や豪族を滅ぼして即位したこと、宋王朝に対して単独で除正を申請していること、朝鮮半島での活動を可能とする軍事力を有していたことなどを考え合わせると、大王号は雄略天皇の時代に成立した可能性が高い。治天下大王の誕生である。

コラム2　雄略天皇と采女

『万葉集』巻一は歴代天皇や皇族の雑歌を収めているが、その冒頭に掲げられるのは「泊瀬朝倉宮に天の下知らしめしし天皇の代　大泊瀬稚武天皇」すなわち雄略天皇の御製である。

籠《こ》もよ　み籠持ち　堀串《ふくし》もよ　み堀串持ち　此の岳《おか》に　菜摘《つ》ます児《こ》　家聞かな　告《の》らさね　そらみつ
大和の国はおしなべて　われこそ居れ　しきなべて　われこそ座《ま》せ　われにこそは　告らめ　家をも名をも

丘で菜摘みをする若い女性に家や名を聞く求愛の歌であり、男性が名を問い、女性が名を教えれば求愛を受け入れた証しとなる古代の風習を踏まえているが、大和国をおしなべて治めている自分にこそは家をも名をも教えてくれるだろうねと自信満々である。葛城氏を滅ぼし、吉備氏の反乱を抑えて大王となり、朝鮮半島をめぐる外交にも積極的に打って出た倭王武、雄略天皇の面目躍如である。この歌が『万葉集』の冒頭に据えられたのは、後世の朝廷人にとって雄略天皇が古代の画期にある代表的な天皇として意識されていたからだと考えられている。

また、『古事記』には次のような伝承が載せられている。雄略天皇が三輪山の近くの川辺で衣を洗う少女を見そめて名を問うと、少女は「己が名は引田部の赤猪子」と答えた。天皇は「汝は夫をもつな。近いうちに我が喚すであろう」と告げて宮に還った。赤猪子は天皇の命を待ちわびて日を送ったが、一向にお召しはなく、とうとう八十歳となった。ある日、意を決した赤猪子は夥しい婿引き出物を用意して宮に参上し、天皇に奉った。すでに自ら下した命を忘れていた天皇は驚いて、「汝は誰の老女ぞ。何ゆえ参来したか」と問うと、赤猪子は、「天皇の大命を待って、今日に至るまで八十歳を経たり。今は容姿すでに老いてさらに恃《たの》むところはないが、己が志を顕さんと参来せしぞ」と訴えた。天皇は大いに驚いて「吾はすでに先のことを忘れつ。然るに汝は志を守り、命を待ちて、徒に盛りの年を過ぎたこと甚だ愛悲《かな》し」と言葉をかけたが、求愛に応えるのは憚られ、赤猪子に数多の禄を賜って還したという。

このほか『日本書紀』の雄略天皇の時代には、采女《うねめ》にまつわる説話が集中している。律令制においては采女は郡司の姉妹や娘で形容端正な者が選抜されて後宮に仕え、中務省采女司に所属して、天皇の供膳や裁縫など雑役に奉仕した。大和の伝統的な豪族が差し出した倭采女《やまとのうねめ》に加えて、吉備氏や伊賀氏、伊勢氏など地方豪族が服属の証しとして采女を大和王権に貢上するようになるのは五世紀代からであり、五世紀後半の雄略朝以降、六世紀に入ると部民制の中に組み込まれ、采女が「伴」としての采女造のもとに管掌される仕組みができあがってゆく。

五世紀後半には地方の有力豪族が子弟などの集団を率いて大和王権に仕え、大王に奉仕していた。稲荷山古墳出土鉄剣銘にはオワケ臣が杖刀人の首として大王に仕えたと記されており、、江田船山古墳出土鉄剣銘にも典曹人がみえる。また雄略紀には養鳥人、宍人、船人など部民制の先行形態とみられる「人制」の存在が読み取れる。雄略朝にみえる采女の姿もこれと重なっているのである。

第三章

隋唐帝国の成立と推古女帝の時代

1　推古朝の政治

女帝の即位

雄略天皇の死後、王権は混乱した。吉備氏出身の稚媛《わかひめ》を母とする星川皇子が吉備氏の支援を受けて反乱を起こしたが鎮圧され、葛城韓媛を母とする清寧天皇（白髪皇子）が即位した。清寧天皇には子がなかったため、履中天皇の子で、かつて雄略天皇によって殺害された市辺押磐皇子の遺児である顕宗・仁賢の兄弟が探し出され、相継いで即位した。しかし、仁賢天皇の子である武烈天皇にも子がなく王統は断絶の危機に瀕した。

そこで、大伴金村大連らがはかって、越前三国にいた応神天皇五世の孫とされる男大迹王を迎えた。継体天皇である。天皇は近江の琵琶湖北東部を拠点とする息長《おきなが》氏の出身で、仁賢天皇の娘手白香《たしらか》皇女を妃として、入り婿の形で王統を継承した。息長氏は応神天皇に連なる系譜をもつ大王家の末裔で、のちに母系を通じて天智・天武天皇を生み出す由緒ある氏族であるが、葛城氏や大伴氏など大和の有力豪族ほどの勢力はなかった。そのため継体天皇の王権は不安定であり、その没後、短期間に安閑・宣化二天皇が続く混乱期を経て欽明天皇が即位することでようやく王権の安定をみることができた。

欽明天皇の治世には百済から本格的に仏教が伝来し、仏教文化が花開くきっかけとなった。贈られた仏像や経典などは、朝鮮半島において新羅と激しい軍事衝突を繰り返し、危機的な状況に陥っていた百済の聖明王が倭国に救援を要請する使いと共に送ってきたもので、仏教が伴う先進的な文物を媒介とする切実な外交政策であった。しかし、倭国が対応を決めかねている間に聖明王は、王命に背いて出兵し国境付近の戦闘で窮地に陥った太子の救援に向かってあえなく戦死した。勢いを増した新羅は、倭国が半島における拠点として大きな影響力を持っていた南方の加耶地域にも勢力を拡大した。『日本書紀』はこれを「新羅、任那《みまな》の官家《みやけ》を打ち滅ぼす」と表現している。欽明天皇は任那復興を遺詔したが、後を継いだ欽明天皇の皇子たちは、敏達天皇は即位十四年、用明天皇は即位二年で亡くなり、またもや大王位継承をめぐる争いが生じた。当時、欽明天皇の皇子で残されていたのは穴穂部《あなほべ》皇子と泊瀬部《はっせべ》皇子で、二人が有力候補であった。大和王権の軍事担当氏族として大きな力を持っていた大連《おおむらじ》物部守屋《もののべのもりや》は穴穂部皇子を推したが、敏達天皇の皇后であった額田部《ぬかたべ》皇女を擁する大臣《おおおみ》蘇我馬子や蘇我系の王族、大夫《まえつぎみ》達は穴穂部皇子を殺害し、激しい戦闘の末に守屋を打倒して泊瀬部皇子を擁立した。これが崇峻天皇である。しかし、まもなく崇峻《すしゅん》天皇は蘇我馬子と対立するようになり、馬子の命を受けた東漢直駒《やまとのあやのあたいこま》によって暗殺された。これによって欽明天皇の皇子はすべて絶えたため、大王位の継承はさらに混迷の度を深めたが、結局、蘇我氏をはじめとする群臣の推挙によって即位したのが、女性ながら欽明天皇の子であり、敏達天皇の皇后でもあった額田部皇女、すなわち後に推古と諡《おくりな》された天皇である。

推古天皇は日本の歴史上実在が確認できる最初の女帝である。蘇我氏による崇峻天皇暗殺という王権の危機的な状況の中で即位した天皇であるが、その在位は三十六年という長期に及び、その間、大臣蘇我馬子と摂政厩戸皇子（聖徳太子）の補佐のもとに中国王朝との間に新たな外交を展開し、内政面でも王権の強化、国家機構の整備を進めて、大化改新以降の中央集権的な律令国家形成の出発点ともいえる画期的な一時代を築いた。

推古天皇の和風諡号は豊御《とよみ》食《け》炊屋《かしきや》姫天皇《ひめのすめらみこと》である。豊かな食料に恵まれた炊事の殿という名からは、稲作文化を背景とした女性に豊穣の祈りを託する信仰の名残りが読み取れ、政治的に安定した王権であったという評価も反映されている。『日本書紀』はその人となりについて、「姿色端麗にして進止軌制す」と記している。容姿端麗な女性で、かつ進退振る舞いや規則を守って事を処理するに乱れがないという評価である。父は欽明天皇、母は蘇我稲目の娘である堅塩媛《きたしひめ》、大臣の蘇我馬子とは叔父と姪の関係にある蘇我色の濃い天皇であった。また敏達天皇没後も用明・崇峻朝を通じて大后《おおきさき》として尊崇を受けていたし、崇峻天皇の即位に至る混乱の際にも大臣蘇我馬子と共に主導的な役割を果たし、大連物部守屋の打倒にも関与している。

推古天皇は自分を支えてくれた厩戸皇子、蘇我馬子よりも長く生きており、自身も政治的な意志と手腕を備えた有能な女性であったと思われる。その面目躍如たるエピソードが『日本書紀』推古天皇三十二年十月条に載せられている。大臣蘇我馬子が王権の直轄領である大和の六県《むつのあがた》の一つである葛城県《あがた》を欲し、「葛城県はもとは葛城氏の領地であり、葛城氏の同族である蘇我氏の本拠でもあったところなので、自分の封県として賜りたい」と述べたのに対し、推古帝は「朕は蘇我の出身であり、馬子の大臣はわが舅（オジ）である。大臣の言葉とあらば、夜に聞けば夜も明けぬうちに、朝に聞けば日も暮れぬうちに聞きいれないでおこうか。しかしながら、朕の世にしてこの県を失えば、のちの君は「愚かに癡《かたくな》しき婦人、天下に臨みて頓に其の県を亡《ほろぼ》せり」と非難するであろう。あに独り朕の不賢のみならんや、大臣も不忠とならん。これ後の葉《よ》の悪しき名ならん」と述べて拒否している。「進止軌制」の人となりを彷彿とさせる言葉である。

三頭政治

推古朝では蘇我氏を代表とする崇仏派と物部氏を中心とする廃仏派の争いに決着がついて、仏教文化の導入が本格化すると共に、蘇我馬子が大臣として朝廷の財政と外交を掌握し強大な力をもつようになった。蘇我氏は元々、大和の飛鳥地域を本貫としながら、河内の石川流域（大阪府富田林）にも拠点をもっていた。広大な低湿地が広がる河内平野は、五世紀代に渡来人がもたらした先進的な鉄製農具や土木・灌漑技術によって大規模な開拓が進められた。蘇我氏は倭漢氏などを通じて、これらの渡来系技術者集団を配下に治めて勢力を伸ばしたのである。欽明朝の大臣蘇我稲目は百済系渡来人の王辰爾《おうじんに》を派遣して船にかける賦税を算録させたり、吉備の白猪《しらい》屯倉を設置して、その経営には王辰爾の子孫を当たらせたりしている。

また、蘇我稲目が向原寺を建てて以来、蘇我氏は仏教を保護し、馬子は我が国初の本格的な寺院である飛鳥寺（法興寺）を建立した。飛鳥寺金堂に納められた釈迦如来像は、渡来系の司馬氏の一族である仏師鞍作止利《くらつくりのとり》によって製作された。完成した丈六（一丈六尺〔約四・八メートル〕）の金銅仏は大きすぎて金堂に納めることができず、工人らが扉を壊して運び入れようとしたところ、止利がこれをとどめ巧みな技で納めたという。現在、飛鳥寺安居《あんご》院に坐す飛鳥大仏がそれである。推古天皇はこれを賞して止利に大仁の冠位と近江国坂田郡の田二十町を賜《たま》い、止利はこの田をもって金剛寺（坂田寺）を建立した。

仏教は新しい宗教であるだけではなく、僧侶がもたらした経典や暦・天文地理の法など高度な文字文化、寺院建築にかかわる測量・土木技術、瓦製作の窯業技術、仏像を鋳造する冶金技術など、当時の先進的な技術を伴う文明の粋であり、これらの技術は蘇我氏の勢力基盤として大きな役割を果たした。

また、『日本書紀』が皇太子とする厩戸皇子は、用明天皇の皇子で母は蘇我稲目の孫に当たる穴穂《あなほ》部《べ》間人《はしひと》皇女であり、推古朝は、蘇我系の天皇を同じく蘇我系の大臣と皇子が支える三頭政治体制であったとみることができる。『日本書紀』では、大化改新に至る過程で蘇我氏は専横な振る舞いの多い大王権力への反抗者として描かれるようになが、現実には欽明朝以降の王権の基盤を支えた有力氏族であり、『上宮聖徳法王帝説』も、小《お》墾田《はりだ》宮にあった推古天皇の世に、「上宮厩戸豊聡耳命《とよとみみのみこと》、嶋大臣（蘇我馬子）と共に天下の政を輔《たす》く」としている。

また、大臣の下には大夫と呼ばれる中央の有力豪族があって、大臣と大夫によって構成される会議体が朝廷の政治を領導していた。さらにこの時代には、大王の嫡妻としての大后《おおきさき》の地位が確立し、大后を資養し経済的基盤とするために料民として私部《きさいべ》が新たに設定された。大王位継承予定者としての太子の経済的基盤となる壬生部《みぶべ》もこの時代に設定されている。

冠位十二階の制定

推古朝には、王権を強化し豪族を官僚化することをめざす制度として冠位十二階と憲法十七条が制定された。『日本書紀』推古天皇十一年（六〇三）十二月壬申条には、冠位十二階の制定を伝える記事がみえる。

始て冠位を行う。大徳。小徳。大仁。小仁。大礼。小礼。大信。小信。大義。小義。大智。小智。并て十二階。並びに当色の絁《きぬ》を以て縫う。頂は撮り総て嚢《ふくろ》の如くにして、縁《ふち》を着く。唯元日には髻花《うず》を着す。

儒教的な徳目である徳仁礼信義智をさらに大小に区分し全部で十二階の冠位名を定めている。冠は布に縁取りを施しただけの簡素なものであるが、元日には髻華《うず》と呼ばれる飾りを付ける決まりであった。冠位制は翌年の正月から施行されたから、朝臣は冠に華やかな飾りを付けて正月朝賀の場に臨んだであろう。『日本書紀』巻二十二推古天皇十九年（六一一）五月五日条は「菟田野《うだの》に薬猟す」「是日。諸臣の服色皆冠の色に随う。各髻華を著す。則ち大徳・小徳は並びに金を用いる。大仁・小仁は豹の尾を用いる。大礼以下は鳥の尾を用いる」と記している。薬猟は滋養強壮の薬として鹿の若角を採ることである。鹿狩りに参加した朝廷の人々がそれぞれの冠の色に合わせた衣をまとい、冠には金や豹の尾や鳥の羽尾を飾って新緑の野を駆け巡る目にも鮮やかな様子が想像できる。

冠位十二階は日本における最初の冠位制であるが、日本の独創になるものではなく、百済の官位制を中心に高句麗の制度も参考にして制定された。冠位十二階は氏姓にかかわらず畿内及びその周辺の豪族に広範に与えられたが、大臣である蘇我氏は対象外であり、また最上層の豪族も冠位制に取り込むことはできていなかった。

鎌倉時代に卜部兼方が編纂した『釈日本紀』の引用する「私記」には、次のような記事がみえる。

私記曰。大徳。師説。今之四位也。小徳。五位也。大仁。小仁。大礼。六位也。

それによれば、冠位十二階における大徳は律令位階制の四位に相当し、小徳は五位、大仁・小仁・大礼は六位に相当するとしている。律令位階制では一位から三位までが官職でいえば左右大臣・大納言に相当し、四位・五位はそれ以下である。「私記」の説は大化前後の官人である大伴馬飼の官歴からも確かめることができる。大伴馬飼の名は大化改新よりも少し前の『日本書紀』皇極天皇元年（六四二）十二月甲午条にみえるが、そこには「小徳大伴連馬飼」と記されている。小徳は大徳についで、冠位名称六種の中では最上の徳冠である。その後、『日本書紀』孝徳天皇大化五年（六四九）四月甲午条には「小紫大伴長徳連字馬飼に大紫を授け右大臣と為す」とある。小紫・大紫は大化三年（六四七）に定められた冠位制による名称であるから、大伴馬飼は大化三年以降に小紫の冠位を授与され、大化五年に至って大紫の冠位を賜り右大臣に任命されたということになる。ところで、大化三年の冠位制は十三階制であり、最上位から順に大織・小織・大繡・小繡・大紫・小紫と続いている。大紫を授けられた馬飼が右大臣になっていることからみて、織・繡・紫冠は律令位階制の一位から三位に対応しているとみなすことができる。そこで、もし冠位十二階における最上位の徳冠が律令位階制における一位に相当し、かつ大化三年冠位制の織冠に対応しているとしたら、皇極元年に冠位十二階の第二位である小徳冠であった大伴馬飼は、七年を経た大化五年には大化の冠位制第六位の小紫に降格されていたことになってしまう。『釈日本紀』の注釈通り、徳冠は令制の四、五位相当とみなすべきであろう。これにより、馬飼の順調な昇進を辿ることができる。

蘇我氏に関していえば、『日本書紀』皇極天皇二年（六四三）十月六日条に、蘇我大臣蝦夷、病に縁り朝せず。私《ひそか》に紫冠を子入鹿に授けて、大臣の位に擬す。

とみえる。冠位十二階制定当時、蘇我氏の族長はこれとは別に大臣の位を象徴する紫冠を着しており、これが馬子の後を継いだ大臣である蝦夷に伝えられたのであろう。推古朝当時の「大臣《おおおみ》」は大化以後の大臣とは性格が異なって純然たる世襲的執政官であり、大臣蘇我馬子は厩戸皇子と共に国政を輔佐する最高執政官であった。冠位十二階制定の目的は畿内の豪族を大王のもとに官僚化することにあったが、当時の政治的実態からみて蘇我氏を冠位制の中に取り込むことは難しかったと思われる。

しかし、限定的ではあれ、豪族が氏姓を基本として朝廷の職掌を担当する伴造制の下で、冠位十二階は氏から切り離して個人単位に与えられ、昇進の可能性を含んでいる点で、画期的な制度であったといえる。ちなみに、推古朝で二度にわたって遣隋使に任命された小野妹子は最初の渡海後、大礼の冠位を授与され、再度隋に渡り無事帰国後、大徳に昇進している。

憲法十七条の制定

『日本書紀』推古天皇十二年（六〇四）四月三日条には「皇太子（厩戸皇子）、親《みずか》ら肇《はじ》めて憲法十七条を作る」と記されている。第二条に「篤く三宝を敬え。三宝とは仏法僧なり」とあることなどから、厩戸皇子（聖徳太子）の仏教的な世界観を反映しているといわれてきたが、実際に厩戸皇子がどの程度編纂作業に携わったのかは明らかではない。また、憲法十七条は仏教思想だけではなく、儒教、道教や法家思想など中国の思想を多く取り入れており、また、中国における類似の国法制定の歴史も参考にしているので、渡来系の僧や遣隋使によってもたらされた舶来の知識を結集して厩戸皇子を中心に編纂作業が進められたと思われる。聖徳太子単独の立法は困難であることや、「国司」という律令制下の官名が含まれていることなどから後世の偽作説もあった。しかし、「国宰（クニノミコトモチ）」は地方を巡る大王の使いの名称として大化前代からあったし、『日本書紀』編纂時に憲法十七条を収載するに当たって令制の知識で修飾を加えた可能性もあり、推古朝の立法を否定する根拠とまではならない。後で触れるように、むしろ推古朝の時代背景にふさわしい法令といえる。

内容的には大王の君主権の強化と豪族の官僚化を念頭に、官人に対する道徳的な訓戒の要素を色濃くもった法であるが、単なる倫理規範ではなく政治的な法規範としての性格をもつ。平安時代に編纂された『弘仁格式序』には「上宮太子、親ら憲法十七箇条を作る。国家の制法、茲《ここ》より始まる」と記されている。平安初期の朝廷においては、憲法十七条が律令法と並ぶ国家統治の基本法として認識されていたことが知られる。

憲法十七条の第一条は、「一曰、以和為貴、無忤為宗。（一に曰はく、和を以て貴しとし、忤《さか》うること無きを宗とせよ）」という一文から始まっている。「以和為貴」という表現は、『礼記』儒行の「礼之以和為貴」や『論語』学而篇の「礼之用、和為貴」との類似が指摘されている。十七条の中には、ほかにも儒教の経典から引用した語句を用いる条文がいくつかみられる。礼を強調する第四条の「群卿百寮、以礼為本（群卿百寮、礼を以て本と為《せ》よ）」は『孝経』広要道の「安上治民、莫善乎礼」と、また第九条の「信是義本（信はこれ義の本なり）」は『論語』学而篇の「信近於義」との類似が認められる。これらの条文は儒教思想を背景に君主権の強化を図ることを意図している。第三条には「承詔必謹。君則天之。臣則地之。天覆地載」（詔を承わりては必ず謹しめ。君をば天とす。臣をば地とす。天は覆い地は載す）」とあって、君主の命が絶対であることを説いている。

他方で、儒教とは対立する法家思想の影響を受けた条文もある。例えば、第十一条は「明察功過、賞罰必当（功過を明察して、賞罰は必ず当てよ）」とするが、賞罰の厳正を命じる表現は『韓非子』説疑の「凡治之大者、非謂其賞罰之当也」に通じ、第十五条の「背私向公、是臣之道矣（私に背きて、公に向かうは、是臣の道なり）」は『韓非子』の

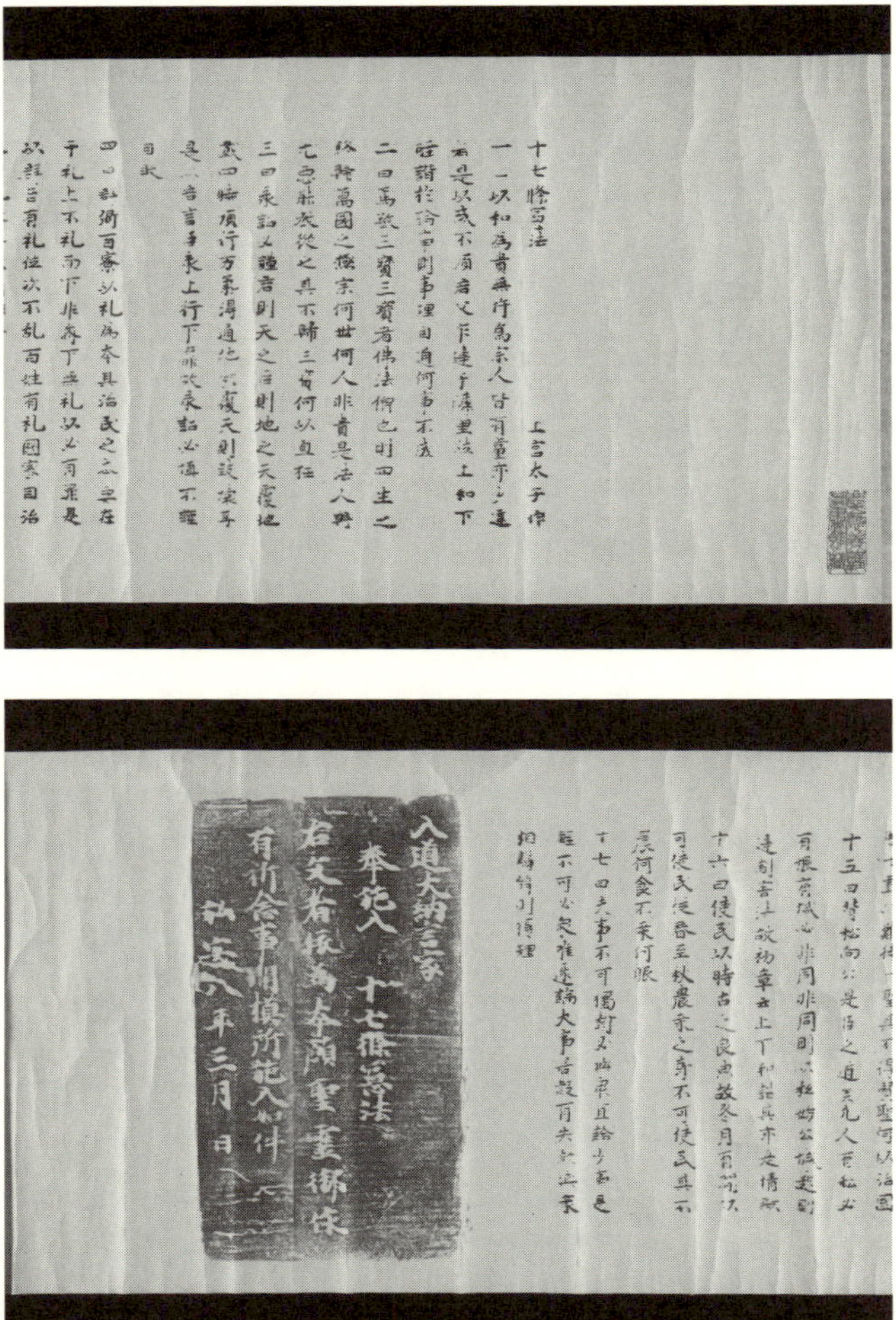

『十七條憲法　弘安８年刊』（慶應義塾図書館所蔵）

「背私謂之公、公私之相背也」に通じる。国家統制の手段として、法律と賞罰に基づく法治を重視する法家思想と礼や信を最高道徳とし王者の人徳による徳治を基本とする儒教は、本来理念的に相容れない思想であるが、憲法十七条はこれらを折衷的に利用して政治規範を作り上げている。

また憲法十七条の制定は、先行する中国の立法例の影響を受けている。憲法十七条の制定に直接影響を与えた可能性がある立法例としては、『北史　後周書』列伝巻五十一にみえる西魏の蘇綽《そしゃく》による六条詔書の制定があげられる。内容は儒教思想をもとに皇帝中心主義を標榜するものであるが、注目すべきことは、六条詔書が西魏文帝の大統十年（五四四）に制定されたことである。大統十年は甲子の年で、憲法十七条も推古天皇十二年（六〇四）の甲子の年に制定されている。憲法十七条は六条詔書から干支一元を巡った後、すなわち六十年後に制定された。中国で行われた讖《しん》緯《い》説では甲子の年は「甲子《かっし》革令」（国家の法が革まる年）といわれ、「辛酉《しんゆう》革命」（革命が起こり王朝が変わる年）と並ぶ重要な変革の年とされている。憲法十七条の制定は立法の背景や内容において一元前の甲子の年に発布された六条詔書を参考にしていた可能性が高い。

外交面で隋との対等外交をめざした推古朝の朝廷は、自国が隋に劣らぬ礼秩序を有する国であることを示す必要に迫られていた。また倭国の使者が隋の朝廷において諸外国からやってきた使臣と並び立つ時に、中国の官品制と比定する形で身分序列を明らかにしなければならなかった。こうした対外的な要因と、王権の危機を乗り越えて大王の君主権を強化するという目的が相まって、冠位十二階や憲法十七条の制定が企図されたのであろう。

2　推古朝の外交

隋の統一

西暦三一六年の晋の滅亡後、中国では南北朝の分立が続いていたが、五八九年、北朝から出た隋の楊堅（文帝）が南朝の陳を滅ぼして統一を成し遂げた。隋は科挙の試によって国中から官吏を登用し官僚機構を整備すると共に、均田制による土地・税制の基盤強化、府兵制による軍事力の拡充等を通じて中央集権制を実現した。数世紀ぶりに中国に強大な統一帝国が出現したことは周辺諸国に大きな影響を与え、倭国や朝鮮半島諸国は新たな対応を迫られることとなった。東アジアは大きな変動の季節を迎えたのである。

倭の五王の中国南朝への遣使以後、約一世紀の間、倭国は中国王朝との通交を断っていたが、その間も高句麗・百済・新羅の三国は南朝への朝貢を続け、六世紀後半以後はそれぞれ北朝の北魏・東魏・北斉との関係を強化していた。五八一年、隋が建国すると高句麗・百済は相次いで隋に入朝した。しかし、その後高句麗は五八五年南朝の陳に入朝し、隋と断交したため、五八九年に隋が南朝を滅ぼして統一を果たすと、高句麗の立場は悪化した。五九〇年、隋の文帝は高句麗王の「藩臣」としての礼節の欠如を責め、さらに、五九八年、高句麗が遼西地方に侵入すると、隋は武力による高句麗討伐を決意し、文帝の後を継いだ煬帝は三度の高句麗遠征を行った。

このように東アジア情勢が緊張する中で、倭国は隋に使いを送り、中国王朝との通交を再開した。『隋書』倭国伝には、文帝の開皇二十年（六〇〇、推古八年）に倭国からの遣使記事が見える。そこには倭王について倭国の使者が、

倭王は姓は阿毎《あめ》、字は多利思比孤《たらしひこ》、阿輩鶏弥《おおきみ》と号す。

と述べたことが記されている。

姓はアメ（天）、名はタラシヒコ（足彦）という和風の称号には神話的な天の観念の反映が読み取れるし、オオキミ（大王）は倭王武（雄略天皇）以来定着していた称号である。これに続けて文帝から倭の風俗を問われた使者は、

倭王は天を以て兄と為し、日を以て弟と為す。天未だ明けざる時、出でて政を聴く。跏趺《かふ》して坐す。日出づれば便ち理務を停め、云う、我が弟に委ねんと。

と答え、文帝は「此れ太《はなは》だ義理なし」と咎め、教訓を与えて改めさせたという。倭国ではのちに至るまで「朝政」の言葉が用いられるように、夜明け前に王と臣が集まって政務を執る慣習が存在していたから、倭国の使者にとってはごく自然な回答であったろうが、すでに官僚機構や儒教的な礼制に則った朝廷儀礼が整備されていた隋の側からみれば、未開の習俗と受け止められたのであろう。面目を失った使者が這々《ほうほう》の体で退散したためか、この六〇〇年の遣隋使について『日本書紀』は記すところがない。この遣隋使の派遣は、五九八年の隋と高句麗の決裂、高句麗遠征開始の決定という状況の中で、隋の意志を体した百済の仲介によるものであったが、直接的な外交成果は生まれなかった。しかし、この遣隋使のもたらした隋王朝の制度や朝鮮半島諸国の動静が契機となって、冠位十二階や憲法十七条の制定が実現したと思われる。

推古十五年（六〇七）、第二回の遣隋使が派遣された。この遣使のことは『日本書紀』と『隋書』の双方に記事がみえる。『日本書紀』によれば、推古十五年七月に小野臣妹子が隋に派遣され、妹子は翌年四月に隋使裴世清《はいせいせい》を伴って帰国した。朝廷は隋客を迎えるために難波に新たに迎賓館を建て賑々しく迎えたが、帰国の報告を奏する妹子が、百済を経て帰国の途上、隋の皇帝から託された書を百済人によって掠取されたと告白したので、朝廷は騒然となった。群臣が妹子の罪を議した結果、「使人たる者、死すとも使命を果たすべきに、何を怠って大国の書を失ったか」として流刑に処すべきことを決定した。しかし、推古天皇は「大国の客に聞こえ良からず」として妹子の処罰を許さなかった。奇怪な事件であるが、その後は何事もなかったかのように、裴世清の迎接行事が進められている。八月十二日、裴世清は朝廷において、「書」によって使いの旨を奏上した。ここで裴世清がもたらした「書」は国書であり、妹子が百済人に奪われたと報告したのは煬帝から推古天皇への親書であったと思われる。その国書には「皇帝、倭皇を問う」と記されている。中国王朝の外交文書の様式では、「敬問（つつしんでとう）」は対等関係にある国王に対して使われる表現であるが、「問《とう》」は君臣関係にあることを示す表現であるし、国書の文中には「朝貢」の文字もみえるなど、隋側は倭国からの遣使を外臣からの朝貢と認識していた。

九月には使命を果たした裴世清が帰国の途につき、小野妹子は送使として再び渡海した。『日本書紀』によれば、この時、推古天皇から隋の皇帝に送られた国書には冒頭に、「東天皇敬白西皇帝（東の天皇、敬しんで西の皇帝に白《もう》す）」とあった。また高向玄理《たかむこのくろまろ》や僧旻《みん》、南淵請安《みなみぶちのしょうあん》らのちに大化の改新で重要な役割を果たす留学生が隋に派遣されている。

日出る処の天子、書を日没する処の天子に致す

推古十五年（六〇七）の遣隋使については小野妹子が隋帝からの書を紛失するなど奇妙な点があり、真相は明らかではない。しかし、憶測を加えるならば、妹子にとって、隋帝の親書はそのまま伝えることができない内容を含んでいたのではないだろうか。その事情が密かに朝廷に伝えられたために、親書の紛失にもかかわらず、妹子が罰せられることもなく、再び裴世清の送使に任命され、さらに帰国後、大礼冠から大徳冠に昇格できたのかもしれない。そうした背景は中国側の史料である『隋書』の記事から想像することができる。『隋書』は『日本書紀』にみえない倭国の国書の内容について触れている。『隋書』倭国伝、大業三年（六〇七）に次のような記事がみえる。

> 其国書に曰わく、日出る処の天子、書を日没する処の天子に致す恙《つつが》無きや云云。帝之を覧《み》て悦《よろこ》ばず。
> 鴻臚《こうろ》卿に謂いて曰く、蛮夷の書無礼なる者有らば復《ま》た以て聞《ぶん》する勿《なか》れと。

倭国王からの書はなぜ煬帝を不快にさせたのであろうか。古くは日出ずる国から日の没する国へという日中の国勢の評価を反映したかのような表現が問題にされたとみられた時代もあったが、中国王朝では日出づる国は地理的な東方を指す用語として一般的なものであり、特に無礼なものとはいえない。ここはむしろ、倭国の国書に記された「天子から天子へ」という表現が、中国王朝の定める外交文書の様式に違反するものであったことがその原因と考えられる。

天子は天帝の命を受けた地上の天子が用いるべき称号であり、資格者は中華世界に唯一人である。中国からみて周辺の蛮夷の王が使用を許される称号ではない。同時期に中国皇帝から異国の王に送られた国書の例をみると、天子と皇帝が使い分けられている。対等の相手に対しては「天子から皇帝へ」の表現が用いられるのが普通であるが、「天子から天子」は対等かつより近しい相手に対してのみ用いられている。『隋書』北狄伝突厥条にその例がみられる。

隋の初めに強盛を誇った突厥は、隋の高祖に次のような冒頭書き出しの国書を送ってきた。

天従《よ》り生ず、大突厥天下賢聖天子、伊利倶盧説莫何（イリキュルシャドバガ）始波羅可汗（イシュバラカカン）、書を大隋皇帝に致す。

ここでは「天子から皇帝へ」と表記されている。これに対する隋帝の返書は以下のような書き出しである。

大隋天子、書を大突厥伊利倶盧説莫何（イリキュルシャドバガ）沙鉢略可汗（イシュバラカカン）に貽《おくる》。

ここでは、「天子から可汗へ」と記されている。突厥の王である可汗は自ら「天子」と称し、隋帝を「皇帝」と呼んだが、隋側はこれを特に問題とせず、返書では隋帝が「天子」と自称している。このやりとりは当時の隋と突厥の対等な力関係を反映していた。もともと沙鉢略可汗の妻は北周趙王招の娘千金公主であり、五八三年、東西突厥分裂を機に文帝はこれに楊氏の姓を与えて大義公主としていた。したがって、文帝と沙鉢略可汗は義理の父子関係にあったことになる。そのような外交関係に加えて、突厥がしばしば中国王朝を脅かすほどの強力な軍事力を備えていたことが、外交文書における対等様式の使用を可能にしたのであろう。

翻って、倭国から送られた「天子から天子」は、「天子から皇帝へ」という様式よりもさらに対等な外交形式であり、これを目にした煬帝が不快を感じて当然であったといえる。この倭王から煬帝に送られた国書について倭国側の史料である『日本書紀』はまったく触れていない。これも憶測にすぎないが、あるいは煬帝から倭国王に送られた親書には倭国王の無礼をとがめる表現が含まれており、そのことが妹子の口から密かに伝えられたために、原因となった隋への国書の文面も朝廷の記録には載せられなかったのではないだろうか。しかし、煬帝もこれによって倭国との国交を断絶することはせず、裴世清を使いとして派遣してきた。ちなみに、六〇七年は北方巡幸中の煬帝一行が突厥王啓民可汗の幕営を訪ねて偶然高句麗の使者を発見し、高句麗が突厥と通じていることを知って衝撃を受けた年である。この巡幸は八月であり、倭国の使節派遣記事が七月であるから、使節が隋の朝廷に到達して国書を与えられたのは八月より後であろう。高句麗と緊張状態にある煬帝としては高句麗の背後にある倭国の存在を軽視できず、裴世清を派遣して倭国を取り込む策をとり、臣従は求めないが朝貢国として位置づける外交を選択した可能性が高い。

それでは倭国の隋に対する高姿勢の外交は一体どのような意図によるものであったろうか。推古朝の遣隋使は、倭の五王の時代とは違って隋の皇帝に対して官爵の除正を求め冊封を受けようとしていない。このことは当時、高句麗・百済・新羅が揃って隋に入朝し冊封を受けていることと対照的である。その背景には、欽明朝以来の倭国の朝鮮半島に対する一貫した外交政策があった。欽明朝に朝鮮半島南部の任那地域（加耶南部）は完全に新羅に併合された。

欽明天皇は任那回復を遺詔して没したが、もはや軍事力によって任那地域を回復することは難しく、以後歴代の朝廷は新羅や百済に対して任那地域における名目的な宗主権の承認を求める政策に転換した。両国に任那調を主体とする朝貢を求めるためには、倭国が百済や新羅と同格の中国王朝への朝貢国であってはならず、たとえ観念的にすぎないものであっても中国王朝と同様の小帝国として自らを位置づける必要があったのである。

強大な隋を相手にしたこのような外交は、政策の推進者にとって失敗すれば国内での権力も失いかねない危険な綱渡りであったが、隋が高句麗と緊張状態にあり、背後に突厥の圧力も抱えている状況を見据えながら賭けに出て成功を収めた。

任那の調

『日本書紀』によれば、倭国は欽明朝の五六二年における任那滅亡以後も百済・新羅両国から任那調を貢上させ、かろうじて任那（加耶）地域に対する名目上の支配的地位を維持していた。敏達天皇の五七五年以降、新羅が任那地域の大部分を領有すると新羅に対して、新羅使とは別に「任那」の使いを立て、「任那調」を貢上させるという従属的な外交形式を要求した。『日本書紀』によれば、小野臣妹子らが二度目の遣隋使の任を果たして帰国した翌年、推古十八年（六一〇）、新羅からの使者が来朝している。「任那使人」を伴った新羅の使者は都に入り、小墾田宮で大臣蘇我馬子や四人の大夫らが新羅使を引見し、新羅使は使いの旨を奏上した。この迎接儀礼は前年隋使を迎えた経験をもとに、小野妹子らの隋での見聞も参考にして、中国風の外交儀礼によって新羅使を蕃国からの朝貢使と見たてたものであった。新羅としては、「任那調」を倭国に送ることで六世紀前半までに倭国が半島南部の旧加耶諸国に対して行使していた宗主権を継承し、また加耶諸国（任那）再興を名目として倭国を引き入れ新羅を攻撃しようとしている百済を牽制する意図があったと思われる。それゆえにこそ、倭国に対して従属的な外交を行うことに甘んじたのである。

しかし、高句麗遠征の失敗や国内の混乱によって、六一八年に隋が滅亡すると東アジア情勢は混乱し、日本と新羅の関係も変化した。推古天皇二十九年（六二一）、新羅の使いがやってきたが任那使は同行してこなかった。倭国に対する外交姿勢は明らかに変化したのである。

推古天皇三十年（六二二）、長年政権を支えてきた厩戸皇子が死去した。翌年、新羅使奈末智《なまち》洗爾《せんに》と任那使達率奈《たっそちな》末智《まち》が来朝し、仏像や舎利をもたらすと共に新王朝の唐から帰朝する薬師恵日ら倭国の留学生を伴ってきた。しかし、『日本書紀』によれば同年、新羅は任那地域に武力侵攻したため、朝廷は新たな対応を迫られる事態となった。外交による解決を図る穏健派と、武力で新羅を討ち百済との提携によって任那の調を確保することを主張する主戦派が対立した。大臣蘇我馬子はいったんは交渉の使節を新羅に送るが、直後に誤解から兵を新羅に派遣して新羅に不信感をもたせる結果となった。

さらに六一八年、唐が建国すると新羅は六二一年に唐に入朝した。隋の滅亡と唐王朝成立の混乱に乗じて新羅は素早く唐に接近し、倭国に対する従属外交を捨てたのである。対する倭国は厩戸皇子の死後、大臣馬子一人では朝廷の意志を統一することが困難で、対応に後れをとった。推古三十一年（六二三）を最後に新羅は「任那調」を廃止し、以後、唐と提携して百済、高句麗や倭国と対抗する政策に転換していった。

コラム3　聖徳太子と厩戸皇子

厩戸皇子は後世、仏教信仰に厚い聖人として聖徳太子と称され、のちには太子信仰も生まれた。しかし、その実像については不明なところも多く、大山誠一氏のように諸書に記された聖徳太子の事績はほとんどが後世の創作とする見方もある。『日本書紀』推古天皇元年条は、「厩戸豊聡耳皇子を立てて皇太子とす。仍りて政を録摂せしむ（摂政）」とし、次いで、母の間人皇女が臨月に「馬官」の厩戸の前を歩いている時に出産が始まったので厩戸皇子と名づけられたこと、長じて十人の訴えを同時に聞き分けて判断を誤らなかったこと、父用明天皇が皇子を愛し、池辺《いけのべ》宮の南の上殿に住まわせたので、上宮厩戸豊聡耳太子と呼ばれたことなどを記している。聖徳太子の呼び名が現れるのは奈良時代中期からであり、太子信仰が生まれるのは平安時代に入ってからであるので、仏教的な伝説は後世のものであろうが、厩戸皇子が高句麗僧慧慈《えじ》、百済僧慧聡《えそう》に師事して仏教に帰依し、斑鳩に法隆寺を建立したこと、推古天皇・蘇我馬子らと法興寺（飛鳥寺）の創建に関与したことなどは史実として認められる。また、『上宮聖徳法王帝説』など法隆寺系の史料だけではなく、「天寿国繡帳銘」や「元興寺塔露盤銘」「法起寺塔露盤銘」など広汎にわたって、「法大王」「上宮法王」「上宮太子聖徳皇」などの表記がみられることから、厩戸皇子は死後の早い時期から仏教の保護者として尊崇を受けていたことがうかがわれる。

平成三年（一九九一）、法隆寺昭和資財帳作成に伴う調査の過程で、法隆寺金堂釈迦三尊像の木造台座に「辛巳年」（六二一）という年号や、「書屋」「尻官」といった墨書が確認された。「尻官」はのちの「後宮」（しりえのつかさ）に相当する官司と考えられ、推古朝には「馬官」など官司名に「官」を付していたことが考えられる。このような官司の表記は『日本書紀』が編纂された令制下には行われていないので、『日本書紀』の「馬官」の表記を含む厩戸皇子の出生伝説は、令制以前の古い時代から流布していたと考えられる。

また、「皇太子」が制度的に成立するのは持統朝の浄御原令からであり、「摂政」の成立も平安時代に下るので、これらの表記をそのまま信頼することはできないが、推古朝においては、厩戸皇子は皇位継承にもっとも近い蘇我系の有力な皇子であり、馬子と共に天皇の政治を補佐したことは事実であろう。『隋書』倭国伝は、推古朝のこととして、「太子を名づけて利《わ》（和）歌弥多弗利《かみたふり》となすとしている。ワカミタフリは皇族の子女の尊称として奈良時代にも使われていた可能性があり、厩戸皇子を指して「太子」とみなしていたと思われる。

皇子が飛鳥から離れた斑鳩に宮を構え、法隆寺を建立したことで、古くは、現世に嫌気がさして隠棲し仏教三昧の日々を送ったのだとする見方もあったが、斑鳩は大和と河内を結ぶ竜田道上にある交通の要衝であり、むしろ厩戸皇子の政治的拠点であったと思われる。子息の山背大兄ら一族が、斑鳩宮を拠点とし太子の壬生部を経済基盤に上宮王家と称されていたことをみても、厩戸皇子が現実政治における有力者であったことはまちがいない。

【参考文献】

大山誠一『〈聖徳太子〉の誕生』吉川弘文館、一九九九年。

第四章　倭国の法と刑罰

1　神法の系譜

神判の伝統

律令制以前の倭国の裁判や刑罰はどのようなものであったのだろうか。倭国の司法制度について記した史料は少なく、その実態は必ずしも明らかではない。『三国志』魏書東夷伝や『隋書』倭国伝には倭国の刑罰に関して記事があり、後世の風土記や延喜式などにも大化前代の司法制度の内容をうかがわせる史料がわずかながら残されている。

奈良時代に編纂された『播磨国風土記』によれば、その昔、品太《ほむだ》天皇（応神天皇）がこの地を巡った時に、山にのぼり「大法」を宣したことにちなんで大法山《おおのりやま》の地名が誕生したという。この伝承は、文字で記された成文法が成立する以前に、王者の言葉が法として社会的な規制力を持った時代があったことを推測させる。日本に漢字が体系的に伝わったのはおおよそ五世紀代である。「法」「典」「律」「令」「規」「則」などの文字は漢字本来の字義や音はそれぞれ異なるが、和訓ではみな「ノリ」である。逆に「ノリ」の和訓を代表する文字は「宣」で、口から言葉が発せられる様態を示す。つまり、これらの漢字が中国から渡来した時代の日本人にとって、法＝決まり事とは王の口から発せられる言葉にほかならなかったことがうかがわれる。神前で唱えられることばが「祝詞（ノリト）」と称されること、律令時代においても公式令《くしきりょう》が定める天皇の発給文書である詔に漢文体と宣命《せんみょう》体の二種があり、後者は口頭で宣せられることが原則になっていたことも古くからの伝統を継承している。

さらには、王者の法は神の意志を前提としている時代もあった。卑弥呼の例にとどまらず、王の権力は神の権威に支えられていたのである。したがって、共同体の法規範に違反した者に対する裁判や刑罰も、神の権威に依存していた。その代表的な例が卜占《ぼくせん》や神判である。「魏志倭人伝」には「挙事行来、云為する所有れば、輒《すなわ》ち骨を灼きて卜し、以て吉凶を占う。先ず卜する所を告ぐ。その辞令亀の法の如し」と倭国の卜占の法に関する記述がみえる。中国では殷代から、亀の甲を焼いてできたひび割れをみて吉凶を占う卜占法が行われており、倭人社会においても類似の方法が行われていたのである。律令制下では、陰陽寮が海亀の甲を使用する亀卜を行っていたが、万葉集には鹿の肩胛骨を焼いて卜占を行う鹿卜（太占）のことがみえ、弥生時代にすでに遺物が出土しているので、倭国の卜占も鹿卜であった可能性が高い。

盟神探湯《くがたち》の伝統

原始古代社会においては多くの民族において、有罪無罪の判定や当事者の主張の真偽を確かめるために実行がきわめて困難な行為を科して神意を確かめる神意裁判（神判）が行われたが、日本の古代社会においても広く神判が行われていた。『隋書』倭国伝には次のような記事がみえる。

> 獄訟を訊究する毎に、承引せざるは、木を以て膝を圧し、或いは強弓を張りて弦を以て其の頂を鋸く。或いは小石を沸湯中に置きて、競う所の者をして探らしめて云はく、理曲なるは即ち手爛れる。或いは蛇を瓮の中に置きて、之を取らしめて云はく、曲なるは即ち螫まる。

木材をもって膝を圧迫したり、強弓の弦で首を鋸びく方法は、自白を強要

卜占用の亀甲（殷の時代）（慶應義塾大学所蔵）

する拷問の方法といえるが、蛇を瓮《もたい》の中に入れて手を入れさせ、かまれるかどうかで有罪無罪を判定する方法は神判の一種であり、小石を沸騰した湯の中に入れて探らせ手が焼け爛れるかどうかをみる方法も同様である。

後者については、日本における代表的な神判として『日本書紀』などに盟神探湯（クガタチ）の名称で実施記事がみえる。『日本書紀』允恭天皇四年九月条には、諸人の氏姓に乱れが生じ高位の姓を詐称する者も増えたので、それぞれの主張の真偽を確かめるために、まず斎戒沐浴して神に誓い、味橿丘《うまかしのおか》の辞禍戸《ことまがへ》で、探湯瓮《くがへ》を坐えて、盟神探湯を実施したところ、実を得る者は全うし、詐る者は皆傷《やぶ》れた。詐る者は愕然として退き進み出る者はなかったので、氏姓は自ずから定まったという。

これによれば神判においては、まず当事者が自己の主張が真実であることを神の前で誓う宗教的な誓盟を行い、誓いが虚偽であれば身体に異常が生じるという、自己呪詛を物理的手段で確認する呪術的弁別過程が続いている。非科学的とも思われる方法が古代社会において広く行われた理由としては、人智によっては有罪無罪や当事者の主張の真偽が判定困難である場合、判断を神の意志に委ねることで、どのような判決であれ共同体成員がこれに服し、それによって共同体の平和を回復する効果を期待したことが考えられる。

律令法はこのような神判の方法を認めていないので、律令制下においては盟神探湯など神判の実施記録は姿を消すが、おそらく在地においては神判は根強い伝統として続いていたものと思われる。中世には「建武式目」追加法や『看聞御記』など各種の史料に広く「湯起請」が行われたことがみえ、この時代には実施後、日をおいて原告被告の「失」の程度を比較して判決を出している。史料上公に確認できる最後の神判は、元和五年（一六一九）、近江国蒲生郡の村同士の入会地をめぐる争いを裁くために行われた鉄火神判で、綿向神社の境内で幕府や酒井・本多など有力大名の派遣した検視役が立ち会い、村の代表二人の手に榧《かや》の葉を置き、その上に焼いた鉄の斧頭をのせて失をみた。勝ち方は褒美を受けたが、負け方は磔に処せられたという（近江国綿向神社入会山林顕彰碑）。

天津罪と国津罪

神判と関連して、古くから固有法的な刑罰の姿を示す史料として論争の対象になってきたのが、平安時代の『延喜式』に載せる大祓《おおはらえ》 祝詞等に見える天津《あまつ》罪《つみ》・国津《くにつ》罪《つみ》である。天津罪は畔《あ》放《はなち》・溝埋《みぞまる》・樋《ひ》放《はなち》・頻蒔《しきまき》・串刺《くしざし》・生剥逆剥《いきはぎさかはぎ》・屎戸《くそへ》の七種、国津罪は生膚断《いきはだだち》・死膚断《しにはだだち》・白人《しらひと》胡《こ》久《く》美《み》・己《おのが》母犯罪・己子犯罪・母与《と》子犯罪・子与《と》母犯罪・畜《けもの》犯罪・昆虫《はうむし》乃災・高津《たかつ》神《かみ》乃災・高津鳥乃災・畜仆志《けものたおし》・蠱物為罪《まじものせるつみ》の十三種である。天津罪は灌漑用水路など農業施設の破壊や呪詛による他人の耕作の妨害、神事の場を動物の血や糞尿で汚す行為とされ、国津罪は疾病や近親相姦などの共同体の禁忌に触れる行為、他人やその家畜を呪詛する行為、災害等で構成されている。このような、さまざまな罪や穢《けが》れを国土から除去するために六月と十二月の晦日に広く行われた神事として大祓がある。宮中で行われる大祓では、神前に祓具（ハラヘツモノ）として種々の財物を備え、中臣氏が大祓詞を読誦し、卜部氏が解除（ハラヘ）を行った。天津罪や国津罪には殺人や強窃盗など世俗的な犯罪行為は含まれていないので、農業共同体を脅かし、農業神の怒りに触れる行為や宗教的な禁忌に触れる行為を犯罪行為として列挙したとみられる。『延喜式』は十世紀に編纂された史料であるが、天津罪、国津罪は古法における犯罪観念を反映している。『日本書紀』や『古事記』の神話には、姉の天照大神が支配する天上界の高天原《たかまがはら》で乱暴を働いた弟の素戔嗚命《スサノオノミコト》が地上界に追放される説話がみえる。『古事記』では、スサノオノミコトが高天原で犯した行為は農業行為の妨害が中心であり、その内容は新穀を捧げて収穫を神に感謝する新嘗祭を妨害し、穢れを産みだした行為である。神祭りを妨害し神の怒りを招く行為が罪とされていたのである。「貞観儀式」には、天津罪・国津罪を「皆、神の穢れとするところ、悪《にく》むところなり」と記されている。

ところで、天津罪は記紀にみえるスサノオが犯した農耕神事の妨害・冒瀆と類似しているが、さらにスサノオに対して罪を贖うために科せられた「千《ち》座《くらの》 置戸《おきど》」が、大祓における祓具の財物没収と同じものとみて、日本固有法の中に西洋的な賠償制の伝統があったとみなす学説もある。しかし、スサノオに科せられた刑罰の本体は追放である。

記紀はスサノオを高天原から葦原中国《あしはらなかつくに》へ追放する制裁を「神逐」（カムヤラヒ）と呼んでいる。共同体の秩序を乱したり禁忌に触れる行為、特に天津罪や国津罪のように神の忌み嫌う行為に対しては、呪術的な制裁を科した上で共同体から追放する刑罰が行われていたことを示すのが記紀の伝承であり、このような刑罰観は律令制下においても残存していた。律が定める刑罰は笞杖徒流死の五種で、唐律では五刑と呼ばれるが、日本の養老律では五罪と呼んでいる。刑罰を流罪・死罪と呼ぶ伝統ははるか後世まで続いており、そこには国津罪にみえる昆虫乃災・高津神乃災のように神の怒りに触れて生じた災厄が、犯罪であり同時に刑罰でもあるという、罪と罰の区別が曖昧な観念が認められる。また流刑については、唐律では流二千里など都から一定の里程にある辺境に送るが、そこで一年の労役に服した後は、その地で戸籍に登載され、土地を班給されて生活し、官人であれば六年後に官界に復帰することも可能であった。流刑者はあくまでも国家の行政的な支配の下に置かれていたのである。これに対して日本では、律令の規定の上では中国律と同じ流刑の方式を導入しているが、中世史料で「流」は「波布里＝ハフリ」と記されていることが示すように、しばしば共同体外への追放の意味で行われており、生存も保障されない捨て殺しの罰であった。祓いにおける宗教的な制裁としての追放であり、ここにも神法の伝統が見出される。

2　倭国の刑罰における継受法と固有法

中国史書にみえる倭国の刑罰

『隋書』倭国伝には、盟神探湯などの神判と並んで、倭国において俗法的刑罰が行われていたことを示す記事も載せられている。

其俗、殺人強盗及姦皆死。盗者計レ贓酬レ物、無レ財者没レ身為レ奴。自余軽重、或流或杖。

殺人や強盗・姦は皆死。窃盗は盗んだ財物を計って物を酬い、財物をもたない者は身を没して奴となす。自余の犯罪は軽重によって流ないし杖に処す、というものである。時代をさかのぼった「魏志倭人伝」にも、倭国の刑罰について記載がある。

其犯レ法、軽者没二其妻子一、重者滅二其門戸及宗族一。

当時の倭国では、軽犯は犯人の妻子を没し、重罪は犯人の門戸及び宗族を誅滅するのが原則であったとされている。門戸を含む宗族は「同祖同姓」を基本とする広汎な父系血族団体であるから、ここでいう重罪は一族縁者をすべて討滅する族誅を科せられる反逆罪に相当するものであり、それ以外のものを軽罪と分類していると思われる。この記事では、犯人本人に対する刑罰について記されていないので、軽罪については財産没収刑の一形態としての人身没収を科すことで実刑に代える賠償制の存在を示すものと考える学説もある。しかし、「魏志倭人伝」は縁坐及び没官に関する制度のみを取り上げ、本人に対する処罰の態様の記載を省略していると考えるのが自然である。当時の倭国においては反逆のような重罪には本人の死刑のほかに広範囲の縁坐が科せられ、軽罪には本人への処罰とは別に附加刑として犯人の財産や家族の人身没収、すなわち律の刑罰でいう没官が行われていたとみるべきであろう。

『魏書』東夷伝における諸国の刑罰記事をみると、夫余の刑罰については、

　用レ刑厳急、殺レ人者死、没二其家人一為二奴婢一。窃盗一責二十二一。

とあり、扶余では殺人罪は死刑とし、その所有する家人や奴婢を没官している。同じく高句麗条には、

　無二牢獄一、有レ罪諸加評議、便殺レ之、没二入妻子一為二奴婢一。

とみえて、高句麗では牢獄はなく、有罪であれば便《たや》すく犯人を死刑とし、その妻子を没して官に入れるとある。

このように、東アジア諸国においても反逆のような重罪には本人の死刑のほかに広範囲の縁坐が科され、犯罪の軽重を問わず附加刑として没官が行われていた。ただし、扶余伝が殺人と区別して、窃盗は盗物の十二倍を徴するとしていることは注目に値する。先に掲げた『隋書』倭国伝も「盗者計レ贓酬レ物、無レ財者没レ身為レ奴」としている。

『隋書』倭国伝の刑罰記事については、死・流・杖は北朝ないし隋などの中国律の影響を受けて成立した可能性が高いが、盗犯に対する「計レ贓酬レ物、無レ財者没レ身為レ奴」は賠償制的な制裁であって、倭国のいまだ未成熟な公権力

のもとに強く残存し続けている賠償制的な刑罰であるとされている。しかし、これも倭国の固有法というよりは、東アジアの周辺国や中国の古形法の影響を受けたものである。

中国周辺諸民族の刑法をみると、夫余では「盗一責十二」（魏書）とされ、高句麗では「盗則償十倍」（隋書）とあり、百済でも「盗者流、其贓両倍徴之」（周書）とする。これらの史料から、中国周辺諸民族における盗犯に関する広範な賠償制的刑罰の存在が認められている。

さらに、中国においても古い時代には盗犯に関する賠償制的刑罰が行われていたが、時代が下ると実刑を中心とする内部的刑罰が基本となり、最終的に流以下の実刑と附加刑としての「倍贓」を徴収する律の規定に定着した経緯がある。倭国を含む東アジア諸国の古法も中国法の影響を受けていた可能性が高い。

日本古代法の発達を考える場合、他の東アジア諸民族の法と隔絶して独自に形成された固有法の存在を想定することには無理がある。弥生時代からすでに、倭国が朝鮮半島を経由して中国王朝と通交することで国家形成の歩みを進めていたことが知られている以上、国家法の創出過程においても中国を中心とする東アジア法の影響は無視できない。在来の法慣習と外来の法との融合的な重層性の中で、日本固有法の伝統が形成されたのである。

コラム４　火刑の伝統

火刑は古くから諸民族の間にみられ、ローマ法やドイツ法、インド法では放火犯に対する同害刑として行われていた。中国律令の刑罰体系には火刑に関する規定はみられないが、周・漢代の史料には「炮烙」「焚」「灸」などがあり、古刑法では火刑が親族殺害に対する同害報復的な刑罰として科せられている。

火刑は中国の周辺諸民族にも例がある。『隋書』『旧唐書』の高句麗伝には、反逆者を柱に縛り付け、衆人が炬火をもって焼き殺した後に斬首したことがみえる。

倭国でもやはり火刑が行われていたようである。『日本書紀』雄略天皇二年七月条には、姦通の罪を犯した百済池津媛と石川楯に対して、大連大伴室屋に詔して二人の四肢を木に張り付け焼き殺したことがみえている。しかし、このような身体への火刑の例は記紀にはほかにほとんどみられず、犯人の住居を焼却して結果的に犯人を死に至らしめている例が多く、むしろ住居焼却慣行の存在がうかがわれる。

垂仁朝に皇后の兄狭穂彦王が謀反を図ると、天皇は上毛《かみつけぬの》君《きみ》八綱田《やつなだ》を遣わして狭穂彦王の籠もる稲城に火を放ちこれを誅殺している。また、眉輪王が雄略天皇の父である安康天皇を殺害して葛城円大臣の宅に逃げ込むと、雄略天皇は宅に火を放って大臣と眉輪王を死に至らしめている。

大化改新以降、平安初期までの記録からは住居焼却慣行はみられなくなるが、これは律令法が刑罰の種類として火刑を規定していないことと関係していると思われる。しかし、平安中期以降の史料には再び住居焼却のことがみえ始め、中世に続いている。たとえば『中右記』大治四年十一月条によれば、仏師長円を興福寺大仏師に補任する旨の鳥羽上皇の命に興福寺大衆《だいしゅ》が反発して長円を襲撃し傷を負わせたので、院宣によって検非違使が南都に赴き、犯人を追捕し雑物を押収した上で房屋を焼き払っている。これは追捕宣旨を得た検非違使の行為であり、犯罪自体が反国家的性格を強くもっているので、住宅追捕（破却・焼亡）・雑物押収も没官の一種として行われたとみることができる。

住居焼却は犯罪による穢れの除去という性格もあわせもっていた。中国の古刑法では特殊な犯罪について犯人の住居焼却を行っている。『魏書』刑法志には、「為二蠱毒《こどく》一者、男女皆斬、而焚二其家一」とあり、北魏の律では蠱毒を行った者は男女を問わず斬刑に処すると共に犯人の家を焚焼していたことが知られる。

蠱毒の罪については、唐律でも呪術的な方法によって毒を製造する行為を処分するために「造畜蠱毒」に関する条文を立てているが、死刑を科すのみで住居焼却は科していない。北魏の刑法が蠱毒について犯人の住居の焼却を定めていることは犯罪の根源である妖異を断つ目的に重きを置いており、呪術的な制裁として行われていたと考えられる。日本における住居焼却も単に犯人の財産を滅却するということにとどまらず、罪の根源を絶つという意義が付与されていたといえる。『日本書紀』敏達天皇十四年三月条によれば、大連物部守屋が国内に疫病が流行するのは蘇我馬子が仏教の興行を図ったためであると天皇に訴え、仏法を禁断すべしとの詔を得ている。天皇の命を受けた守屋は寺の堂塔、仏像を焼き払った。ほかに『日本書紀』欽明天皇二十三年六月条によれば、讒言によって死罪とされた馬飼首歌依《うたより》が無実の誓盟をしたにもかかわらず、刑死後その言に反して天災が起こったため、廷尉が歌依の子守石を捕らえて火中に投じた。このとき廷尉は自分ではなく神職たる祝《はふり》の手によって火中に投ずるのだと呪詞を唱えており、ここでは火刑が神意の表現として受け止められている。

これらの伝承をみれば、日本の古刑法における火刑や住居焼却慣行も呪術的性格を帯びる刑罰であったと認められる。『延喜式』大祓詞には国津罪の一つとして、蠱物《まじもの》の罪が挙げられている。北魏の刑法が呪術による特殊な犯罪として住居焼却を科していた蠱（毒）が『延喜式』では罪の穢れとして祓の対象とされているのである。中世に反逆系統の犯罪に住居焼却を科していることも、単に没官の一類型としての犯人の財産破毀にとどまらず、火のもつ呪術的な力によって犯罪の根源を絶つという意味があったと考えられる。

【参考文献】

長谷山彰『日本古代の法と裁判』創文社、二〇〇四年。

第五章　大化改新と律令国家への道

1　舒明天皇即位の事情

山背大兄と田村皇子

推古三十六年（六二八）、天皇が七十五歳で亡くなると、内政外交の両面にわたって政局は大きく変動し始めた。天皇は三月に没し、その年九月には遺詔通り、先立っていた息子の竹田皇子の陵墓に合葬された。しかし、この時点に至っても次の天皇は定まっておらず、朝廷には不穏な空気が漂っていた。

『日本書紀』によれば、推古天皇は死の直前、田村皇子と山背大兄《やましろおおえ》を病床に呼んでそれぞれに言葉をかけていた。田村皇子には、「天位《たかみくら》に昇りて鴻基《あまつひつぎ》を経め綸《おさ》え、万機《よろずのまつりごと》を馭《しら》して黎元《おおみたから》を亭育《やしな》うことは、本《もと》より輙《たやす》く言うものに非ず。恒《つね》に重みする所なり。故《かれ》、汝《いまし》慎しみて察《あきらか》にせよ。軽《かるがる》しく言うべからず」と言い聞かせ、同じ日に山背大兄に対しては「汝《いまし》は肝稚《きもわか》し。若《も》し心に望むと雖《いうと》も、諠《とよ》き言うこと勿《まな》。必ず群《まえつきみたち》の言《ことば》を待ちて従うべし」と教え諭した。

田村皇子は敏達天皇の皇子押坂彦人大兄《おしさかのひこひとおおえ》の子で、この時点での有力な候補者であった。また山背大兄は厩戸皇子の子でこれも田村皇子と並ぶ有力な候補者である。この当時、「大兄」の称号は大王位を継承し得る有力な皇子に与えられていた。血筋でいえば田村皇子は、敏達天皇と息長広姫《おきながのひろひめ》の間に生まれた押坂彦人大兄皇子を父とし母は糠手《あらて》姫《ひめ》皇女なので、蘇我氏と血縁関係をもたない皇子であったのに対し、山背大兄は母は蘇我馬子の娘刀《と》自《じ》古郎女《このいらつめ》であり、父厩戸皇子もその母は穴穂部間人皇女（母は馬子の妹小姉君）なので蘇我氏の血の濃い皇子であった。欽明天皇の子供の世代が敏達、用明、崇峻、推古天皇の四代で尽きた後、欽明天皇の孫の世代に大王位の継承順位が移るが、同世代では敏達天皇の皇子である押坂彦人大兄と竹田皇子、そして用明天皇の皇子である厩戸皇子が有資格者であった。

それらのうち、押坂彦人大兄はすでに亡くなっていたから、現天皇の子である竹田皇子は厩戸皇子と並ぶ有力な候補者といえる。しかし、『日本書紀』によれば、推古朝では用明天皇の皇子厩戸皇子が皇太子となった。現実においても政界を主導する立場にあったと思われるが、その処遇は蘇我馬子の意志を反映していた可能性が高い。また、推古天皇が崩後竹田皇子と合葬されたことからみて、竹田皇子は推古朝の早い時点で亡くなっていたと思われる。

蘇我氏と天皇家の関係を中心とした系図

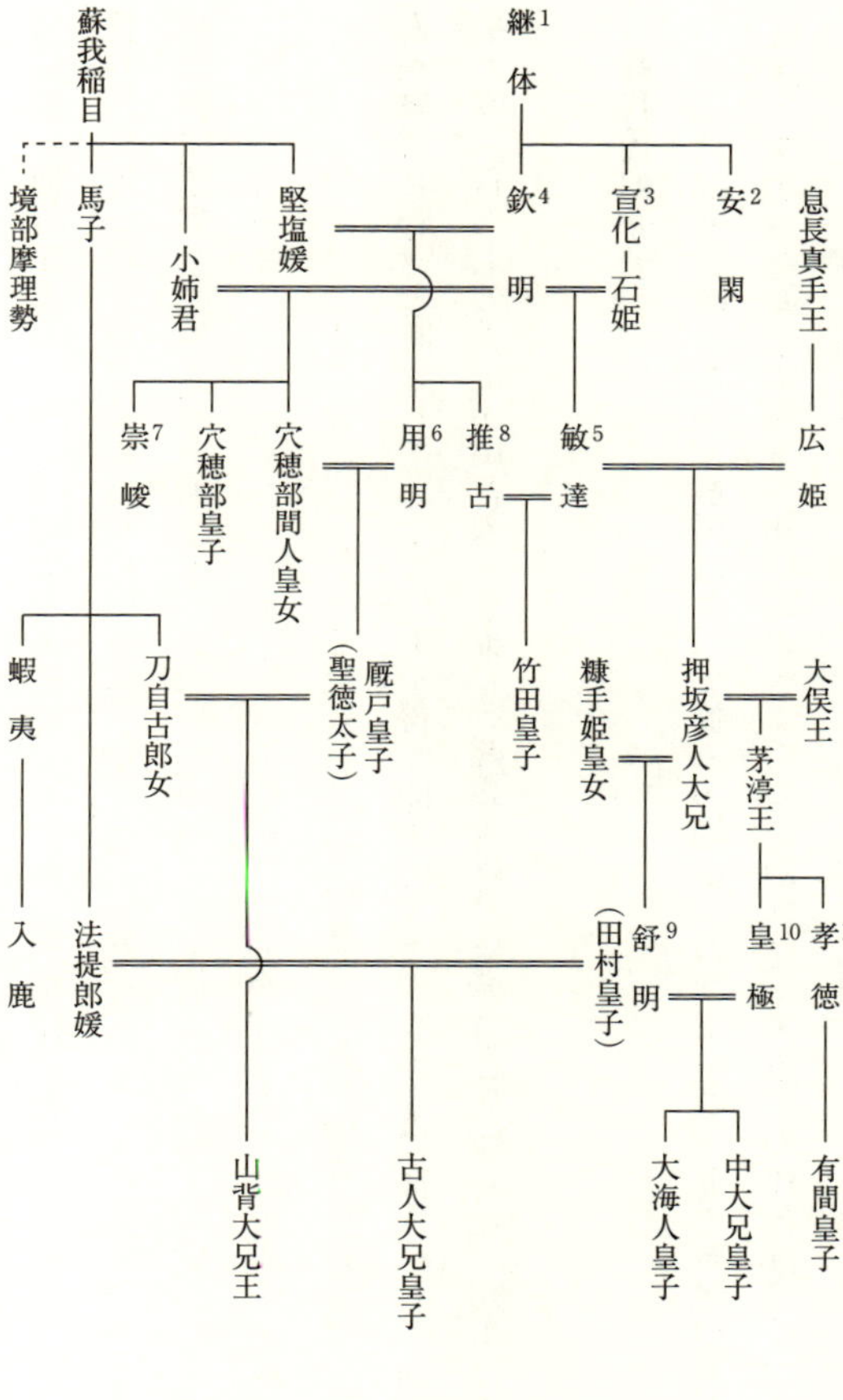

（数字は即位順。兄弟姉妹の長幼の順は示していない。）

推古天皇の葬儀が終わると、大臣蝦夷は当初独断で天皇位のことを定めようとしたが、当時の大王即位は群臣の推戴による慣行があったので、有力な大夫の一人である阿倍臣麻呂を語らって主立った大夫達を自邸に招いた。饗宴も終わりに近づいた頃、蝦夷は阿倍臣を介して女帝の遺詔なるものを紹介し、「今誰をか天皇とすべきや」と問うた。時に群臣沈黙して答える者がなかったが、三度問うと大伴鯨連が進み出て、「すでに天皇の遺命に従うべきのみ。更に群臣の言を待つべからず」と答えた。阿倍臣がたたみかけるように説明を求めると鯨は「推古天皇が田村皇子に詔して、「天下は大任なり。緩《おこた》らんこと不可なり」と曰《い》えり。此に因りて言えば、皇位はすでに定まりぬ。この時に誰人か異言せむ」と断定した。これに力を得て四人の大夫が大伴連に従うべしと同調したが事は収まらず、かえって許勢《こせ》大麻呂ら三人の大夫が山背大兄を推し、蘇我倉麻呂は発言を保留した。蝦夷は事成らずとみてこの日は散会とした。

蘇我氏の分裂

大夫会議も紛糾したが、蝦夷にとって悩みの種は、叔父で蘇我一族の重鎮である境部摩理勢《さかいべのまりせ》が山背大兄王を推薦して譲らなかったことである。朝廷は大きく二つに割れた。父馬子の代とは違い、新しい大臣蝦夷は対立を超えて群臣の意見をまとめる力量が不足しており、蘇我氏内部を統制することもできなかったが、自身は当初から田村皇子の即位を企図していたらしい。群臣会議の模様を耳にした山背大兄が蝦夷の意図を尋ねると、蝦夷は、推古帝の遺詔に従っているだけで私心ではないと断りながらも、田村皇子を後継とする遺詔の内容を伝えた。すると、山背大兄はそれは自分が耳にした遺詔とは違うと抗議している。

山背大兄が語るところによれば、栗隈《くるくま》女王や近習の者数十人が侍り、さらには田村皇子も同席する中で天皇が発した言葉は、

> 汝本《いましもと》より朕《わ》が心腹《こころ》たり。愛《めぐ》み寵《あが》むる情《こころ》、比《たぐい》をすべからず。其《そ》れ国家《みかど》の大基《おおきなること》は、是朕が世《よ》のみに非ず。本より務《つと》めよ。汝肝稚《きもわか》しと雖《いえど》も、慎みて言え。

というものであった。「国家の大基」「本より務めよ」「汝肝稚しといえども、慎みて言え」などの表現からは、確かに山背大兄に天下を託したとも受け止められる。しかし、先に紹介した『日本書紀』の文では、山背大兄への言葉にはそのような表現はなく、むしろ田村皇子の方に、「天位《たかみくら》に昇りて鴻基《あまつひつぎ》を経め綸え、万機を馭す」と天皇位を示す表現が使われている。『日本書紀』は即位した田村皇子の側に傾いた叙述を行っている可能性もあるし、遺詔と言っても臨終近い病床で発せられた言葉であるから、元々意味は曖昧であったのかもしれない。しかし、病床の推古帝がどちらか一方ではなく、田村皇子と山背大兄の二人をわざわざ召し出して言葉を与えていること、表現に違いはあっても、両名に対して、深く慎んで、自ら積極的に意志を明らかにすることはせず、群臣の言葉を待てと訓戒を与えていることは注目すべきである。大化前代の大王位即位が群臣推戴の慣行によっていたことから考えれば、女帝が明確に後継者を指名せず、群臣の議に任せようとしたことは不自然ではない。山背大兄が語る推古帝の言葉も素直に読めば、蘇我同族の若者の行く末を案じる言葉にすぎず、皇位を約束するものではない。

選定を託された群臣の間では、境部摩理勢が同じ蘇我系の山背大兄を強く推したにもかかわらず、蝦夷は独自の判断で田村皇子を選んだものと思われる。群臣会議の場で蘇我倉麻呂が意見を保留したのも、同族の意見が割れる中で対応に苦慮した結果であろう。いずれにしてもこの後、蝦夷は武力で摩理勢を討ち田村皇子の即位を実現した。舒明天皇である。

蝦夷はなぜ蘇我の同族である山背大兄を嫌い、非蘇我系の田村皇子を推戴したのであろうか。実は推古朝の末年までに田村皇子は馬子の娘で蝦夷の姉妹に当たる法提郎媛《ほほてのいらつめ》を妃とし、二人の間に古人大兄が誕生していた。蝦夷からみれば上宮王家として独自の勢力基盤をもち誇り高い山背大兄は統御が難しいとみて、田村皇子を選択したのかもしれない。

だが、この事件は後に乙巳の変で蘇我本宗家が滅ぶ遠因ともなった。乙巳の変の立役者である中大兄の祖父は舒明天皇の父押坂彦人大兄である。その后は息長氏出身の広姫であり、その子舒明天皇は蘇我の血筋を引かない天皇であった。また舒明天皇の后は宝皇女であり、その子である中大兄も非蘇我系の皇子である。中大兄もそれをはっきりと意識しており、大化の改革の過程で、私有民である名代を返上する際に、「皇祖大兄」から伝えられた御名入部《みないりべ》と呼んでいる。皇祖大兄は押坂彦人大兄であり、中大兄が彦人大兄を祖とする押坂彦人王家の一員としての意識を強くもっていたことがわかる。乙巳の変は蘇我本宗家を打倒し、蘇我系の皇子である古人大兄の即位を阻止して押坂彦人王家による皇位継承をめざした事件という側面ももっていたのである。

2　激動する東アジア世界

大唐帝国の成立

大化改新が断行された七世紀半ばは東アジア世界全体が動乱の時期にあり、中国の周辺諸国はそれぞれ国内における政治的・社会的なゆきづまりを打開し、国際情勢の緊張に対処するために権力の集中と支配体制の強化を図っていた。

日本も例外ではなく、大化改新前後から大宝元年（七〇一）の大宝律令の施行までの時期は、中国から継受した律令法をもとにする中央集権国家建設に向かう過程としてとらえることができる。

東アジアの国際情勢と大化改新はどのような関係にあったのであろうか。大陸では南北朝時代の最後に登場し、中国全土を統一した隋であったが、六一一年以降、数度にわたる高句麗遠征の失敗によって国内は疲弊し、突厥の進入や国内の反乱がうち続く中で煬帝は殺害され隋帝国は滅亡した。六一八年には唐が建国し、高祖李淵は六二〇年、中国全土を平定した。中国の王朝交代の動きに対して、六二一年には新羅がいち早く唐に入朝し、六二四年には朝鮮半島諸国がそろって唐に入朝した。唐は半島諸国の王を冊封し、特に隋時代からの高句麗との抗争を終わらせて、東アジア情勢の安定を図った。六二〇年代の唐は、北方にあって強勢を誇る突厥との抗争や国内の混乱収拾に追われ、朝鮮半島情勢に介入する余裕がなかった。二代皇帝太宗李世民も、即位当初には都の長安城外まで突厥軍に攻め込まれ、身一つで和を乞わなければならない事態にまで追い込まれている。しかし、その後は内外の困難な課題を克服して新たな政策を積極的に実行し、後世貞観の治（六二七〜六四九年）と称される安定期を実現した。太宗の時代には、北朝で整備された制度を受け継ぎ、均田制とそれに基づく租調庸の税制の実施、府兵制による軍事力強化などを軸として、強力な官僚制中央集権国家が樹立された。

倭国との間では推古三十一年（六二三）、大唐学問僧恵斉《えさい》、恵光《えこう》、医師恵日《えにち》らが新羅を経由して唐から帰国した。この時、恵日らは「それ大唐国は法式備定の珍国なり。常に達《かよ》うべし」と進言している。

遣唐使の派遣

舒明二年（六三〇）、犬上《いぬがみのみ》三田耜《たすき》（御田鍬）、薬師恵日らが唐に派遣された。これが記念すべき第一回の遣唐使である。三田耜らは翌舒明三年、唐都長安に達したが、この時期は唐と高句麗の間に緊張が高まった時期であった。唐は六三〇年頃から領土拡張を始め、東突厥、吐谷渾《とよくこん》、高昌国を征服した。六三一年、太宗は高句麗に使いを派遣し、京観の破壊と隋の戦士の遺骨の収葬を命じた。隋以来の高句麗に対する強圧策を継続する意志の現れである。太宗は、倭国がはるばる遣使して方物を献じたことを多とし、「其の路遠きを矜《あわ》れんで」毎歳朝貢の要は無しとし（『旧唐書』倭国伝）、新州刺史高表仁を日本に遣わした。表仁は舒明四年、学問僧旻《みん》らを伴い、三田耜と共に来朝した。推古朝末年の恵日らの帰朝と同様、新羅を経由して帰国していることは、新羅と唐の連携が強まり、倭国に対して唐の外交姿勢を示すねらいもあったと思われる。表仁は隋の重臣の息子で、文帝の孫娘を妻とし、外務大臣に当たる鴻臚寺卿《こうろじ》も務めた経歴をもつ。この遣使は唐が対倭国外交を重視していたことをうかがわせる。しかし、高表仁はその使命を果たすことなく帰国した。『旧唐書』倭国伝には「表仁、綏遠《すいえん》の才無く、王子と礼を争い、朝命を宣《の》らずして還る」とあるが、おそらく倭国の側が唐の意に従わず、表仁と懸隔を生じたのであろう。

　このような日唐間の動きに対して、同時期に高句麗・百済はしきりに倭国に提携を働きかけている。舒明二年（六三〇）三月、高句麗と百済がそろって大使を送ってきた。翌舒明三年には百済の武王が孫の余豊璋を人質として倭国に送っている。倭国が唐に従属し、新羅と提携することを恐れたためと思われる。新羅と唐の政治的意図は倭国側に通じなかったが、大量の留学生が帰国し、彼らのもたらす情報が倭国の政界に大きな影響を与えた。舒明十一年（六三九）に学問僧恵隠《えおん》、恵雲《えうん》が新羅送使と共に帰朝した。舒明十二年には学問僧南淵請安《みなみぶちのしょうあん》、留学生高向玄理《たかむこのげんり》らも新羅を経由して帰国している。彼らは三十年以上も中国に滞在して、隋から唐への王朝の交替、隋末・唐初の混乱、太宗の貞観の治を目の当たりにし、また、唐の高句麗に対する強硬姿勢によって朝鮮半島諸国の対立が激化し、各国が生き残りをかけて国政改革に乗り出したことも知っていた。

『日本書紀』や『家伝』によれば、蘇我入鹿や中大兄皇子、中臣鎌足らがこれらの人物の学堂で学んでおり、彼らが海外情報に刺激を受けて倭国の将来について考えをめぐらし、国家構想を描き出していった様子が想像できる。

あいつぐ政変

六四二年（皇極元）、百済は高句麗の支援を受けて新羅の西部へ侵攻し、さらに南部の拠点である大倻城をも奪取した。百済の占領地には旧任那地域が含まれていたため、倭国は新羅に代えて、任那の調を百済に要求することを決定した。百済・高句麗の圧迫を受けた新羅は唐に救援を求めたため、これ以後、東アジアには唐・新羅と高句麗・百済という二大陣営対立の構図が生まれ、この状況に対して、倭国は重大な外交上の選択を迫られることになる。

　半島諸国においても、唐の高句麗征討の開始が目前に迫る中で国内の体制固めが必要となり、政策路線の対立から大きな政変が相次いだ。六四一年（舒明十三）、百済では武王が死去。即位した義慈王は王族や重臣数十人を追放して権力を強化した。六四二年（皇極元）、高句麗では、栄留王に排斥され長城建設の責任者に任命された大臣泉蓋蘇文が配下の兵を動かして栄留王や朝廷の有力者百余人を殺害し、傀儡の宝臧王を擁立。自らは新たに莫離支《ばくりし》の職について政治・軍事の全権を掌握した。六四三年（皇極二）新羅善徳女王は唐に使いを送って出兵を要請したが、この時には女王が他国の侮りを招いているとして、唐側が女王の退位と唐の王族の新羅王即位など苛酷な要求を突きつけたため、新羅は態度を保留した。しかし、六四七年、毗曇《ひどん》の乱を鎮圧した王族の金春秋と将軍金庾信は真徳女王を擁立して、唐服の採用など思い切った唐風化政策を進め、唐に従属することで半島での生き残りを図る政策に舵を切ることになる。

　これら一連の政変はいずれも国内の体制を強化した上で、軍事力の行使を含む次の段階の行動につながる動きであった。唐は新羅へ援軍こそ送らなかったものの、六四三年、太宗が高句麗と百済に説諭使を派遣して新羅への侵攻中止を要求した。しかし、高句麗はこれを拒否したため、六四四年、太宗は高句麗征討のため十万の大軍を先遣し、翌年二月、太宗自ら洛陽を発して遼東半島へ向かった。数ヶ月後、倭国では乙巳の変が起こる。

3　乙巳の変と大化改新

上宮王家の滅亡

太宗の高句麗遠征を発端とする緊張した東アジア情勢は、倭国の国内政局にも大きな影響を与えた。舒明天皇が即位十三年で亡くなると、皇后であった宝皇女が即位したが、それから間もない皇極二年（六四三）十一月、大臣蘇我蝦夷《えみし》の子、入鹿《いるか》が斑鳩宮にあった山背大兄を襲撃し、厩戸皇子以来の上宮王家が滅亡する事件が発生した。

蘇我氏内部ではこの頃、大臣の蘇我蝦夷は朝廷政治の表舞台から遠ざかり、嫡子の入鹿が大臣の職を継いでいた可能性が高い。『日本書紀』皇極天皇二年十月六日条には、「蘇我大臣蝦夷、病に縁《よ》り、朝せず。私に紫冠を子入鹿に授け、大臣の位に擬《ぎ》す」と記されている。その一ヶ月後に入鹿の主導で上宮王家討滅事件が起こっているから、事件は大臣としての入鹿の意志によるものといえる。『日本書紀』は乙巳の変の要因を蘇我氏の専横に求める姿勢をとっているので、上宮王家討滅事件も入鹿の横暴として描くが、背景には半島情勢をにらんだ国内の体制変革に関する外交路線の違いがあったとみるべきである。

『日本書紀』皇極天皇二年十月条は、入鹿が独断で古人大兄を天皇位に就けるために巨勢徳太を遣わして山背大兄を斑鳩宮に襲撃させたとする。しかし、巨勢徳太はのちの乙巳の変の際に、東漢直一族が武装して蝦夷を助けようとした際、中大兄の命を受けて、東漢直らを説諭して退散させている。その後、大化五年には左大臣に任じられているから、斑鳩宮襲撃は入鹿の手先として実行したわけではなく、この時には皇位継承をめぐる政治的な立場において入鹿と同調していたのであろう。また『聖徳太子伝暦』の一説には、巨勢徳太が軽王、大伴馬甘《うまかい》連、中臣塩屋連板夫《いたふ》らと六人で、山背大兄一家を殺害したとある。軽王は後の孝徳天皇であり、ほかに大伴氏や中臣氏など有力氏族も加わっていたとすれば、このことからも入鹿一人の企てではなく、朝廷の一方の勢力が入鹿と共に山背大兄を討ったのが実態であったと思われる。

『日本書紀』が悪逆の人として描く入鹿だが、入鹿なりに政治的な理想をもっていたに違いない。上宮王家討滅事件の前年皇極元年（六四二）正月には、舒明天皇崩御の知らせを受けて、百済から弔問使がやって来ている。おそらく彼らから百済の政変の模様が伝えられたであろう。また二月には高句麗からも使いが来ており、泉蓋蘇文のクーデターについても知ったはずである。このような東アジアの緊迫した状況を伝聞した入鹿は若き大臣として、倭国においても高句麗型の大臣への権力集中による国政改革を計画し、皇極天皇即位後も次期の皇位継承の不安定要因として存在していた山背大兄を除き、蘇我系の古人大兄を擁立して国政の全権を掌握することを決意したのであろう。

入鹿は優れた資質をもつ青年であった。中臣鎌足の伝記である藤原氏の『家伝』には、唐から帰って家塾を開いていた僧旻の言葉として、「吾堂に入れる者、宗我《そが》大郎に如く者なし」と入鹿を評している。「宗我大郎」は蘇我氏の嫡子の意で入鹿を指す。旻の学堂には中大兄、中臣鎌足も学んでいたし、入鹿を乙巳の変で打倒した側の鎌足の伝記に記された評価であるから、信憑性は高い。入鹿なりに理想の実現のために起こした行動であったが、山背大兄殺害という過激な行動は反動が大きく、かえって蘇我氏に反発する豪族達を結集させる結果となった。『日本書紀』によれば、事件を知った父蝦夷は「入鹿、はなはだおろかにしてもっぱら暴悪を行う。汝が命また危うからずや」と怒り罵ったという。

乙巳の変

上宮王家討滅事件の後、舒明天皇の皇子中大兄と中臣鎌足らは入鹿打倒の計画を巡らし始めた。『日本書紀』皇極天皇三年正月条には、中臣連鎌子（鎌足）が、天皇を凌駕する権力を得ようとする入鹿の行動に憤り、王族を見渡して、「功名を立つるべき哲《さか》しき主」を求め、中大兄に白羽の矢を立てたことがみえている。中大兄に近づく機会をうかがっていた鎌足は、法興寺境内の槻木の下で行われた打毱（蹴鞠）の遊戯の最中に勢いで脱げ飛んだ中大兄の皮鞋を拾い上げ、ひざまづいて捧げわたした。中大兄もひざまづいて向かい合い、礼を示して受け取ったという。このことをきっかけに二人は心を通わせ、「匿すところなく懐う所を述べあう」仲となった。二人の交際に疑惑の目が向けられることを防ぐため、南淵請安の学塾に通って周孔の教え（儒教）を学ぶ態をとり、路上の往還に潜《ひそ》かに謀《はかりごと》を練り上げたという。蘇我一族の蘇我倉山田石川麻呂を引き入れるために、その娘を中大兄の妃として迎え入れることを進言したのも鎌足である。

機は熟した。皇極四年（六四五）六月、中大兄は倉山田石川麻呂に謀を打ち明けた。三韓進調の日に、石川麻呂が進調の表を読唱する役に就くよう取り計らい、儀式の場で入鹿を斬殺すると。

六月十二日、飛鳥板蓋宮《いたぶきのみや》の大極殿において三韓進調の儀式が催された。皇極天皇が臨席し、古人大兄も近侍する公式の行事であるため、入鹿も大臣として参加せざるを得なかった。日頃用心深い入鹿であったが、詐略によって佩刀を取り上げられ無腰で庭中に着座した。

やがて石川麻呂が表文を読みあげ始めた。これを合図に実行役の佐伯連子麻呂、稚犬養《わかいぬかい》連網田が入鹿を襲う手はずであったが、表文奏上が終わりに近づいても子麻呂らは動かない。焦る石川麻呂が流れ落ちる如く汗をかき、声が乱れ、手も震えているのを訝しんだ入鹿が「何故か掉《ふる》い戦《わなな》く」と問いかけると、石川麻呂は「天皇に近づける恐に、不覚にして汗流れる」と答えた。隠れて様子を見ていた中大兄は子麻呂らが入鹿の威を畏れてすくんでいると見て取り、「咄嗟《やあ》」と声をあげて進み出、これに力を得た子麻呂らも飛び出して入鹿に切りつけた。手傷を負った入鹿は玉座に這い寄り、「嗣位《ひつぎのくらい》に居《ましま》すべきは天子なり。臣罪を知らず。乞う。審察を垂れよ」と訴えた。驚く皇極帝が何事かと問うと中大兄が地に伏して「鞍作、天宗を滅ぼして、日位《ひつぎのくらい》を傾けんとす。豈《あ》に天孫を以て鞍作に代えんや」と奏上した。天皇は無言で起ち上がり殿中に退いた。子麻呂と網田が入鹿にとどめを刺し、降りしきる大雨で水が溢れる庭中に入鹿の遺骸はわずかに蓆をかけられて放置された。

事変後、中大兄は同勢を率いて法興寺（飛鳥寺）に入り、東漢氏の兵に守られて甘樫岡の邸宅に籠もる蝦夷と対峙したが、翌日、中大兄側の将軍巨勢徳太の説得に応じた東漢氏が武装解除すると蝦夷は邸に火をかけ自殺した。

以上が『日本書紀』が記す乙巳の変の顛末である。乙巳の変に続く大化改新を国家形成の画期として位置づける『日本書紀』編者の手が加わっていると思われるが、迫真の叙述の背景にはある程度事件当時の人々の記憶があったに違いない。

大化改新と政治改革

乙巳の変の直後、皇極天皇は弟である軽王（孝徳天皇）に譲位し、中大兄は皇太子となった。皇極帝には「皇祖母尊（スメミオヤノミコト）」の尊号が奉られた。また左大臣に阿倍内麻呂、右大臣に蘇我倉山田石川麻呂を任じた。これによって蘇我氏の氏上が最高執政官たる大臣として政治を領導する時代は終焉を迎えた。阿倍内麻呂は古くから大王家に近侍して内廷のことを司ってきた氏族であり、蘇我氏は欽明朝以来、外廷の財政と外交を担当してきた。この人事には大和王権を代々支えてきた伝統的な氏族を左右大臣に配して政治権力の均衡を図るねらいがあった。また、中臣鎌足を内臣とし、唐への留学から帰った知識人である高向玄理、僧旻は国博士として新政権に参画した。

新政権は改革の象徴としてまず大化の元号を建てた。また八月には、東方八道と倭（大和）国の六県に「東国国司」を派遣した。東国国司らには現地で、造籍と校田、兵庫の造営と国造らが保有する武器の収公、国造を伴って都に帰ることを命じる詔が発せられた。いわゆる大化の東国国司詔である。この時の「造籍」の目的は「民の元数を録す」ことにあり、律令制下における戸籍の作成とは意義が異なるが、古くから屯倉が設定され大和王権の基盤となっていた東国において、国造の支配下に置かれていた民を王権が直接把握しようとしたことは画期的である。

翌大化二年（六四六）、正月元旦、次の四条から成る「改新の詔」が発布された。『日本書紀』によれば、その内容は次のようなものである。

（一）旧来の子代の民・屯倉、部曲の民・田荘をやめ、大夫以上に食封を、そのほかの官人には布帛を支給する。

（二）京師・畿内国司・郡司などを定め、防人、駅馬・伝馬など軍事・交通制度を整える。

（三）戸籍及び計帳を造り、班田収授の法を定める。

（四）旧来の賦役をやめ、田調をはじめとする統一的な賦課を行う。

ここには私地私民の廃止、郡司制度や班田収授法、戸籍・計帳の制度など、後の律令制の根幹をなす制度の名称が記されている。戦前は『日本書紀』の記載をほぼそのまま信頼して、この時に大化改新と呼ばれる一連の改革が実行されたことを認める改新肯定論が有力であった。しかし、戦後の研究によって、詔の文章は『日本書紀』が編纂された八世紀前半の現行法である大宝令によって修飾が加えられたり、大宝令文をそのまま転載したと考えられる部分があって、すべてをそのまま信用することはできないことが明らかにされた。例えば、藤原宮跡から出土した、地方から都へ送られた調の荷札として使用された木簡では、大宝以前の紀年をもつものはすべて「評」の表記が用いられ、大宝以後は「郡」と表記されている。したがって、郡の制度は大宝令施行後の制度で、それ以前は評制であり、郡制を記す改新詔は大宝令文によって修飾されていることが確かめられる。

律令制の柱をなす官僚制や公民制は孝徳朝、天智朝、天武・持統朝と段階を経て整備され、大宝元年（七〇一）の大宝律令の施行によって最終的に天皇を頂点とする中央集権的な官僚制国家が完成した。したがって、改新詔にみえる政策が大化改新当時に一挙に実現したとは考えにくい。そのため戦後になって、改新詔の内容は基本的に『日本書紀』編纂時の創作であり、さらには政治改革としての大化改新そのものが『日本書紀』編者による虚構であって実在しないという大化改新否定論も現れた。

現在では、改新詔に後世の修飾が加わっていることは認めるものの、より簡単な内容の原詔は存在しており、大化当時に一定の政治改革が行われたとする新肯定論が有力である。例えば、改新詔にみえる東は名墾《なばり》の横河、南は紀伊の兄山《せのやま》、西は赤石の櫛淵《くしぶち》、北は近江の合坂山《おおさかやま》など古代の幹線道路上の四地点以内を畿内とする制度は、大和、河内、摂津、山背《やましろ》と国名で表記する律令制の畿内制とは異なり、大化当時のものと考えられる。また、「田調」や「戸調」は律令賦役令の定める人身の調とは発想が異なり、大化当時のものとみることができる。

第一条の私地私民の廃止が原詔にあったかどうかははっきりしないが、大化元年八月の東国国司詔が東国に派遣される国司（実際には国宰＝くにのみこともち）に対して、現地での戸口調査と校田を命じていること、また大化元年九月甲申詔が民の元数の記録、名代・子代の廃止を命じていること、そして大化二年三月の中大兄による皇太子奏が王族のために設定された名代の民の返上を申し出ていることなどからみて、改新政権が私地私民の廃止をめざしていたことは認められる。孝徳天皇の諮問に答えた皇太子奏では、皇太子自らが所有する入部《いりべ》（部集団から差し出されて奉仕する仕丁）のうち改新の詔で定められた数だけを仕丁として駆使することとし、それ以外の皇祖大兄（押坂彦人大兄）から伝えられた入部五百二十四口と屯倉百八十一所を朝廷に返上するとしている。皇太子中大兄が率先して行動することで、部民の廃止という政策を豪族達に明確に示したのである。

難波遷都

大化元年十二月、新政権は遷都の詔を出し、王権の故地飛鳥から難波への遷都を断行した。人心一新と新しい政治体制にふさわしい都の建設をめざしたものであり、地理的にも新都は瀬戸内海に面し、東アジアとの交通に便利であった。これまでの発掘により、大阪湾に突き出した上町台地に位置する遺跡が孝徳朝の難波《なにわ》長柄《ながら》豊碕《とよさきのみや》宮と考えられている。政務運営の中枢である朝堂院は、東西約二百三十メートル、南北約二百六十メートルと広大で、その内部には十四棟の朝堂で囲まれる朝庭があるなど、難波宮はそれ以前の飛鳥の諸宮とは隔絶した規模をもっていた。これに匹敵する規模をもつ朝堂院は持統朝の藤原京まで現れない。この段階ではまだ太政官などの官僚機構は整備されていないが、王権の強化と中央集権制をめざす中で、全国から集まる国造や評の官人、蝦夷や隼人など王権が「化外の民」（王の徳化の及ばない地域の民）とする人々、海外からの使者などを収容し、王権の権威を示す儀式の場として朝堂院を含む広大な朝庭が作られたと考えられる。

天下立評

改新政権の最終目標は、五十戸一里の編戸制によって人民を領域的かつ個別的に支配し、それまで豪族が朝廷の職掌ごとに伴造として部民を支配していた部民制から、国家による個別人身支配を基本とする公民制へと転換することであった。

戸籍に基づいて公民に一定の口分田を班給する班田収授制や、計帳に基づいて調庸を徴収する税制によって国家財政の基盤を固め中央集権制を実現する方式は、隋唐の律令制を範として東アジアの緊迫した情勢に対処する政策であった。律令制的な諸制度の完成は後代に下るが、人民の領域的な支配の前提となる評制の施行はすでに孝徳朝に全国的に行われていたらしい。『常陸国風土記』には己酉年（大化五年＝六四九）、中央から派遣された「惣領」が新治《にいはり》、筑波《つくば》、茨城《いばらき》、那珂《なか》、久慈《くじ》、多珂《たか》の六つの「国造のクニ」を分割して評（神郡）を設置したことが記録されている。『皇太神宮儀式帳』にも「難波朝廷、天下に評を立て給う時」という表現がみえるなど、評制は孝徳朝に全国的に施行された可能性が高い。しかし、五十戸単位の領域的な編戸の成立はこれより時代が下るし、さらに部民制の廃止と公民制の確立は天智・天武朝に至って実現した。全国的な戸籍制は天智朝の庚午年籍を嚆矢とするが、庚午年籍は定氏定姓が目的で、大宝令制でも氏姓の基本台帳として永世保存することが命じられたものの、人民の領域的な編戸や班田の台帳としての機能は備えていなかった。班田の基礎台帳としての戸籍は持統朝の庚寅年籍が最初である。部民制の廃止は天智朝の甲子の宣を画期として、天武四年の部曲廃止の詔によって完成した。これによって部民は廃止され、律令的公民制が成立した。

五十戸一里制に関しては、飛鳥京跡から「白髪部《しらかべ》五十戸」と記された木簡が出土している。年紀は記されていないが同時に出土した木簡との照合によって、大化五年から天智三年頃のものと推定されている。また、伝世品の法隆寺旧蔵幡墨書の「山部五十戸」は癸亥年（天智二、六六三）の年紀をもつ。ただし、これらは部姓であり、部民集団に限定して五十戸制を実施したにすぎないという見方もあったが、二〇〇二年に飛鳥京の石神遺跡で「三野国ム下評大山五十戸」と記された乙丑年（天智四、六六五）の年紀をもつ木簡が出土している。木簡に記された地名は『倭名類聚抄』にいう美濃国武芸《むげつ》郡大山郷の前身とみられるから、これによれば、天智朝には部姓集団以外に地域的な五十戸も成立していたことになる。

孝徳帝の孤独

『日本書紀』は中大兄を乙巳の変の立役者としている。近年では大化改新が軽王（孝徳天皇）の主導で行われたとする見方もあるが、その後の天智朝までの政治過程をみても、中大兄が孝徳朝の政策に大きく関与していたことは間違いない。東国国司詔にみられる政策は皇太子奏と基本的に発想が同じであり、後の天智朝における甲子の宣など中大兄の一貫した政策意図が読み取れる。中大兄が乙巳の変を主導したが、事変の当時、十九歳と若かったことと、直接手を下して入鹿を殺害したことから忌避され、急進的な改革に対する反動を防ぎ王権の安定を優先して、伝統的な豪族である阿倍氏や蘇我（石川麻呂）と近い関係にあった軽王が擁立されたのであろう。

一連の動きの背後には、内臣となった中臣鎌足が謀臣として参画していた可能性が高い。蘇我蝦夷・入鹿父子打倒の計画を共にめぐらした鎌足に対して、乙巳の変後、内臣という公的地位を与えることで、政治に参画する道を開いたのである。孝徳天皇の即位も、鎌足の進言によるものであった。『日本書紀』によれば、当初、母である皇極帝から譲位の意志を告げられた中大兄が鎌足に相談したところ、鎌足は、兄（異母兄）の古人大兄や舅（叔父）である軽王を差し置いて即位すれば、恭遜の心に違う。しばらく軽皇子を立てるがよいと進言したので、中大兄は辞退したという。

孝徳朝では政治改革が進む一方、乙巳の変の余波で政変が相次いだ。乙巳の変の現場から逃れた古人大兄はいったんは皇極帝から即位の意志を問われるが、その場で辞退したばかりでなく、自ら佩刀を捨て法興寺で出家した。後ろ盾の蘇我入鹿を失った古人大兄はひたすら身を低くし難を避けることに腐心したのであろう。その後、皇子は吉野に隠棲した。しかし、大化元年九月、吉備笠臣垂《きびのかさのおみしたる》が、古人大兄が蘇我田口臣川堀らと謀反を企んでいると密告すると、中大兄皇子は即座に兵を派遣して古人大兄を討たせた。

大化五年（六四九）三月、左大臣阿倍内麻呂が死去すると、その直後に、蘇我日向《ひむか》が、異母兄である右大臣蘇我倉山田石川麻呂が中大兄の暗殺を企てていると讒言した。石川麻呂の無実は後でわかるのだが、この時も中大兄皇子は石川麻呂の弁明を受け付けず、軍勢を送って死に追いやった。

皇位継承のライバルである古人大兄は消え、政権内で中大兄を掣肘する左右大臣も今はない。そうした状況の中で、孝徳天皇と中大兄の間に疎隔が生じ、白雉元年（六五〇）、中大兄は母である宝皇女（皇極天皇）や妹であり孝徳天皇の大后である間人《はしひと》皇女らを引き連れて旧都飛鳥へ去り、孝徳天皇は独り難波に残された。翌年、傷心の天皇は難波宮で亡くなる。斉明元年（六五五）、宝皇女はかつて自身の王宮であった飛鳥板蓋宮で再び即位した。斉明天皇の重祚である。その下で中大兄が引き続き皇太子の地位にとどまった。

4　天智朝の国制改革

白村江の戦い

六四四年に唐の高句麗征討が始まったが、六四九年に太宗が没し、翌月、高宗が即位した。この頃、新羅は唐の永徽年号を採用し、朝廷の服制を唐風に改めるなど積極的に唐制を導入し、唐に従属的な姿勢を示すことで、唐の支援を得て、高句麗・百済と対抗する体制を固めた。

これに対して、斉明元年（六五五）、高句麗は百済と連合して新羅の北辺を奪取し、新羅の救援要請を受けた唐は数次にわたって高句麗遠征を繰り返したが、十分な効果をあげることができなかった。そこで、唐は戦略を転換して、まず高句麗を支援している背後の百済を討つ方針をとり、斉明六年（六六〇）三月、将軍蘇定方率いる水陸十万の大軍を送り、同時に新羅も百済に進攻した。水軍を用いた奇襲は成功し、唐軍は七月に百済の首都泗沘城（扶余）を陥落させ、さらに旧都熊津城も占領した。義慈王、太子隆らは捕虜となり唐都へ送られて百済は滅んだ。

7世紀の朝鮮半島(白村江の戦いのころ)

しかし、唐の支配に反発した百済の遺臣は、佐平鬼室福信を中心に百済復興をめざして反乱を起こした。福信らは倭国に使いを送り、三十年間倭国に滞在していた義慈王の子余豊璋の送還と援軍の派遣を要請してきた。斉明天皇・中大兄ら倭国の首脳部は、大きな決断を迫られた。百済救援は、新羅と衝突するだけではなく、強大な唐帝国と敵対関係に入ることを意味していたからである。

推古朝以来、倭国は半島情勢に関しては、百済と新羅の対立に乗じて両国に対する優越的な地位を保持してきた。百済が滅亡し、半島における力のバランスが崩れれば、そのような外交はもはや通用しない。新羅に朝貢を求めてきた小帝国としての立場も根底から崩れてしまうであろう。欽明朝以来、任那復興を外交的旗印に掲げてきた倭国にとってこれは容認できる事態ではない。反面、大国唐と戦争になれば、半島での権益を失うどころか倭国の滅亡すら招きかねない。唐との武力衝突は無謀であり、むしろ唐と結ぶべきであるとする声も大きかったであろう。中大兄らは決断に至るまでに苦悩の日々を過ごしたに違いない。しかし、新羅がすでに唐に従属し、百済が滅亡した今、もし高句麗も唐に敗れるようなことがあれば朝鮮半島全体が唐の支配下に入り、倭国は狭い海峡を隔てて、唐の軍事的脅威に直面することになる。今なら、まだ高句麗との共同作戦も可能である。高句麗は遊牧騎馬民族の国家で戦闘に長じ、隋を滅亡に追いやるほどの実力をもっていた。唐の代になっても善戦を続けており、捕虜にした隋の将兵を引き連れて倭国に戦勝報告の使者を送るなど、積極的に倭国との提携を求めていた。実は六五九年に倭国は遣唐使を送っており、直接情勢を見極めようとしたと思われる。しかし、この使者は唐によって、「国家、来らん年に、必ず海東の政有らん。汝等倭の客、東に帰ること得ざれ」と命じられ、抑留が解けて帰国した六六一年にはすでに百済は滅亡していた。政府は十分な情報がないままに開戦の是否を判断するしかなかったのである。

斉明七年（六六一）七月、ついに朝廷は百済救援を決意し、斉明天皇、皇太子中大兄以下、首脳部が大挙して九州へ下向した。主たる敵は新羅であり、高句麗の抵抗に手を焼いている唐は参戦しないという希望的観測があったのかもしれない。しかし、高齢の斉明女帝はその月に朝倉宮で六十八歳の生涯を閉じた。『日本書紀』はその葬儀の様子を、大笠を着た鬼が朝倉山から見ていたと記している。朝廷人が前途に不吉を感じ取っていたことの現れであろう。この事態に対して、中大兄はひるむことなく素早く対応した。八月、即位こそしないものの、天皇に代わって自ら称制を始め、「水表の軍政」をとることを宣言した。危機に臨んであえて強い姿勢を示すことで人心の動揺を防いだのである。

翌天智元年（六六二）、阿曇比羅夫《あずみのひらふ》、阿倍比羅夫らを将とする先遣軍は、余豊璋に付けた五千人の別働隊と共に渡海した。翌年三月には上毛野稚子《かみつけののわかこ》の前軍、巨勢神前訳語《こせのかむさきのおさ》の中軍、阿倍比羅夫の後軍二万七千人からなる第二次派遣軍も送り出された。王子を迎えて意気あがる福信ら百済軍は倭国軍と連合して泗沘城を奪回し、錦江下流の周留城を拠点とした。しかし、その後、豊璋が左平として権力をふるう福信に疑心を抱いて殺害するなど混乱が生じた間隙に、唐は新たに劉仁軌を将とし、唐に降伏臣従していた夫余隆を付けて増援の水軍を派遣し、新羅も陸路から周留城に迫った。

八月、追い込まれた倭軍は錦江下流に水軍を集結させ、白村江で唐の水軍に決戦を挑んだが、錦江の流れが血に染まる激戦の末に倭軍は大敗した。唐の水軍が大型の軍船をもち百戦錬磨で作戦にも長じていたのに対して、倭軍は国造軍の寄せ集めにすぎず全軍を統率する指揮命令系統が不明確であり、水軍が一団となって突撃すれば唐軍を突破できるとみてかえって包囲殲滅されるなど、戦術の上でも拙劣であった。『旧唐書』によれば、この戦いで、唐軍は倭国の兵船四百艘を焼き払ったという。すべてを失った余豊璋はかろうじて高句麗に逃れ、倭国軍は多くの亡命百済人を伴って空しく帰還の途についた。

その後の動きは不幸にも倭国の恐れていた通りに推移した。唐は百済の故地に熊津都督府を置いて支配を固め、天智七年（六六八）には孤軍奮闘していた高句麗も力尽き、首都平壌が陥落して高句麗は滅亡した。唐は平壌に安東都護府を置き半島の大半を支配下に収めたが、唐の直轄支配に不満をもつ新羅は旧百済領に攻め入るなど公然と唐に反抗し、六七〇年（天智九）、熊津都督府を滅ぼした。その後も、唐は新羅の援助を受けた高句麗遺民の抵抗に手を焼き、六七六年（天武五）には平壌の安東都護府を遼東半島に移している。唐の撤退により、新羅は大同江以南の朝鮮半島全域を統一することに成功した。

新羅は高句麗・百済・新羅の三国による半島争覇戦の中では当初弱小で、時に広開土王の高句麗に従属し、百済との半島南部をめぐる戦いでは互いに国王が戦死するなど、一進一退の攻防を繰り広げてきた。百済を牽制するためやむを得ず倭国に従属するなど苦心の外交を続けてきた新羅が、最後には唐の圧力をもはねのけ勝者となったのである。統一新羅の太宗武烈王金春秋は新羅の傍流の王族であった。若き日に外交的な人質として倭国に渡り、新羅と倭国の提携を模索したが事ならず、倭国を去って唐との交渉に赴くなど苦労を重ねた人物である。六四七年の毗曇の乱鎮圧と真徳女王擁立に功を立てて頭角を現し、毗曇の乱鎮圧以来の盟友である義兄の名将金庾信と共に唐との連携による生き残り策を主導し、最後には半島の統一を成し遂げたのである。

戦後の外交

未曾有の敗戦を経験した倭国では中大兄が引き続き称制を行い、戦後の困難な内外情勢に対処すべく国政改革の動きに拍車をかけた。国防の強化と権力の集中が重要課題であり、そのためには中央集権的な政治体制を樹立することが必要であった。天智三年（六六四）には対馬、壱岐、筑紫に防人《さきもり》と烽《とぶひ》を置き、筑紫では大宰府の前面に長大な土塁と水濠による水城《みずき》を築いた。その後も、亡命百済人である答㶱春初《とうほんしゅんそ》の指導で長門に朝鮮式山城を築いたり、最前線に当たる対馬に金田城、本拠地である大和にも高安城を築くなど防衛強化に全力を挙げた。

その間、白村江の戦いの翌年、六六五年には百済鎮将劉仁願《りゅうじんがん》の使者郭務悰《かくむそう》が、さらに翌年には劉徳高が送られてきて、戦後処理の外交交渉が続けられたが、同じ頃、高句麗からもしきりに使いが送られてきており、倭国は唐に対する警戒感から態度を保留した。中大兄が正式に即位した天智七年の十月、高句麗が滅ぼされたとの報が届く。そして翌八年、唐は郭務悰ら二千余人を派遣してきた。異例の大規模な使節団は大宰府にとどめ置かれた。『日本書紀』天智十年十一月条には、対馬国司からの使いが唐の使節団の一員である沙門道久《どうく》、筑紫君薩野馬《さちやま》らの口上を伝えたことが記されている。それによれば、「唐国の使い郭務悰ら六百人、送使沙宅孫登《さたくそんとう》ら千四百人、総計二千人が船四十七艘で比知嶋に停泊しているが、多数の人船が忽然と姿を現せば防人が驚駭して射戦を始める恐れがある。そこで道久らを遣わして、あらかじめ来朝の意を披陳させるのである」というものであった。筑紫君薩野馬は白村江の戦いで唐軍の捕虜になっていた人物で、沙宅孫登は百済滅亡の際に義慈王と共に唐に連れ去られていた重臣の一人であった。唐側が倭国を慰撫するために派遣した使いであったと思われるが、恫喝のにおいもあり、結局、郭務悰らは入京を許されなかった。同年十二月の天智天皇の崩後、翌年三月に朝廷は筑紫に使いを遣わして天皇の喪を郭務悰らに告げ、さらに五月、郭務悰らに甲冑弓矢のほか絁《ふときぬ》千六百七十三匹など多量の賜物を与えて唐に送り返した。

唐側としてもすでに新羅が唐の半島支配に公然と反抗し、旧百済領に侵攻するなど事態が急展開していたので、倭国に対して強く従属を求めることなく、新羅への支援を阻止する意図を示すことにとどめたのであろう。倭国の王権交代の時期にこれ以上とどまっても外交的成果は少ないとみたのかもしれない。他方、新羅との間では六六八年に使いがやってきて国交が回復した。唐に対して公然と反抗を始めていた新羅としては後顧の憂いを断っておく必要があったし、倭国にとっても唐の圧迫に対抗するために、旧敵と手を結ぶことは現実的な外交上の選択であった。結局、次代の天武・持統朝では一度も遣唐使が派遣されることはなく、むしろ新羅との間で使いのやりとりが繰り返され、海外情勢や文化も新羅を通じて入手する時代が続いた。

近江大津宮遷都と天智朝の政治

白村江の戦いにおける敗戦直後から、中大兄は称制のままで政治改革を推進した。白村江の戦いが終わった翌年六六四年二月には、「大皇弟」大海人皇子《おおあまの》に命じて、大化の冠位十九階を二十六階に増換すると共に、諸氏の氏上とその民部、家部を定めている。この宣命はその年の干支によって「甲子の宣」と呼ばれている。各豪族が無制限に所有していた私的な領有民を公的に認定して制限を加えることで、部民制全体の廃止に一歩近づくものであり、公民制成立への大きな画期となった。

天智六年（六六七）には、都を難波から琵琶湖に臨む近江大津宮に遷し、翌年正月、中大兄は正式に即位した。大津は内陸部ではあるが、北陸、東国に通じる交通の要衝で、琵琶湖やそれに通じる河川によって河内、大和とも結ばれており、唐の脅威が続く時期にあっては防衛に適した土地であった。

天智九年（六七〇）、日本で最初の全国的な戸籍である庚午年籍を作成し、翌年、大友皇子を太政大臣とし、ほかに左右大臣、御史大夫を置き、さらに近江令を制定した。これが我が国における律令法典編纂の嚆矢であるが、近江令は体系的な法典としては完成しなかったと考えられている。また、律が存在しなかったことは確かである。古代中国では歴史的にまず治安維持や官僚統制の賞罰法としての律が発達し、のちに行政法規としての令法典ができたが、日本では短期間に中央集権的な国家機構を創出することが急務であったため、令の編纂が先行したものと思われる。中臣鎌足の伝記である『家伝』大織冠伝には、「天智七年、此より先、帝、大臣をして礼儀を撰述し、律令を刊定せしむ。（中略）大臣、時賢人と旧章を損益し、略条例をなす」と記されている。「略条例をなす」という表現からみて、ある程度の条文構成をもつ法律が編纂されたと推測できる。例えば、庚午年籍は全国的な規模で作成されたが、戸籍の編成作業を実施するためには身分の基準を定めた「戸令」の存在が前提となる。また冠位制の拡大、太政大臣・左右大臣・御史大夫の設置といった官制改革は「官位令」制定のもとになったと思われる。大友皇子を太政大臣に任命し、それに伴う左大臣蘇我赤兄《そがのあかえ》、右大臣中臣金《なかとみのかね》、御史大夫蘇我果安《そがのはたやす》、巨勢人《こせのひと》、紀大人《きのうし》の任命は、晩年の天智帝が皇弟で有力な皇位継承候補者であった大海人皇子に代えて息子の大友皇子を後継者とする意図によって行った恣意性の高い政策であるが、ほかに「法官」の設置がみえることなどから一定の官制の創出が行われたことは認められる。

近江令の施行記事が大友皇子の太政大臣任命と同日にみえることも意味がある。後の浄御原律令、大宝律令、養老律令の制定の際にも類似の方式がみられるからである。天武十年（六八一）、天武天皇は浄御原律令の編纂開始を命じたが、その同日に草壁皇子が立太子している。文武即位五年（大宝元、七〇一）、大宝律令が施行されたが、『続日本紀』の編纂経過を示す一連の記事をみると、法典編纂事業の企ては文武天皇の即位直後から始まっている。さらに、養老二年（七一八）、養老律令の編纂が開始されるが、これは和銅七年（七一四）に立太子した首《おびと》皇子（後の聖武天皇）の将来の即位を見据えた事業であった。

中国では隋・唐代に皇帝の代がわりごとに新たに律令法典を公布した。元号の制定、暦の頒布、法典の公布は皇帝の権威を象徴する儀礼的な意味をもつ事業であり、日本でもそうした思想を意識していた可能性が高い。したがって、大友皇子の太政大臣就任と同日に法度（近江令）施行の記事がみえるのは決して偶然ではなく、大友皇子の即位を視野に入れて律令法典の編纂が企図され、一定程度編纂作業が進んでいたと思われる。『日本書紀』には近江令の内容がみえないが、天智十年十二月に天智天皇が崩御し、翌年、皇位継承をめぐる壬申の乱が起こって、近江朝廷側の敗北により大津宮が灰燼に帰したため、関連資料が失われた可能性もある。

コラム5　渡来人の系譜

白村江の戦いのあと、百済から多くの貴族や学者、技術者が日本に渡ってきた。天智十年（六七一）、百済から渡来した佐平余自信以下の五十名に冠位を与え、法官大輔や学職頭などに任命した。天武・持統朝にも百済滅亡の際に渡来したと思われる百済人が陰陽博士や音博士・医博士に任命されている。渡来系氏族の地方への移住も進められた。天智四年（六六五）には百済の男女四百余人を近江国、天智五年に百済の男女二千余人を東国、天智八年に佐平余自信・佐平鬼室集斯ら男女七百余人を近江国に移しており、彼らはその後の日本の社会に大きな影響を与えた。このような動きは、天武持統朝に散発的にみられ、奈良時代に入っても続いていた。淳仁天皇の天平宝字二年（七五八）、新羅の僧尼ら数十人を武蔵国の閑地に移住させ、新羅郡（のちの新座郡）を置いた。また元正天皇の霊亀二年（七一六）には、駿河・甲斐・相模・上総・下総・常陸・下野の七国の高麗人千七百九十人を、武蔵国に移住させ、高麗郡を置いた。現在も埼玉県日高市（旧入間郡高麗村）に高麗神社があり、高麗川、高麗峠などの地名が残されている。

また日本には舒明朝に余豊璋と共に来朝し、白村江の戦い後も残った百済義慈王の子余禅広（百済王善光）がおり、善光を始祖とする百済王氏の下にも百済人が結集したと思われる。善光の曾孫百済王敬福は陸奥国司時代に、陸奥産出の金を献上して東大寺の大仏造立事業に貢献し、外衛大将として橘奈良麻呂の乱や藤原仲麻呂の乱の平定にも活躍した。桓武朝の後宮で女官筆頭の尚侍（ナイシノカミ）を務めた明信、嵯峨朝の尚侍慶命も百済王氏の女性である。

遡れば、『日本書紀』『古事記』には、すでに五世紀初頭に相当する応神朝に倭漢直《やまとのあやのあたい》の祖阿知使主《あちのおみ》がその子都《つ》加使主《かのおみ》、並びに党類十七県を率いて来帰したとする伝承がみえている。檜隈《ひのくま》（奈良県明日香村檜前）地域に蟠踞し、蘇我氏の配下にあって活躍した倭漢直の始祖伝承であり、倭漢氏はのちにその祖を後漢の霊帝と称するようになるが、実際には朝鮮半島南部の安羅を中心とする加耶地域から渡って来たらしい。特に五世紀後半の雄略朝には、高句麗広開土王の南下政策によって朝鮮半島は動乱期に入り、四七五年の高句麗長寿王の攻撃で百済蓋鹵王が戦死し、王都が陥落するなど混乱を極めた。その中で日本に渡ってきた多数の技術者集団は「今来漢人《いまきのあやひと》」と呼ばれて、陶部《すえべ》、錦織部《にしごりべ》、衣縫部、韓鍛冶部などの部民に編成されて倭漢氏の支配下に入った。桓武朝に征夷大将軍となり、数々の伝説の主人公となった坂上田村麻呂や、その父で仲麻呂の乱で活躍した苅田麻呂など武人の多い坂上氏も倭漢氏の後裔であり、中世には『裁判至要抄』の著者である坂上明基など明法家も輩出している。

その後も、六世紀代には百済から五経博士や暦博士、医博士が来朝し、欽明朝に仏教が伝えられた後は、蘇我氏の配下で司馬氏ら渡来系の人々が仏教信仰の浸透に寄与した。法興寺（飛鳥寺）建立の際にも百済から僧侶、寺工、画工、鑪盤《ろばん》博士らが招来されている。また推古朝には、百済僧観勒《かんろく》が暦本、天文地理書、遁甲方術の書を伝え、聖徳太子の師となった恵慈をはじめ高句麗僧も多く渡来した。こうした渡来系の人々によって持ちこまれた外来文化は、飛鳥文化や白鳳文化をはじめその後の日本文化の基層を形成する重要な役割を果たした。

第六章　天武・持統朝の政治

1　天武朝の政治と制度

帝王中大兄の死

天智十年（六七一）八月、天皇が病に罹った。病状の進行は速く、死期を悟った天皇は十月、弟の大海人皇子を病床に喚《め》した。皇子が大殿の中へと歩みを進めていると案内していた蘇我安麻呂が密かに振り返り、「意《こころ》有りて言《のたま》へ」と囁いた。安麻呂はかねてから大海人皇子と好《よしみ》のある人物である。隠れた謀の気配を察して気を引き締める皇子が兄天智天皇と対面すると、天皇は「東宮に鴻業《あまつひつぎのこと》を授けん」と言葉を発した。皇位を大海人皇子に譲るというのである。これに対して大海人皇子は、「臣はこれ不幸、元より多病。何ぞよく社稷《しゃしょく》を保たんや」と辞譲し、倭姫《やすとひめ》皇后を天皇に立て、大友皇子を皇太子とするよう勧めた。さらに自らは天皇の病気平癒を祈るため出家して功徳を修めたいと願うと、天皇はこれを許した。大殿を辞した大海人皇子は直ちに出家し、私家の武器を官司に納め、吉野宮に向かった。従ったのは后の鸕野讃良《うののさらら》皇女とわずかな舎人《とねり》たちだけであった。時に左大臣蘇我赤兄や右大臣中臣金《かね》、大納言蘇我果安臣らが大海人皇子を見送ったが、ある人が、虎に翼をつけて放ったようなものだ、と評したという。

中大兄と大海人皇子の兄弟は、舒明天皇と宝皇女（皇極。斉明天皇）の皇子として生まれ、乙巳の変から白村江の戦いへと続く激動の時期を共に歩んできた。しかも、大海人皇子の后鸕野讃良皇女は天智天皇の娘、つまり大海人皇子とは叔父・姪の間柄である。また、皇女の母は改新政権の右大臣でのちに謀叛の疑いをかけられ中大兄によって死に追いやられた蘇我倉山田石川麻呂の娘遠智娘《おちのいらつめ》であり、この三者の関係は強い近親の絆で結ばれつつも複雑を極めていた。

大化前代の兄弟継承の慣習が強い時代であれば、天智帝にもしもの事があった場合、大海人皇子は当然有力な後継者であった。『日本書紀』も大海人皇子を「東宮」「大皇弟」と記している。『日本書紀』の祖本は壬申の乱に勝利した天武朝に編纂が開始されているから、「東宮」の語は後世の修飾による可能性が高いが、天智天皇の生前であるにもかかわらず大友皇子が皇太子に立てられず、太政大臣に任じられていることは見逃せない。当時、母が皇女であることは即位の条件の一つであったが、大友皇子は母の宅子郎女《やかこのいらつめ》が伊賀氏出身の采女である点で不利であった。「甲子の宣」という重要な政策が「大皇弟」大海人皇子によって宣せられていること、天智八年十月、大化改新以来、天智天皇を謀臣として支えてきた内臣中臣鎌足の死に臨んで、天皇が「東宮大皇弟」を藤原内大臣家に遣わして、大織冠と大臣の位を授け、藤原の姓を賜っていることなどをみても、大海人皇子が天皇に次ぐ地位にあったことは間違いない。

十二月、天智天皇は大津宮で崩じた。四十六歳であった。乙巳の変以来、苦楽を共にしてきた謀臣中臣鎌足が亡くなってからちょうど二年目である。古代史上最大の事件といえる乙巳の変の立役者である中大兄の人生は、光と影が交錯する一生であった。皇祖大兄と仰がれた押坂彦人大兄を祖とする非蘇我系の皇子として蘇我本宗家と対立する運命の星の下に生まれ、自ら刃を振るって入鹿を打倒した優れた行動力、理想の国家像を描き反対を押し切って改革を断行する果断な性格、白村江の敗戦後に強まったであろう政権批判の声にもひるまず改革に拍車をかける剛毅さは英雄的である。しかも天皇の地位にあったのは晩年の短い期間にすぎず、これらすべての事業を中大兄として成し遂げた。

しかし、英雄的な風貌とは別に孝徳天皇との確執や、右大臣蘇我倉山田石川麻呂、有間皇子、古人大兄と対立者を次々と死に追いやる猜疑心の強い独裁者としての一面も垣間見ることができる。男子に恵まれず晩年にやっと成人した大友皇子を偏愛し、皇子に皇位を譲るため弟である大海人皇子を排除しようと暗い執念を燃やしていることは朝廷の人々にとって周知のことだったに違いない。その中大兄亡き今、朝廷は不穏な空気に包まれていた。

壬申の乱

天智天皇の死後、一年を経ずして、その子である大友皇子と天智天皇の弟である大海人皇子の間に皇位継承をめぐる争いが生じ、大規模な内乱に発展した。事件はその年の干支によって壬申の乱と呼ばれている。

天智天皇崩御の翌年五月、美濃へ赴いた大海人皇子の舎人朴井連《えのいのむらじ》雄君《おきみ》が吉野宮へ戻り、近江朝廷が天智天皇の山陵を造営すると称して、美濃・尾張の国司に命じて人夫を徴発し、彼らに武器をもたせていると報告した。危険を察知した大海人皇子は素早く吉野宮を脱出し東国に向かった。出発に際して村国連男依《おより》らを先発させ、美濃国の安八磨《あはちまの》評《こおり》の湯沐令《ゆのうながし》多臣品治《おおのおみほむぢ》に会って、手兵を率い美濃の国司を威圧して挙兵を促すよう伝えることを命じた。この地域には大海人皇子を資養するために設置された名代の集団が多く居住しており、湯沐令多品治も信頼できる人物であったと思われる。

慌ただしく脱出したため大海人皇子一行には供回りも少なく、妃の鸕野皇女や草壁《くさかべ》、忍壁《おさかべ》など幼い皇子を連れた行旅は難渋を極めた。行軍中氷雨降る道中で鸕野皇女が疲労の極に達したため輿を用意したり、三重評では家を焼いて暖をとるなど前途に不安を抱かせる道中であったが、途中で近江を脱出した高市皇子《たけちのみこ》が合流し、伊勢の鈴鹿では美濃の国宰と湯沐令が帰順してきた。朝明郡の迹太川《とおかわ》では伊勢神宮を遙拝して戦勝を祈願している。その甲斐あってか、やがて近江を脱出した大津皇子も合流し、無事東国入りを果たした大海人皇子は不破宮を本営として本格的な戦闘態勢に入った。村国連男依の功によって美濃国の兵三千人が不破道を塞ぎ、尾張の国司小子部連《ちいさこべのむらじ》鉏鉤《さいち》が二万の兵を率いて馳せ参じるなど大規模な兵力動員に成功すると、高市皇子を全軍の将として近江に向かって兵を進発させた。同じ頃、飛鳥京では大伴連吹負《ふけい》が挙兵し、いったんは近江朝廷軍に敗れたが、到着した東国軍の救援を得て反攻に成功し、遠く大宰府でも筑紫大宰栗隈王《くるくまおう》が近江朝廷の使者を追い返すなど、情勢は急速に大海人皇子に有利に展開した。

七月、大海人軍は近江に迫り、勢多（瀬田）の橋をめぐって最後の攻防戦が展開した。近江朝廷軍は橋板を落として罠を設け、渡ろうとする大海人軍に対して雨あられと矢を浴びせたため攻撃側はひるみ、しばらく攻めあぐねたが、大分《おおきだの》君稚臣《きみわかみ》が甲《よろい》を重ね着して矢を防ぎながら橋桁の上を走り抜け対岸の敵陣に躍り込む奮戦ぶりをみせると、これに力を得た全軍が続いて突撃し勢多を突破して大津になだれ込んだ。近江朝廷軍は四散し、右大臣中臣連金は斬られ、左大臣蘇我臣赤兄、大納言巨勢臣比等《こせのおみひと》や子孫らは配流とされた。わずかな従者と共に逃れた大友皇子は前途に窮して大津近郊の山前《やまさき》の地で自決し、ここに近江朝廷は滅んだ。のちに大津京時代を偲んだと思われる柿本人麻呂の歌が『万葉集』に載せられている。

淡海《おうみ》の海夕波千鳥汝《な》が鳴けば情《こころ》もしのに古《いにしえ》思ほゆ

現人神の誕生

壬申の乱に勝利した大海人皇子は都を飛鳥に戻し浄御原宮で即位した。壬申の乱で大海人皇子を支えたのは、尾張・美濃を中心とする地方豪族や大和の中小氏族であった。乱後、近江朝廷側に着いた蘇我氏や中臣氏、巨勢氏、紀氏といった大和の伝統的な有力豪族の力は相対的に低下した。乱の背景には、百済救援の役で動員されて敗戦の憂き目にあい、中央集権制をめざす急激な改革の中で土地や領有民に対する権益を縮小されていた豪族層の不満があった。皇位継承をめぐる大海人皇子と大友皇子の対立を軸に、さまざまな政治的利害を抱えた豪族層が大海人皇子の側に結集して政権を奪取したのである。

ところで、大海人皇子の挙兵は果たして、正当な皇位継承権の主張であったのか、それとも王権に対する反乱であったのか。『日本書紀』は大海人皇子を「大皇弟」とし、皇位継承資格者である大海人皇子に対して晩年の天智帝が我が子可愛さのあまり強引に大友皇子の即位を図り、さらに天智帝死後の近江朝廷が大海人皇子を亡き者にしようとしたため、大海人皇子がやむなく立ち上がったという筋書きで一貫している。しかし、他方で『日本書紀』は大海人軍が赤の袖印をつけたことなど大海人皇子の行動を漢の高祖の事績に似せている部分もあり、新王朝の始祖として天武天皇像を描こうとしている節もある。大海人皇子の挙兵は形式的には近江朝廷に対する反乱であり、挙兵は命がけの行動であった。大津宮を去って吉野へ隠棲した段階では、大海人皇子の念頭には猜疑心の強い天智帝の疑いを避けることしかなかったであろうが、朝廷における立場やこれまでの閲歴からいって自分が皇位にもっとも近い位置にいることは十分意識していたと思われる。

『家伝』には天智天皇在世中、琵琶湖に臨む「浜楼」での宴会がたけなわになった頃、突然、大海人皇子が長槍で床を刺し貫く振る舞いを見せたため、激昂した天智天皇がこれを誅殺しようとしたが、内臣鎌足が帝を諫め押しとどめたという出来事が記されている。大友皇子擁立へ傾斜する兄天智天皇の内心を感じ取り、鬱屈する気持ちが溜まっていたのであろう。天智天皇死後の事態の推移を見守るうちに皇権奪取を決意した可能性は高い。乾坤一擲の勝負に出て、内乱に勝利した天武天皇は即位後、新王朝を開いたカリスマ的な英雄として独裁的な政治を進めることができた。『万葉集』巻十九には大伴御行の次のような歌が載せられている。

大君は神にし坐《ま》せば赤駒の匍匐《はらば》ふ田井を都となしつ

天皇現人神《あらひとがみ》観が現れるのは天武天皇の時代である。

天皇号の成立

天皇号の成立時期については、推古朝の成立とする説が有力であったが、近年では、飛鳥池遺跡から出土した天武朝のものと思われる木簡に「天皇」の文字が記されていることなどから、天武朝成立説が強くなっている。ただし、木簡の出土は天武朝に天皇号が確実に使用されていたことを証するものではあっても、それ以前に天皇号が成立していたことを否定するものではない。中国では古くから「天皇」は宇宙の最高神を表し、唐の高宗の上元元年（六七四＝天武三年）に皇帝の称号を天皇に改め、短期間用いられた。壬申の乱に勝利し現人神と崇められた天武天皇にふさわしい称号として唐の影響で「天皇」号が用いられた可能性はある。大宝・養老公式令が定める詔書の様式では蕃国の使いに対して大事を述べる際には「明神御《あらみかみと》宇日本天皇《あめのしたしらすひのもとのすめらみこと》」の書出しにするよう規定している。ここには「日本」の国号と「天皇」号がそろってみられる。「日本」の国号は大宝元年（七〇一）の遣唐使が初めて対外的に用いたが、制度的には天皇号と併せて浄御原令に規定され、大宝令以降に受け継がれた可能性が高い。

しかし、君主の称号としての「天皇」がそれ以前に用いられていた可能性もある。中国の正史である『隋書』に、倭国の国書が自国の君主を「天子」と表記していたとあること、『日本書紀』が「東の天皇敬《つつし》みて西の皇帝に白す」としていることは、大王号とは異なる称号が成立していたことをうかがわせる。また聖徳太子追善のために妃の橘大郎女が推古天皇に乞うて製作した「天寿国縫帳」の銘に「天皇」とみえることについて、従来は銘文だけは持統朝のものとみるなど推古朝説に否定的であった。しかし、近年、銘文にみえる系譜が、聖徳太子とその妃橘大郎女とが欽明天皇に始まる王統と蘇我に始まる蘇我氏の系統の両方に何重にも属することを語る両属系譜であり、一人の始祖を起点とする一集団の系譜よ

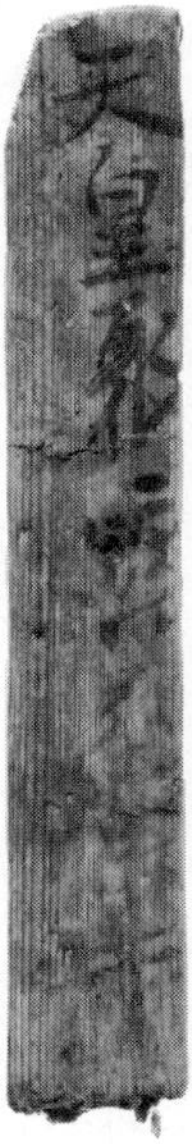

飛鳥池遺跡出土天皇号木簡（奈良文化財研究所提供）

りも古い形をとることなどから、推古朝の銘文として再評価されている。

隋と国交を開くに当たって、朝鮮半島諸国の国王も用いていた「大王」とは別に「天皇」号を案出した可能性は高い。当時の倭国は百済・新羅に対して、朝鮮半島南部の旧加耶地域への宗主権を主張していたため、両国と同列の立場で中国王朝に朝貢することは政策上許されず、隋に対して対等外交を展開せざるを得ない立場に置かれていたからである。推古朝においては冠位十二階や憲法十七条の制定にみられるように豪族を官僚化し、大王を唯一の君主とする動きがあったことも、「天皇」号案出の背景としてあり得る。天皇号が制度的に確立するのは浄御原令以降であったとしても、使用はそれ以前から始まっていたと考えられる。

推古朝に「天皇記」「国記」の編纂が行われたことも注目される。国家的な歴史書の編纂事業は推古朝に始まり、七世紀後半の天武朝の「帝紀及び上古の諸事の記定」を経て、八世紀初頭の『古事記』『日本書紀』の撰上に結実する。特に国家の正史である『日本書紀』は、天皇家が天照大神の子孫である神聖性を根拠に、国土を統治することの正当性を主張することを目的として編纂された。

『日本書紀』の説話構造によれば、まず天照大神の孫であるニニギノミコトが天上界の高天原から日向の高千穂の峯に降り（天孫降臨）、さらにその曾孫であるカムヤマトイワレヒコが日向から東征して、ヤマトの橿原宮で即位して初代の神武天皇になったとされる。書紀の歴法、紀年を信じると神武天皇即位の年は、西暦では紀元前六六〇年に相当するが、この紀年は讖緯説にもとづいて作為された架空のものと考えられている。讖緯説では暦の上で干支が一巡する還暦、すなわち六十年を一元とし、二十一元を一蔀とする。一蔀のはじめは辛酉で王朝交代などの大きな変革が起こる年といわれるが、推古九年（六〇一）がちょうど辛酉の年に当たっている。そこで、その年から一蔀（一二六〇年）前の辛酉の年（紀元前六六〇年）に神武天皇即位という王権の起源を設定したというのである。神武天皇に続く第二代の綏靖天皇から第九代の開化天皇までは歴代百歳をはるかに超える長寿でありながら、その事績がほとんど記されておらず、欠史八代と呼ばれている。これも、作為された神武天皇の即位年から実際に系譜・伝承が残る天皇までの空白を埋めるために作られた架空の天皇系譜と考えられている。実在する最初の天皇については、中国史書の記載や考古学の成果なども合わせて考えると、倭の五王のはじめの頃、『日本書紀』では第十五代・十六代の応神・仁徳天皇に相当する人物が大和王権の王として実在していたことがほぼ認められている。ほかに、神武天皇と共通する「ハツクニシラススメラミコト（初めて天下を治めた天皇）」の呼び名をもつ第十代の崇神天皇が四世紀代の初期大和王権の王として実在していたとする説もある。

欽明朝以来、百済から暦博士が渡来し、推古十年（六〇二）にも新たに百済僧観勒が歴法を伝えている。『天皇記』『国記』の編纂が命じられたのは推古二十八年（六二〇）であるから、修史事業を契機として紀年を伴う天皇家の系譜が整えられ、同時に天皇号が使用され始めた可能性は高い。

官人制の整備と公民制の創出

天武二年（六七三）五月、「公卿大夫及び諸の臣連ならびに伴造等」に詔して新しい官人の採用法を定めた。それによれば官人の候補者はまず大舎人として朝廷に出仕し、一定期間天皇の近辺に仕えた後にその才能に応じて官人として採用されることになった。大舎人は畿内氏族の子弟から選ばれたが、天武五年（六七六）には畿外出身者についても兵衛として宮城の守衛に当たり、その後、官人として採用される道が開かれた。官人を出身氏族から切り離し、天皇による直接的な人格支配を可能にする政策である。

これと並行して、天武四年（六七五）二月、部曲《かきべ》廃止の詔が出された。その内容は「甲子年、諸氏に給えりし部曲者、自今以後、皆除之《やめよ》」というものであった。天智三年の「甲子の宣」で諸氏に民部《かきべ》・家部《やかべ》の領有が認められていたが、部曲廃止の詔でこれらは廃止され、民部はすべて国家公民となり、家部のみが氏賤として律令制下においても存続した。部曲廃止の詔によって公民制は完成し、律令制的な人民支配が大きく前進した。壬申の乱の際、大海人皇子を支援したのは大伴氏など一部の大和の豪族を除けば尾張や美濃の地方豪族が中心であったため、近江朝廷側にいた伝統的な大和王権の有力豪族は没落し天皇の独裁的な権力が高まっていた。それゆえにこそ可能な政策であった。推古朝に始まった大王の君主権の強化と豪族の官僚化が一段と進んだのである。

天武七年（六七八）には、官人の具体的な考選法が制定された。毎年、文武の官人の中で「公平にして恪勤《かくごん》」の者について、勤務成績の優劣を議して法官に送り、さらに法官から大弁官に申送して進階を定める手続が定められた。官僚機構の整備が加速したといえるが、その反面、天武朝を通じて左大臣、右大臣は置かれず、太政官には「納言」の官だけが置かれていた。また行政実務を担当する部局として大弁官が置かれた。

天武朝の落日と国家事業

天武九年（六八〇）十一月、皇后が不予（病）となる。天武天皇は皇后の病気平癒を誓願して薬師寺の創建を発願したが、月末には天皇自身が病に罹った。両人ともまもなく病は癒えたが、天皇・皇后の体調不安はそのまま次代への不安となったであろう。そうした状況の中で、この時期に天武朝の総仕上げともいうべき事業が展開される。

天武十年（六八一）二月、天皇・皇后が共に大極殿に出御して、親王・諸王、諸臣を喚して、「律令を定め、法式を改めん」ことを命じた。同日に草壁皇子が皇太子に立てられた。近江令制定時と同様、律令法の制定と立太子を同時に行うことで、国家の法体系を整備し、草壁皇子の即位と治世を盤石にしようとする願いを込めたのであろう。

また三月には川嶋皇子、忍壁《おさかべ》皇子や中臣連大嶋らに詔して「帝紀及び上古諸事」の記定を命じている。のちの『日本書紀』の本となる国史編纂事業の開始である。天武朝の修史事業は五世紀代の帝紀・旧辞や推古朝の天皇記・国記の編纂を引き継ぎ、体系的な歴史書を編纂することで、神代以来の歴史を叙述し、天皇家による日本統治の正当性を明確にしようとする意図をもっていた。

天武朝の頃にはすでに『古事記』や『日本書紀』にみえる日本神話の原型が成立していたと考えられている。記紀編纂の過程で、出雲や伊勢、瀬戸内など各地で生まれていた神話が、皇祖神である天照大神を中心とする高天原神話、天照大神の皇孫ニニギノミコトが地上に降って国土の支配者となったという天孫降臨神話など天皇家の統治の正当性を説明する形に整えられていった。現実においても天武朝は伊勢神宮へ皇女を派遣する斎王制や天神地祇の祭祀が整えられていった時期で、十一月に新穀を捧げ収穫を感謝する新嘗祭や、天武朝に新たに始まった龍田神や広瀬神の祭祀も盛んに行われた。六月と十二月に国土に溜まった罪や穢れを除く大祓の行事も、天武朝に天下一斉の国家的行事として行われるようになった。

八色《やくさ》の姓《かばね》

天武十一年（六八二）八月、詔によって、官人の考選（勤務評価と昇進）は、よくその者の族姓や景迹《こころばえ》を考え、たとえ景迹や行能が明らかな者でも、族姓が定まっていない者は考選の対象としてはならないと命じられた。そして天武十三年（六八四）十月には八色の姓が制定された。天下の万姓を改めて真人《まひと》・朝臣《あそん》・宿禰《すくね》・忌寸《いみき》・道師《みちのし》・臣《おみ》・連《むらじ》・稲置《いなぎ》の八種に整理し、真人は天皇に近い系譜をもつ皇別氏族に与え、朝臣は従来の臣姓を中心に大和王権を支えてきた畿内とその周辺の有力豪族に、宿禰は同じく大和の有力豪族で伴造として朝廷の職掌を担ってきた連姓の氏族に、忌寸は渡来系の有力氏族に与えられた。実際に賜与されたのはこの四種で、八色の姓は天皇との距離によって豪族の身分秩序の再編成を図るものであった。一方で中国的な律令官僚制を指向し、個人の能力・人柄と功績によって選抜評価する徳行才用主義を採用しながら、他方で族姓を重んじ、上級官僚の範囲を畿内の有力氏族に限定する日本的な官僚制の創出につながる政策であり、この方針が奈良・平安時代に引き継がれた。

2　持統天皇の即位と浄御原律令の制定

大津皇子の死

天武十年（六八一）、草壁皇子が立太子して天武天皇の後継者に指名されていたが、それにもかかわらず草壁皇子の地位は盤石ではなかった。『日本書紀』天武天皇十二年（六八三）二月条には「大津皇子、始《はじめ》て朝政を聴《き》く」と記されている。大津皇子が天皇に代わって朝廷の政治をみる意味にもとれ、草壁皇子の地位が曖昧になる恐れがあった。天武天皇自身は、奈良時代の知太政官事のように皇族が官僚機構の上にあって政治を総覧し、天皇を輔佐する体制を念頭に置いていただけのことかもしれないが、朝廷の人々の間にはさまざまな憶測を生んだであろう。

果たして、朱鳥元年（六八六）九月九日、天武天皇が崩御すると、殯宮《もがりのみや》儀礼（遺体を安置する仮宮で行われる喪葬儀礼）が続く中で大津皇子の謀叛が発覚し、皇子は直ちに死に追いやられた。大津皇子は天智天皇の娘大田皇女と天武天皇の間に生まれた皇子で、大田皇女は天武天皇の皇后鸕野皇女の姉である。大田皇女が皇后になる可能性もあったが若くして亡くなっていた。母の後ろ盾のない大津皇子であったが、『日本書紀』や『懐風藻』によれば、文武に秀でた英邁な皇子であり、幼い頃、天智天皇も孫の優れた人柄を愛していたといわれる。鸕野皇后と草壁皇子母子にとっては警戒すべき競争者であった。

『懐風藻』には大津皇子がその死に臨んで詠んだ漢詩が載せられている。

金烏臨西舎　　金烏は西舎に臨み

鼓声催短命　　鼓声は短命を催す
泉路無賓主　　泉路に賓主無く
此夕離家向　　此夕家を離れて向かう

（金烏（太陽）が西に傾き、時を告げる鼓の音が自分の命が長くないことを知らせている。これから向かう黄泉路には客も主人もなく一人きりだ。この夕に自分は家を離れて死者の住む黄泉国へ向かう。）

また『万葉集』巻三には次の歌が採録されている。

百伝《ももつた》ふ磐余《いわれ》の池に鳴く鴨を今日のみ見てや雲隠りなむ

二十四歳の若い大津皇子の刑死に際して、最愛の妃山辺皇女は髪を振り乱し、裸足のまま後を追って殉死した。見る人は皆嘆いたという。『万葉集』巻二には、皇子の姉大来《おおく》（伯）皇女の歌二首も載せられている。「大津皇子竊《ひそ》かに伊勢の神宮に下りて、上り来まし し時、大伯《おおく》皇女の御作」と題された歌である。当時、大伯皇女は伊勢神宮に仕える斎王であった。

わが背子《せこ》を大和へやるとさ夜ふけて暁 露《あかときつゆ》にわが立ちぬれし
二人行けど行きすぎがたき秋山をいかにか君がひとり越《こゆ》らむ

下向した皇子が姉と何を語ったか知るよしもないが、大伯皇女の歌からは飛鳥の朝廷における弟の難しい立場を思いやる心情が伝わってくるようである。皇女の不安は適中した。

大津皇子の謀反事件に連座して実際に処罰された者の数は少なく、飛騨国に流された新羅僧行心《こうじん》ら数人にとどまっている。『懐風藻』によれば、天文卜筮を解する行心が大津皇子の骨法をみて、「これ人臣の相ならず。此をもって久しく下位に在れば、恐らくは身を全うせず」と指摘し、逆謀を進めたという。『懐風藻』の大津皇子伝は皇子の人となりについて「幼年にして学を好み、博覧にして能く文を属す。壮に及んで武を愛し、多力にして能く剣を撃つ。性頗る放蕩、法度に拘らず、節を降して士を礼す。是に由り人多く附託す」と記す。大津皇子自身に謀反の意図があったかどうかは不明だが、大津皇子伝が記すように、文武の才に恵まれた皇子の周辺に政治的勢力が結集することを恐れた鸕野皇后らが、草壁皇子の即位を確実なものとするため、天武天皇崩後、素早く行動して大津皇子を排除した可能性が高い。

持統天皇の即位

皇位継承をめぐる混乱は大津皇子の死では収まらなかった。三年にわたる天武天皇の殯宮儀礼が終わり、天武天皇が檜隈《ひのくま》大内山陵に葬られた直後、草壁皇子の急死という異常事態が生じた。『日本書紀』は持統三年（六八九）四月条に「皇太子草壁皇子尊、薨《こう》ず」と短く記すのみで、その事情について何も語っていない。称制を行っていた鸕野皇后の落胆は大きかったが、気を取り直し、翌年正月、自ら即位して亡き夫天武天皇の事業の継承を宣言した。思えば天智天皇の晩年、夫大海人皇子の吉野退隠に付き従い、壬申の乱の際も行動を共にするなど、天武・鸕野の二人は動乱の時期を二人三脚で歩んできた同志であった。『日本書紀』も鸕野皇后について、「皇后、始めより今迄、天皇を佐《たす》け天下を定めたまう」と評している。

天武天皇が亡くなった後、すぐに「臨朝称制」したのも、若い草壁皇子では事態を乗り切れまいとみて、自ら対処に動いたのであろう。すでに、称制中の持統三年六月、諸司に令一部二十二巻を班賜し、同年冬には諸国に命じて戸籍を作成させている。飛鳥浄御原令の施行と庚寅年籍の作成であり、どちらも律令制の柱となる重要な政策である。

　持統朝から文武朝に及ぶ律令国家の形成期に、それを支えたのは中臣鎌足の子である藤原不比等《ふひと》であった。乙巳の変以来、謀を以て中大兄皇子を支えた鎌足は内臣となって天智朝にも重きをなし、死に臨んで大織冠の冠位と藤原姓を賜り、功臣として手厚く扱われていた。しかし、その鎌足の子でありながら天武朝を通じて不比等の動静はみえず、『日本書紀』持統天皇三年二月条に、竹田王、土師《はじ》根麻呂、中臣臣麻呂らと並んで藤原朝臣史（不比等）が判事に任命されたと記すのが最初である。不比等はすでに三十一歳であった。不比等については幼時、避けるところがあって、山科の田辺史大隅の家で養われたとされているので、何らかの事情で朝廷への出仕が遅かったと思われる。しかし、持統天皇の引き立てによって官界に出てからは律令国家の建設を担う貴族官僚としてめざましい活躍を始めた。大宝律令、養老律令の編纂に携わり、朝堂の首班に上り詰め、四人の子もすべて太政官の重職を占めた。不比等はのちの

持統天皇を中心としてみた天皇関係系図

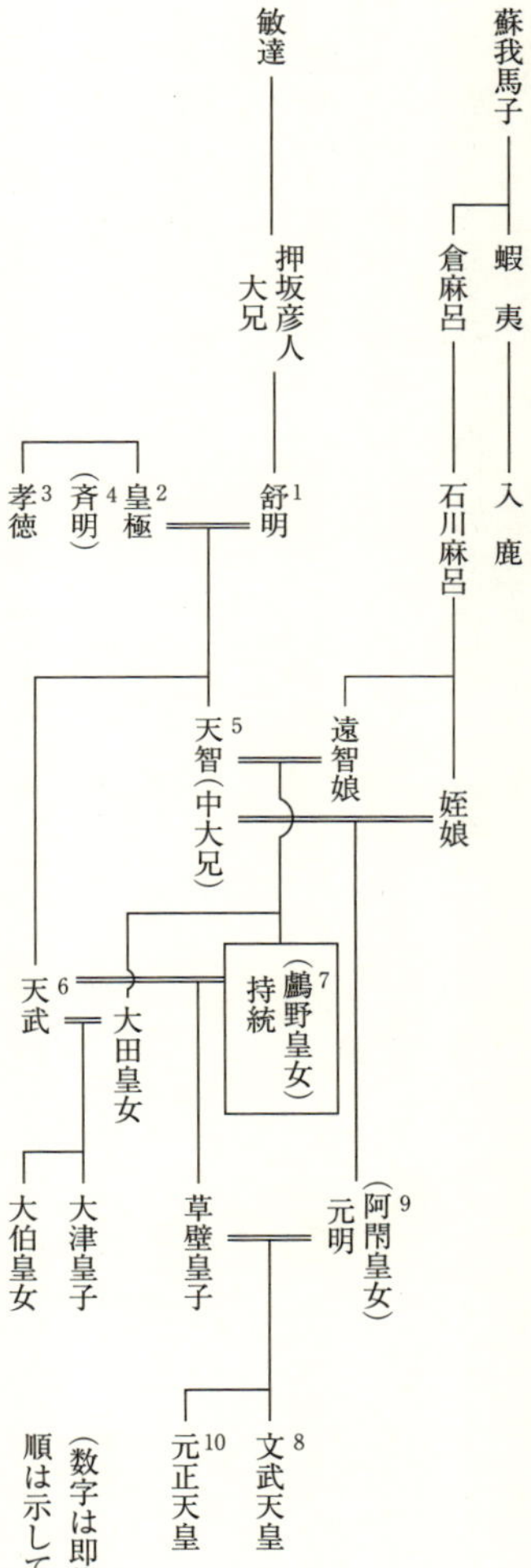

（数字は即位順。兄弟姉妹の長幼の順は示していない。）

摂関家に続く藤原氏の事実上の始祖である。大宝律令の制定に至る律令国家建設の動きはほとんどが持統天皇と藤原不比等の共同作業といっても差し支えない。夫天武帝、息子の草壁皇太子を失った鸕野皇后が政治的パートナーに選んだのが不比等であった。

藤原京の建設

春過ぎて夏来《きた》るらし白栲《しろたえ》の衣乾したり天の香具《かぐ》山

百人一首にもとられた持統天皇の御製である。香具山、畝傍《うねび》山、耳成《みみなし》山の大和三山に囲まれた地に造営が計画された藤原京は天武朝の末年に着手されていたが、持統朝で本格化し持統八年（六九四）、藤原京への遷都が実現した。藤原京は京域を伴う日本最初の本格的な都城である。その規模については、東西約二キロメートル、南北約三キロメートルと考えられてきたが、近年の発掘調査の結果、想定域外から条坊道路が検出され、京の東西幅はそれよりかなり広い五・二キロメートルであることがわかり、これに基づく京域を大藤原京と呼んでいる。南北も同様の規模であったとすれば、『周礼』考工記が都城の理想型として描く、正方形の都城の中央に宮室が位置する配置に近いことになり、これを模した可能性もある。

それまでの宮殿建築が地面に直接丸柱を埋め立てる掘立柱式で、屋根は茅葺か桧皮葺《ひわだぶき》であったのに対して、藤原宮は礎石上に柱を立てる礎石造りによって建てられ、屋根は瓦葺の大陸風の建築様式であった。京域に条坊制を採用したのも新しい設計で、中央の宮域には内裏、大極殿、朝堂院や諸官衙など主要な建物群が配置された。藤原宮は北を耳成山、西を畝傍山、南東を香具山の大和三山に囲まれ、飛鳥川の右岸に位置していた。宮の規模は約一キロメート

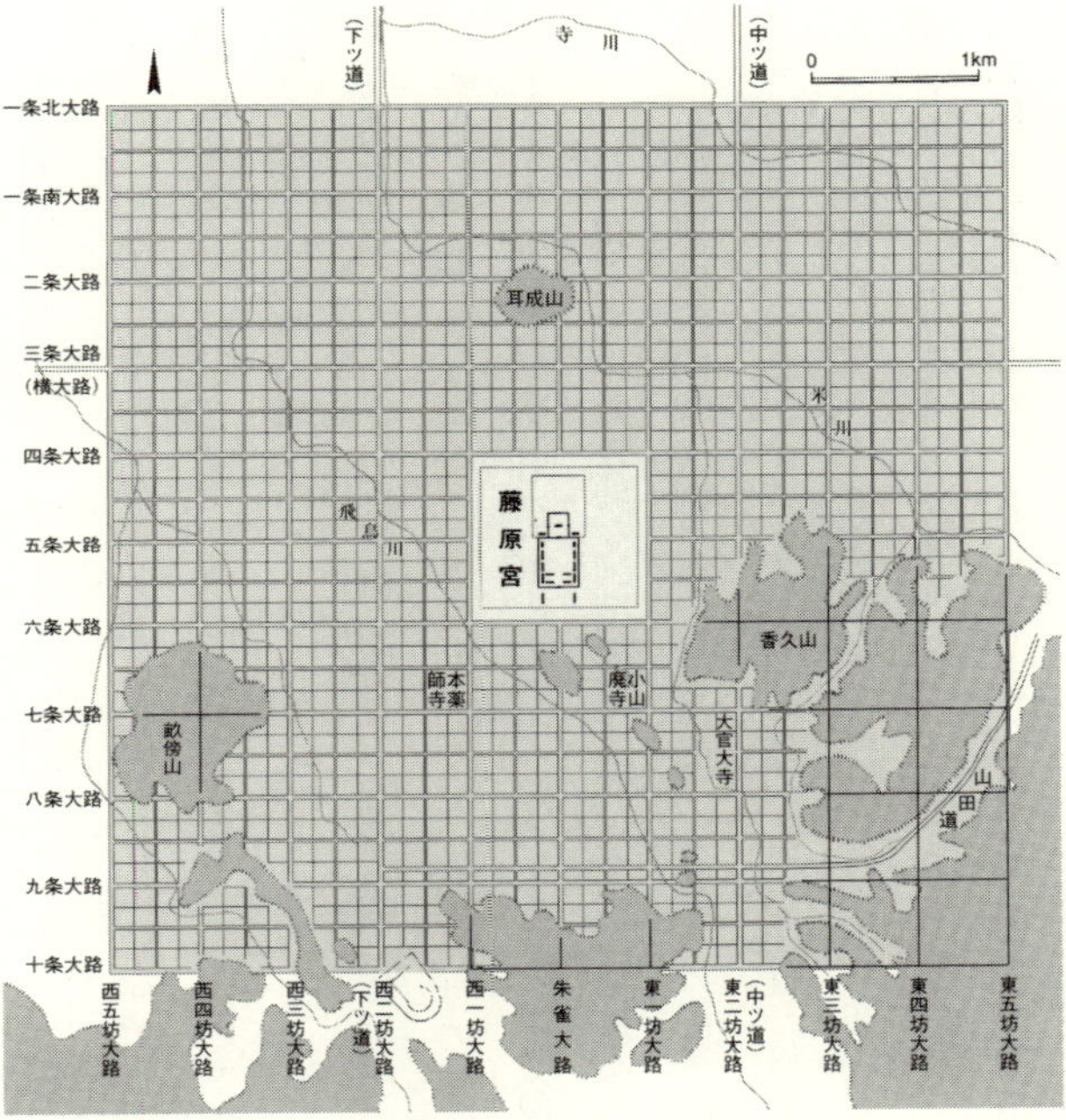

この図は南北十条、東西十坊の条坊を復原する案である。京域は5.3㎞四方となる東西の端は発掘で確認されているが、南北は未確定。

藤原京条坊復元図（奈良文化財研究所・朝日新聞社事業本部大阪企画事業部編『飛鳥・藤原京展』朝日新聞社、2002年より）

ル四方で、周囲は大垣で囲まれ、内外には濠がめぐらされていた。藤原宮において初めて朝堂院の正殿である大極殿が成立し、天皇の居所を中心とする内裏正殿で行われていた国家的儀式が大極殿で行われるようになった。このことは天皇の家政を司る内廷機構と国家行政を司る外廷機構の分離を意味し、律令国家形成への大きな画期といえる。

そのほか、藤原京では京内に宅地を班給して王族や貴族の京内集住を促しており、豪族がそれぞれの本拠地をもちながら、大王の代替わりごとに遷る宮に参る飛鳥の諸宮とは明らかに性格が異なっていた。京内には、大官大寺、薬師寺などの巨大な伽藍も建ち並び壮大な景観を呈していた。この画期的な都は「新益京《しんやくのきょう》」の名で呼ばれた。

浄御原令の施行

『日本書紀』は持統三年（六八九）六月条に、「諸司に令一部二十二巻を班賜す」と記す。浄御原令の施行記事とみなされているが、その内容については触れられていない。そこで、古くは浄御原令の存在を否定し、この記事は天智朝に編纂が行われた近江令の施行記事であるとみなす説もあった。

確かに、国家の正史である『続《しょくに》日本紀《ほんぎ》』も養老三年十月辛丑条で、国家制法の沿革に触れる中で、推古朝の憲法十七条に続けて、「降《くだり》て近江之世に至り、弛《ち》張《ちょう》悉く備わる。藤原之朝に迄《およ》んで、頗る増損有り。由《よ》り行ひて改むること無く、以って恒法と為す」と記している。近江の世の弛張（法令）は近江令、藤原朝は文武朝で、「恒法」は大宝律令を指すから、近江令と大宝律令の中間に存在するはずの浄御原令は無視されている。

しかし、現在では具体的な制度の復原などから浄御原令の制定・施行が確認されている。『続日本紀』や「弘仁格式」が浄御原令について触れないことには、これらの史料が編纂された当時の王権の意識が反映されている。天皇の血統が奈良時代は天武天皇の嫡流であったのに対して、光仁天皇（天智天皇皇子施基皇子を父とする）以後、平安時代の天皇は天智天皇の流れを汲んでいる。このため、平安初期には天武系の天皇の事績を過小評価する傾向があった。『続日本紀』延暦十年三月癸未条には、この頃、天皇の忌日である国忌の数が増え、政務が停滞しているので、古い国忌は省除したいという太政官の奏言によって、国忌を削減したことがみえている。ここには具体的にどの国忌を削減したのか記されていないが、『延喜式』治部省国忌条に歴代天皇の国忌が掲げられている。そこには、冒頭に天智天皇があげられ、次は光仁、桓武天皇にとんで平安時代の天皇が続いている。つまり、天武から称徳までの天武系の天皇が削減されたのである。また平安時代に編纂された『新撰姓氏録』は平安氏族の氏姓の正当性を裏付ける重要な書物であるが、氏姓の沿革について述べた序文には、姓を公定する本源的な制度である天武朝の八色の姓についてまったく触れるところがない。

現実には、浄御原令は編纂されており、その内容も復原されている。持統四年（六九〇）四月には「考仕令」によって、毎年行っていた官人の考選（勤務評定）から、六年ごとの選限を定め、選限の年に位階の授与昇進を行う制度に切り替えた。七月には高市皇子を太政大臣、丹比《たじひの》（多治比）嶋《しま》を右大臣に任じ、合わせて八省・百寮の官人の任官を行った。これも「官員令」に基づく措置と考えられる。天武朝においては太政官には納言だけが置かれていたが、持統朝では太政大臣・左右大臣がそろい、納言も大・中・少に分割されて、大宝令太政官制とほぼ同様の骨格ができあがった。

また同じ年、「戸令」に基づいて、戸籍を作成することが命じられている。これによって、前年から全国的に作成が進められていた庚寅年籍《こういんねんじゃく》が完成し、戸籍の六年一造の制度が始まった。この制度も大宝令に受け継がれている。

そのほか令の編目名はあげられていないものの、浄御原令で条文が置かれていたと推定できる例も存在する。『日本書紀』持統天皇四年正月条には、

> 物部麻呂朝臣、大盾を樹て、神祇伯中臣大嶋朝臣、天神寿詞《あまつかみのよごと》を読む。畢《おわ》りて忌部宿禰《いんべのすくね》色夫知《しこふち》、神璽《しんじ》の剣・鏡を皇后に奉上す。皇后、天皇の位に即《つ》く。

という記事がみえる。持統天皇即位の儀式であるが、ここには中臣大嶋が天神の寿詞を読み上げ、忌部色夫知が天皇の地位を象徴する神璽の剣・鏡を奉ったことがみえている。このような即位の儀式が行われたのは持統天皇の即位が初めてである。大宝・養老の「神祇令」践祚条にも、

凡践祚《せんそ》之日。中臣天神之寿詞を読み、忌部神璽之鏡剣を上げる。

と規定されているので、おそらく、持統三年六月に施行された浄御原神祇令で践祚の儀式次第が規定され、これによって持統四年正月の践祚の儀式が行われたのであろう。

コラム6　浄御原律の編纂

浄御原令は制定・施行されたが、浄御原律は体系的な法典としては制定されず、唐律が代用されたとするのが通説だが、その理由については、令に比べて高度に体系的・理念的な律を短期間に咀嚼して日本律を編纂することが困難であったからとされている。しかし、理解困難な法体系を運用するということは論理的にあり得ず、断片的な史料からではあるが、浄御原律の編纂事業が進み、一部は先行して施行されていたことが推定できる。

『日本書紀』天武十四年九月辛酉条には、「天皇、大安殿に御《おわしま》して王卿等を殿前に喚《め》して、以て博戯を令《せ》しむ」という記事がみえる。ここでいう博戯は盤双六の遊技による賭け事で、盤双六はペルシャあたりからシルクロードを通って中国経由で日本に入り、平安王朝に至るまで遊戯として宮廷で盛んに行われた。東大寺の正倉院にも紫檀木画の局（つくえ）、紫檀金銀画の筒、象牙の骰《さい》宝石類の馬など、双六ひと揃いがある。筒から二個の骰を投げ出し、その目数で局の上の黒白各十五個の馬を進めて勝負する盤双六はヨーロッパにも渡って、現在でもバックギャモンとして盛んに行われている。奈良・平安時代の博戯は双六によるのが一般であり、天武朝のそれも双六であったと思われる。天武天皇を中心に宮廷遊戯として盛んに行われていたのであろう。

　ところが、持統朝に入ると一転して双六（賭博）は禁止されるようになる。『日本書紀』持統三年十二月丙辰条には、「双六を禁断す」と記されている。短く素っ気ない記事であるが、これを振り出しに、双六の禁止令は歴代の律令政府によって繰り返し発令されている。

『続日本紀』文武二年（六九八）七月条には、「博戯遊手の徒を禁ず。其れ居停の主人も亦与居同罪」とある。天平勝宝六年（七五四）十月には、さらに禁止の徹底を命じる称徳天皇の勅が出されている。そこでは「官人百姓が憲法を畏れず、私に徒衆を聚《あつ》め、意に任せて双六し、淫迷に至る。子は父に順うこと無く、終に家業を亡くす。亦孝道を虧《か》く」という状況を憂え、全国に禁断を命じている。双六賭博が全国的に蔓延していた様子がうかがわれる。最終的には、平安朝の『延喜式』の「弾正台」の部に「凡そ双六は、（身分の）高下を論ずること無く、一切禁断せよ」と定められた。

正倉院御物の双六盤（奈良文化財研究所提供）

　このような双六による賭博の禁止が持統朝に現れるのは、律の編纂と関連していると思われる。唐雑律には「諸《すべ》て、博戯の財物を賭ける者。各杖一百」という条文がある。同様の条文は大宝・養老律にもあったが、『明文抄』日本律養老律疏の同条文に関する注釈には、「双六樗蒲は賭けずと雖も即ち坐す。碁射は賭けると雖も亦無罪」と記されている。双六（盤双六）や樗蒲（ちょぼ。サイコロ賭博）は財物を賭けていなくても賭博罪になる。囲碁や弓射は賭けていても賭博にはならないというのである。唐においても事情は同じで、唐律の注釈書である『唐律疏議』の同条の注には、「弓射は既に武芸を習う。賭物と雖も亦た罪名無し」とある。双六が賭博に使われる遊技の代表として後世まで警戒されていたことがわかる。

文武二年（六九八）の双六禁止は、すでに編纂作業が本格化していた大宝律令の制定と関連し、雑律の賭博禁止法の先取り施行とみなすことができる。注目したいのは持統朝の双六禁止令が持統三年十二月に出されていることである。持統三年六月には浄御原令が施行されていた。それから半年後に出された双六禁止令はやはり律の編纂作業と関連しているように思われる。天武朝において、公然と行われていた双六（博戯）がにわかに禁止されたのは律の編纂が本格化して、唐雑律の賭博禁止条の知識が浸透した結果であろう。

もうひとつ浄御原律との関連を示す資料がある。天武朝の大弁官の官人であった采女竹良《うねめのちくら》という人物の墓域に建てられていた碑文である。采女氏塋域碑《えいいき》と呼ばれる石碑は、河内国石川郡春日村（現在の南河内郡太子町春日）の帷子山から掘り出され、付近の妙見寺境内に置かれていたが、原碑は失われ、江戸時代以降の拓本・記録によって碑文の内容を知ることができる。狩谷《かりや》棭齋《えきさい》の『古京遺文』に載せる采女氏塋域碑《えいいき》の内容は次の通りである。

飛鳥浄御原大朝廷大弁
官直大弐采女竹良卿所
請造墓所、形浦山地四千
代、他人莫上毀木犯穢
傍地也
　　　己丑年十二月廿五日

采女竹良は『日本書紀』では「筑羅」「竹羅」などと表記される人で、天武朝に「大弁官」や遣新羅大使となり、天武天皇の殯の際には誄《しのびごと》（弔辞）を奉っている。碑文から持統朝のはじめに亡くなり、形浦山の地を墓所として葬られたことが知られる。碑文の中で興味深いのは、墓所の樹木を伐採したり周辺の地を侵し穢す事を禁じていることである。養老賊盗律に「凡そ、山陵の木を盗めば杖一百、他人の墓所、塋域の樹木を盗取せらば杖七十に処す」と規定されている。これらは樹木の盗取を対象としたものであるが、同条の疏文には、「若し其れ盗に非ず、唯だ斫《しゃく》伐に止まる者、雑律に准ず」とあって、窃盗ではなく単に樹木を伐採する行為は雑律によって処罰するものとされている。そして、雑律の該当条文では、他人の所有する樹木を「毀伐」（伐採）する行為については窃盗罪に準じて論じると定めている。

墓所の樹木の伐採（毀木）を禁じた碑の文面は律の「毀伐樹木」という表現をもとにしたと考えられる。さらに関心を引くのは采女氏塋域碑の「己丑年十二月廿五日」という日付である。己丑の年は持統三年に当たるから、これもまた浄御原令施行から半年後ということになる。

博戯の禁止に加えて、官人の墓誌に律の規定と類似した表現が用いられていることは、少なくとも浄御原律が本格的な編纂段階にあり、その内容が朝廷の人々に知られ得る状況にあったことを物語っており、おそらく浄御原律の一部が施行されていたことを推測させる。

このほか、大宝律冒頭部の五罪・八虐・六議の部分が唐律とは異なる特色をもつことから、この部分は大宝以前にすでに制定施行されていたことも明らかにされており、持統朝においても唐律を咀嚼吸収して日本律を編纂する努力が進んでいたことはほぼ間違いない。

【参考文献】

長谷山彰『日本古代の法と裁判』創文社、二〇〇四年。

第七章

律令国家の成立

1　文武天皇の即位

女帝の執念

夫天武天皇、愛息草壁皇子の死にも挫けず、自ら即位して律令国家建設の事業を推進してきた持統天皇であるが、治世十年の歳月を経て、次代を考えるべき時期を迎えていた。

折しも持統十年（六九六）七月、太政大臣高市皇子が亡くなった。天武天皇の長子でありながら、母が九州の地方豪族である宗像氏出身の采女であったため皇位継承の可能性は低かったが、壬申の乱において、若干十九歳で父大海人皇子を助けて総大将として東国軍の指揮を執り、持統四年七月に太政大臣となって以来、皇親を代表する存在として天武・持統朝に重きを成してきた。『日本書紀』は草壁皇子に対比して「後《のちのみ》皇子尊《このみこと》」の尊称を奉っている。

翌、持統十一年六月、持統天皇自身が病となり、病気平癒を祈って仏像が造られた。二つの出来事が持統天皇に決意させたのか、八月、天皇は禁中に策を定めて、孫である軽（珂瑠）皇子を皇太子に立て、即日位を譲って、文武天皇の即位を実現した。文武天皇は十五歳であった。『懐風藻』の葛野王伝によると、高市皇子の死去後、持統天皇が禁中に王公卿士を集めて継嗣のことを諮ったが、「群臣各私好を挟《は》さみて、衆議は紛紜《ふんうん》せる」有様であった。その中で、葛野王は直系相承こそが我が国の神代以来の皇位継承法であり、軽皇子の即位が自明であると主張した。これに対して、天武天皇の皇子の一人である弓削皇子が反論しようとしたが、葛野王が大喝してこれを封じたという。葛野王は壬申の乱に敗れた大友皇子と天武天皇の娘十市《とおち》皇女の間に生まれており、天智と天武二人の帝王の孫に当たる。事前に持統天皇の意を受けていたのであろう。

大化前代の大王位継承の慣例は兄弟相承であり、何よりも天武天皇自身が結果的に兄弟相承によって天皇位を獲得したのであるから、直系継承が伝統という葛野王の主張には無理がある。ほかに天武皇子の忍壁親王らもいる中で、不満を抑えて会議はのりきったものの、体制固めを図る必要があった。

持統天皇は太上天皇として、若い天皇を後見する体制を整えた。太上天皇は中国律令には規定がなく、退位した皇帝に与えられる名誉職的な称号であったが、日本では大宝律令で明文化され、天皇と並ぶ公的な権限が付与された。

さらに、持統天皇が頼みとしたのは藤原不比等である。『続日本紀』によれば、文武天皇即位の翌年、文武二年（六九八）八月に、（鎌足の時に賜った）藤原朝臣の姓は、その子不比等に承けつがせ、一族の意美《おみ》麻呂らは、神事に専念するため旧姓の中臣に復するようにとの詔が出された。不比等を優遇し、天皇家と特別な関係にあることを明示する措置である。意美麻呂系統の中臣氏はこののち代々神祇官の長官である神祇伯を務め、朝廷の神祇祭祀を職掌とする家として続いた。そして、大宝元年（七〇一）、不比等の娘で文武天皇の夫人となっていた宮子が首《おびと》皇子（のちの聖武天皇）を生んだ。これによって天皇家と藤原氏の関係は次代にも続くこととなった。

東大寺正倉院に収められた聖武天皇遺愛の品々の目録である「献物帳」に「黒作懸佩刀《くろつくりかけはきのたち》　一口」が記されている。その由来書きには次のように記されている。

　右、日並皇子《ひなみしのみこ》、常に佩持する所、太政大臣に賜ふ。大行天皇即位の時、更に献ず。大行天皇崩ずる時、また太臣に賜ふ。太臣薨ずる日、更に後太上天皇に献ず。

つまり、この刀は、日並皇子（草壁皇子）が常に佩用していたもので、太政大臣（藤原不比等）に賜り、大行天皇（文武天皇）即位の時に不比等から文武天皇に献上され、文武天皇崩御の際に再び太臣（不比等）に賜り、不比等薨去の日に、さらに後太上天皇（聖武天皇。この時には首皇子）に献じられたものだというのである。献物帳は藤原仲麻呂の時代に作成施入されているので、不比等顕彰の誇張も考えられるが、実際の経過をたどれば、不比等が天武直系である草壁、文武、聖武と続く皇統の守護者として期待されていたことは間違いないし、不比等の娘である宮子が首皇子を産んだことで、天皇家と藤原氏の運命が合体し、その後の政治過程が藤原氏を外戚とする首皇子（聖武天皇）の即位実現に向かって動いてゆく方向を決定づけたといえる。

文物の儀ここにおいて備われり

大宝元年（七〇一）正月元日、文武天皇が藤原宮の大極殿に出御し、元日朝賀の儀式が華々しく執り行われた。大極殿の前庭には、正門に太陽を象徴する三本足の烏の形の幢《はたほこ》が、左には日像・青龍・朱雀の幡《はた》、右には月像・玄武・白虎の幡が立てられた。外国の使者を参列させ、きらびやかな幢幡をひるがえす朝庭に文武百官が堵列した儀式の場には、文武天皇と共に持統太上天皇も臨席していたに違いない。文武天皇の即位の頃から進めてきた大宝律令の編纂もこの頃にはほとんど終わり、この年の八月には公布される。

遡れば、持統天皇の父中大兄（天智天皇）が大化改新で着手し、白村江の戦い、壬申の乱を経て、夫である天武帝の治世に大きく前進した律令国家の建設が都城の造営、律令法典の制定という形で結実したのである。朝廷の反対勢力を抑えて天武天皇の嫡孫文武天皇の即位も実現した。持統太上天皇にとっても感無量の瞬間だったに違いない。当日の様子を『続日本紀』は「文物の儀、是において備われり」と表現している。そこからは朝廷の人々はもちろんだが、誰よりも太上天皇の誇らしやかな気持ちが伝わってくる。

同年六月、太上天皇は吉野離宮を訪ねた。天智朝の末年、夫大海人皇子と共に隠棲し、壬申の乱の際には東国への脱出行の出発点となった思い出の地である。持統朝の十年間、毎年のように吉野宮を訪れ、多い年には年に数度行幸

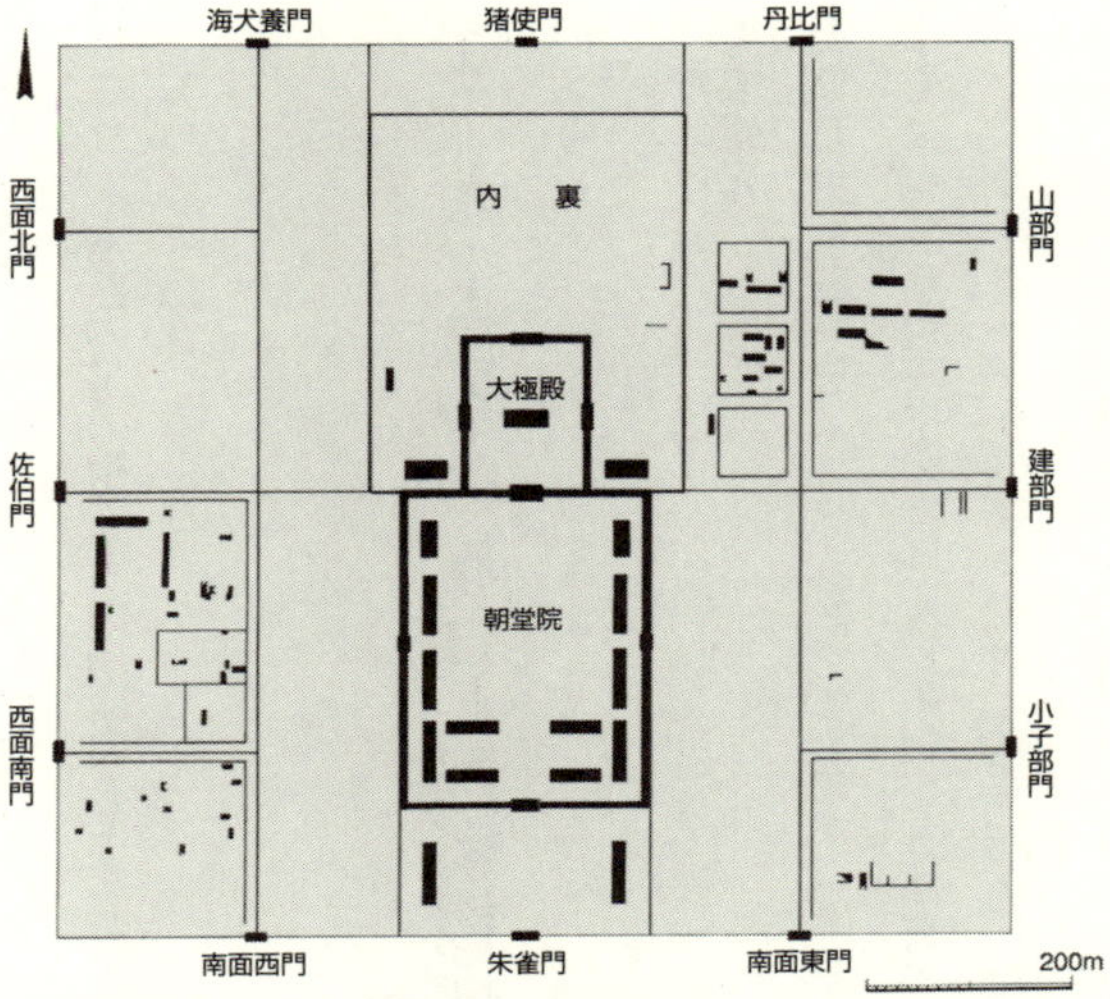

藤原宮建物配置復原図（奈良文化財研究所・朝日新聞社事業本部大阪企画事業部編『飛鳥・藤原京展』朝日新聞社、2002 年より）

大極殿での元日朝賀（奈良文化財研究所・朝日新聞社事業本部大阪企画事業部編『飛鳥・藤原京展』朝日新聞社、2002 年より）

を繰り返していたが、文武朝に入ってからの五年間で記録されているのはこの一度だけである。そしてこの行幸が持統太上天皇にとって最後の吉野訪問となった。翌大宝二年（七〇二）十二月二十二日、すべてを見届けて満足したかのように太上天皇は逝った。遺詔により、素服（喪服）・挙哀《こあい》の儀が禁じられ、内外文武官は常の如く職務に従うこと、喪葬の事務は倹約に従うことが命じられた。一年間の殯宮儀礼の後、持統太上天皇の亡骸は飛鳥の岡の地で火葬に付され、天武天皇の檜隈大内山陵に合葬された。

2　大宝律令の施行と国家機構の整備

大宝建元

大宝元年（七〇一）三月、対馬から金が貢上されたことを祝って大宝の元号が建てられ、この記念すべき年に大宝律令も公布された。中国では元号の制定と法典の公布は天帝の命をうけた地上の皇帝の権威の象徴であり、これを実行したことには日本も小なりといえども独立した帝国であることを宣示する意図が込められていた。推古朝に遣隋使を送り、煬帝に「蛮夷の書無礼なるものあり」と咎められてから約百年、中国的な国家体制の整備を目標として続けられてきた努力が実を結んだのである。日本の国号も大宝令で初めて制度的に規定された。

大宝律令の編纂作業は文武天皇即位の頃から始まったと考えられており、大宝元年の公布後もいくつかの段階を経て施行された。象徴的な編纂事業に終わらせることなく、律令法が官僚制や公民制など中央集権的な国家体制を実現する政治の準則として実際に機能するよう逐条的に立法作業を行った結果と思われる。大宝元年八月に、刑部親王《おさかべ》や藤原不比等、下毛野古麻呂《しもつけぬのこまろ》、伊吉連博徳《いきのむらじはかとこ》、伊余部連馬養《いよべのむらじうまかい》らに律令撰定の功を賞して禄を賜っている。『続日本紀』は「是においてはじめて成る」と記しているので、大宝元年八月の段階でほぼ完成していたことがわかる。大宝改元の記念すべき年にとりあえず公布に踏み切ったのであろう。編纂事業全体の責任者は刑部親王と藤原不比等であり、伊吉連博徳と伊余部連馬養は編纂実務の責任者であった。大宝律令の施行はこれ以降、段階を追って進められていった。同じ八月、明法博士《みょうほう》を西海道を除く六道に遣わして、新令を講義させている。大宝二年二月には新律を天下に頒行し、七月には内外の文武官に新令の読習を行わせた。最終的には『続日本紀』大宝二年十月十四日条に、律令を天下諸国に頒下した記事がみえる。

大宝令と官僚制

大宝令の施行により、太政官を頂点とする官僚機構の整備も進められた。大宝改元の日に、「はじめて新令により官名位号を改制す」との詔が出されている。

中央の官制は、太政官と神祇官を頂点とする二官八省体制がとられた。神祇官は神祇祭祀を掌る官で、職員令の規定上は太政官の上位に位置づけられた。天皇の神的権威を高めようとする意図によったものと考えられる。しかし、政治的地位において太政官に優先するものではなく、長官である神祇伯の相当位は従四位下で、正四位上の中務卿など八省の長官よりも下位にあった。太政官の下には中務省、式部省、治部省、民部省、兵部省、刑部省、大蔵省、宮内省の八省が置かれ、各省にはさらに職、寮、司の被管官司があった。例えば宮内省には大膳職、典薬寮、采女司などがあった。

各官司は基本的に長官（かみ）、次官（すけ）、判官（じょう）、主典（さかん）の四等官により構成され、その下に史生、仕丁などの現業事務部門が置かれた。官司内部では四等官の主典は事実関係の調査を行うだけで、判断・決裁の権限をもたず、事案を判断する権限は判官以上のみに与えられ、判官が判決案を作成し、次官、長官の順に決裁をとって裁決を行う三判制が採用されていた。

太政官は律令国家の官僚機構の頂点に立ち、国政を統括する最高機関である。その中枢にあって国政を審議する議政官組織は、大宝令制では太政大臣、左大臣、右大臣、大納言からなっていた。太政大臣は唐の三師三公を範とし、天皇の師範となる官である。適任者がなければ置かない「則闕《そっけつ》の官」で、実際に任命されることは少なく、左右大臣が事実上の長官である。次官として大納言が置かれ、下言を上に伝え、上言を下に宣する「喉舌《こうぜつ》の官」として大臣と共に政務を議した。議政官の下には事務局である少納言・大外記《げき》・少外記・史生が置かれ、これと並んで議政官の下にあって諸司・諸国を統括する弁官（左右大弁・左右中弁・左右少弁）とその事務局である左右大史・左右少史・左右史生があった。少納言は大小外記を率いて小事の奏宣・官印の管理を掌り、左大弁以下の左弁官局は中務・式部・治部・民部の四省を管轄し、右大弁以下の右弁官局は兵部・刑部・大蔵・宮内の四省を管轄する。

唐では制勅の起案作成に当たる中書省、制勅案を審議駁正する門下省、六部を統括し行政を執行する尚書省の三省が並立して、それぞれ皇帝に直属し、三省の長官などからなる宰相会議が国政の重要事項を審議した。日本では太政官機構に唐三省の権限が包摂されており、大和王権の大夫合議制の伝統が反映していると考えられる。

大宝元年の大宝令施行直後の太政官中枢部の体制は左大臣多治比嶋《たじひのしま》、右大臣阿倍御主人《あべのみぬし》、大納言石上麻呂《いそのかみまろ》、藤原不比等、紀麻呂の五名であった。翌大宝二年五月に大伴安麻呂ら五名を「朝政に参議せしめ」るが、慶雲二年（七〇五）に大納言の定員を二名に削って中納言三名を新設し、四位相当の官とする改革を行い、これによって、四位以上の左右大臣・大納言・中納言・参議によって構成される議政官組織が確立した。この体制が奈良時代以降も続いてゆく。参議に任命された下毛野古麻呂や粟田真人《あわたのまひと》は大宝律令の編纂官であり、法律や制度に明るい実務官僚であった。

これらの人材を太政官に入れることで、官僚制が確実に機能するよう配慮したのである。

遣唐使粟田真人の活躍

大宝元年（七〇一）正月、元日朝賀を終えた月末に粟田朝臣真人《あわたのあそんまひと》を首席（遣唐執節使）とする遣唐使が任命された。一行は一度暴風により筑紫に戻ったが、翌大宝二年六月に渡唐している。

天智八年（六六九）、白村江の戦いの後に送られた遣唐使を最後として、日唐の国交は途絶していた。粟田真人にはその戦後処理の役割に加えて、日本が「文物の儀が備わる」文明国家であり、蕃国である新羅や隼人・蝦夷など周辺の四夷を従える極東の独立した帝国であることを認めさせる重要な使命が課せられていた。完成した大宝律令を示し、倭国が中国風の律令国家に成長したことを示す意図もあったと思われる。

そして、この遣唐使が初めて中国に対して「日本」の国号を用いたのであった。粟田真人一行は無事任務を果たして慶雲元年（七〇四）七月帰国したが、『続日本紀』に載せる真人らの報告によれば、最初楚州塩城県の境に到着した真人一行は、当地の人に、「何処の使人ぞ」と問われて、「日本国の使いなり」と答えている。しかし、唐の朝廷においては真人らの説明はなかなか理解されなかった。中国側の史書である『旧唐書』『新唐書』は、「日本国は倭国の別種なり。その国、日辺にあるを以て、故に日本を以て名となす」、「倭国自らその名の雅ならざるを悪《にく》み、改めて日本と為す」、「日本は旧《もと》小国、倭国の地を併す」と異なる三説を載せ、「その人入朝する者、多く自ら矜大、実を以て対《こた》えず。故に中国これを疑う」と付記している。元々中国王朝としては冊封した周辺国が勝手に国号を変えたり、独自の年号を立てることを許していないので、推古朝以来、中国王朝の冊封は受けていないものの、倭国から日本国への変更が唐側に認められるかどうか懸念があったであろう。「天照大神の子孫である日の御子《みこ》が統治する日出る処の国」というのが国号変更に関する日本側の論理であったが、推古朝の苦い教訓があるので、真人が正面からそのような論理を述べ立てたとは思えない。相手の誤解をあえて解かず、柔軟なやり取りを続けて反論を招くことなく、その場をしのいだのであろう。『旧唐書』日本国伝は、真人を「好んで経史を読み、文を属するを解す。容止温雅」と評し、武后が真人を気に入って宴を賜い、司膳卿に任じたと記している。真人の温雅な人柄が反発を封じたのかもしれない。粟田真人は唐への出発前に朝政に参議すべきことが命じられ、帰国後は中納言に任じられている。大宝律令の編纂官にも名を連ねているので、実務に明るく、政治感覚にも富み、外交の才ありと見込まれたのであろう。また真人が渡唐したのは、高宗の死後、則天武后が政権を握って自ら皇帝となり、国号を唐から周に変えていた時期に当たるので、真人の説明も通りやすかったのかもしれない。

3　中国律令と日本律令

中国における律令法の発達

中国の法制は春秋戦国の時代に治安維持や官人の賞罰のための法として発達した。春秋時代（紀元前七七〇年〜紀元前四〇三年）中期に鄭の宰相子産が刑書を鼎に鋳出して民に示したのが中国における国家法の発生とされる。春秋時代中期は周の封建的身分秩序が崩れて族長の権威が低下しており、法による支配が必要とされる時期であった。

戦国時代に入ると、中原を舞台に列強が覇を競い、それぞれが富国強兵策を練った。その中で秦だけは函谷関、童関外の西の辺境にあって野蛮視されていたが、肥沃な関中大地を本拠とし、強力な軍事力に加えて法と官僚制を整備して勢力を伸ばした。

春秋戦国時代には諸子百家と呼ばれる思想家が輩出したが、国家統治の思想としては天命を受けた聖人が皇帝となってその徳によって国を治める徳治を最良の政治とする孔子の儒家と、法を定め法を基準として賞罰を厳格に行うことで国を治める法治を最上とする法家が二大思想であった。

秦は法家の一人である商鞅《しょうおう》が始皇帝の祖先である孝公に仕え、商鞅変法と呼ばれる国政改革を断行することで国力が大きく伸張した。商鞅は法律を整備し、法に照らして賞罰を厳格に行うことで、富国強兵を実現しようとした。また旧来の身分制を打破する能力主義の人材登用と功による昇任制度によって軍隊や官僚群を統制し、王を頂点とする中央集権体制を実現した。先秦末には韓非子が性悪説に基づいた信賞必罰の徹底と法術による国家運営を説き、中国統一を果たした始皇帝も宰相として法家の李斯を登用して巨大な帝国の運営を図った。先秦時代からすでに法家が儒家を批判していたので、始皇帝は焚書坑儒と呼ばれる儒家の徹底的な弾圧を行ったが、過酷な法の運用と急激な中央集権的政策に対する反発から各地で反乱が頻発し、秦は短期間に滅んだ。

秦帝国滅亡の混乱の中から頭角を現した漢の高祖劉邦は楚王項羽との熾烈な争いの中で、戦上手の項羽のためにほとんど百戦百敗の苦汁をなめさせられたが、行政に長じた丞相蕭何、軍師張良、名将韓信など広く人材を登用し、秦とは逆に「約法三章」など法を簡素化することを約束して郷里社会を統率する父老の支持を得、政略上の努力を重ねて天下を取った。

しかし、天下統一後は、漢も巨大な帝国を統治するために次第に法制度の整備に着手した。すでに秦の時代から体系的な刑罰法としての律が編纂されていたが、漢初から「律」と「令」が並列するようになった。この時代の「令」は詔勅の形で出された単行法令を集めたものにすぎず、その内容も刑罰法的性格の強いもので、令はなお律の補充的副法の地位を脱していなかった。二六八年（泰始四）、西晋の武帝が公布した泰始律令によって、刑罰法規としての律と非刑罰法規・行政法規である令がそれぞれ体系的な法典として成立した。さらに北魏において格式も出現し、隋唐時代に至って律令格式からなる律令法の体系が完成する。

漢代以後の律令法の特色は儒教思想を排除せず、むしろ儒教的な理念に基づいて法を整備したところにある。漢代のこのような動きは「法の儒教化」ないし「儒教の法化」と呼ばれている。律令法は儒教的な礼を示す教令法であり、また官僚に示される統治の準則でもあった。いわば儒教思想と法家思想の折衷により律令法は成り立っているといえる。例えば、律の中でも総則的な規定を収める名例律には、儒教的な忠孝の観念に背く重大な犯罪を八種に分けて示した「八虐」条がある。「謀反《むへん》」や「謀大逆《ぼうたいぎゃく》」「謀叛《むほん》」など君主や国家に対する反逆の罪、儒教の「忠」に反する行為や、「悪逆」「不道」「不孝」など儒教の「孝」に反する罪である。律は一定範囲の親族の犯罪を隠匿し庇う行為を罪としない旨の条文を置いているが、八虐の謀叛以上については例外とし、これらの犯罪があった場合は、たとえ親の犯罪であっても官に告訴しなければならないと定めている。原則論としては儒教的な孝を重んじつつ、君主や国家に危険を及ぼす反逆罪については法家的な発想をとり、犯罪の防止を優先しているのである。

中国律令は春秋以来、約千年をかけて徐々に発達してきたが、日本では政治的な必要から、大化改新以降、約半世紀という短期間に律令制の継受が行われた。日本の律令国家は、大王と大夫層の関係を基盤とする大和王権の国制を包摂したまま形成され、氏族制と律令制との二元国家であるといわれる。

大宝令と養老令

大宝元年（七〇一）に施行された大宝律令は、律と令がそろった我が国初の本格的な律令法典である。ここに律令法を準則として国家を統治する律令国家体制が整い、天平宝字元年（七五七）に養老律令が施行されるまでの間、半世紀以上も現行法として機能したが、その原本は失われ、その内容は平安時代に編纂された『令集解《りょうのしゅうげ》』の古記の注釈によって知ることができる。また、大宝律令は唐の永徽律令（六五一年施行）を藍本として編纂され、逐条的に内容に検討を加える形で編纂作業が進められた。『続日本紀』の大宝令公布の記事は「大略は浄御原朝庭を以て准正となす」と記し、大宝律令が浄御原朝庭の制（浄御原令）を基準として立法されたとしている。実際、部分的に復原される浄御原令の内容はのちの大宝・養老令と類似しているが、近年では浄御原令による制度は唐令の影響をそれほど受けておらず、むしろ隋令や唐制の影響を受けつつ、さらにそれを自国の風土に合うよう改変した新羅の制度の影響を受けている可能性が高いことが指摘されている。天武・持統朝には唐との通交がなく、新羅使によって中国王朝に関する情報を得ていたので、その可能性は考えられる。ただし、唐は冊封下にある国が元号の制定や律令法典の編纂など唐風の制度をまねることは許さず、新羅も体系的な律令を制定しなかったので、日本の歴代朝廷は基本的には中国律令を参考に律令編纂を進めたと思われる。

養老律令は、律は部分的にしか伝わらないが、令は養老令の注釈書である『令義解』によってほぼ全容がわかり、しかも大体において大宝令を継受しているので、これによって奈良時代を中心とする律令体制の全容を知ることができる。

養老律は五〇〇条、名例《みょうれい》・衛禁《えごん》・職制《しきせい》・戸婚《ここん》・厩庫《きゅうこ》・擅興《せんこう》・賊盗《ぞくとう》・闘訟《とうしょう》・詐偽《さぎ》・雑《ぞう》・捕亡《ほもう》・断獄《だんごく》の各律十二篇からなる。このうち現存するのは職制律と賊盗律の全部、名例律の前半、衛禁律の後半と闘訟律の一部のみである。唐代に編纂された『唐律疏議』によって伝わる唐律や諸書に引かれた逸文をもとに日本律復原の研究が進められており、その成果が、『譯註日本律令』である。

唐律と比較すると日本律は全般に刑罰を軽減するほか母法と大差はないが、謀反罪の縁坐について、唐律は父子は絞、母娘・姉妹は没官とするのに対して日本律では父子を没官とするにとどめ、女性の縁坐は定めていない。また、祭祀の期間内に斎戒の禁忌を犯して天皇に死刑の決裁を仰ぐなど神祇祭祀にかかわる犯罪については唐律より刑罰を加重している。ほかにも、職制律は官吏が宴会に供する肉などを住民に強要することを禁じており、唐職制律に同様の条文があるが両者を比べると大きな差がある。中国では住民が自発的に品物を献上する場合でも官吏はこれを受けてはならないと定めているが、日本では献上物は受け取っても罪にならないとしているのである。唐の地方官は中央からの派遣官で在地性が低いのに対して、日本の郡司は旧国造など在地豪族が任命され部内の民との結びつきが強かった。また、天皇の代理たる国司を迎える行事など、大和王権と地方首長の貢納関係の伝統を引く儀礼が多いので、饗宴に必要な肉類の供献は適法とせざるを得なかったのだと考えられる。

養老令は約千条、官位・職員《しきいん》・後宮《ごくう》職員・東宮職員・家令《けりょう》職員・神祇《じんぎ》・僧尼・戸・田・賦役《ふやく》・学・選叙・継嗣・考課・禄・宮衛《くうえ》・軍防・儀制・衣服・営繕・公式《くしき》・倉庫・廏牧《くもく》・医疾・仮寧《けにょう》・喪葬・関市《げんし》・捕亡《ぶもう》・獄・雑《ぞう》の各令三十篇から成る。このうち倉庫・医疾両令は早くに亡逸したが、その他の大部分は『令義解』『令集解』によって原文を知ることができる。唐令と養老令の間には大きな相違があり、唐令の継受に当たって、日本の社会背景に合わせて母法に改変を加えたことが知られる。唐律が『唐律疏議』によって全文が伝わるのに対して、唐令は散佚してまとまった形では現在に伝わっていない。日本の研究者の長年にわたる研究の成果が『唐令拾遺』（一九三三年）、『唐令拾遺補』（一九九七年）として結実しているが、唐令の復原に当たっては、日中のさまざまな法制史料から条文の逸文を採集しており、おおざっぱにいえば日本令から唐令を復原しているようなものである。緻密な考証を経つつも厳密には唐令本来の条文配列や内容と一致しているかどうか疑問があり、すべての条文が復原できているかどうかも不明の部分があった。ところが、一九九九年に中国寧波の天一閣に伝わってきた「官品令」と題する明代の写本が、実は北宋の天聖令であることがわかった。その内容は各篇目において修訂された現行法である宋令と附載された「不行唐令」の条文からなり、唐令は唐開元二十五年令であることも明らかになっている。その後、中国で出版された『天一閣蔵明鈔本天聖令校証　附唐令復原研究』（二〇〇六年）は二二一条の唐令を復原しており、これによって、唐令と日本令の配列を比較することが可能となり、また日本令が継受した条文と継受しなかった条文を明らかにし、さらには日本の事情によって独自に立てられた条文があることもわかった。

例えば、養老賦役令雑徭条は「凡令条外雑徭者、毎人均使。惣不得過六十日」（凡そ令条外の雑徭は、人ごとに均しく使え。惣《すべ》て六十日を過ぎることを得ず）と規定するが、唐賦役令には雑徭の日数などの基準を定める条文はないことがわかった。唐では雑徭は戸等に基づく差科の一環であり、一定日数従事する義務ではなかったのに対し、日本では雑徭を正丁が一定日数奉仕すべき人頭税とし、調庸と共に課役の一要素として賦役令の最後に独自に条文を立てたのである。

また田令でいえば、天聖田令（唐田令）の最後には屯田の規定が十二条並んでいるが、日本令ではそれは置官田条、役丁条のわずか二条であり、日本では畿内に置かれた伝統的皇室領を念頭に置いたミヤケ（大宝令では屯田、養老令では官田）の規定に変え、大幅に唐令条文を削除した結果と考えられている。

天聖令の発見という画期的な出来事により、今後、日中の学界で唐令の復原的研究がさらに進展し、唐令と日本令の比較研究も新たな段階を迎えることが期待される。

コラム7　持統帝の火葬

持統天皇（太上天皇）は大宝二年（七〇二）の崩後、火葬に付された上で夫天武天皇の檜前大内山陵に合葬された。それまでの歴代天皇の中では初めての火葬である。

日本における火葬の風習は文武四年（七〇〇）の僧道照の例が初めてといわれている。『続日本紀』文武天皇四年三月十日条に、道照和尚の遺教によって、弟子らが亡骸を火葬に付したことがみえ、そこには「天下の火葬これより始まるなり」と記されている。道照は河内国の人で俗姓は船連。渡唐して、三蔵玄奘にその才と人柄を愛されて親しく禅を学び、帰朝後、元興寺（飛鳥寺）の東南禅院に居住して禅を広めた。持統天皇は、生前、仏教政策に力を入れ、薬師寺の造営をはじめ、諸国に金光明経を分かつなど国家仏教を推進していたので、道照の影響を受けたことは十分考えられるが、仏教思想と火葬の風習は必ずしも一体のものではない。

欽明朝に仏教が公伝してから百五十年以上が経過し、寺院の建立が大規模に行われていても、これ以前に火葬に付された天皇はいない。また持統天皇以後においても、火葬に付されたのは文武・元明・元正の三天皇だけで、盧舎那仏造立や東大寺創建など仏教色の濃い天平文化を主導した聖武天皇、光明皇后は火葬に付されておらず、以後の天皇も同様である。『古事記』の編者である太安麻呂の火葬墓の発見をはじめ、奈良時代以降、火葬が増えていくことは確かであるが仏教思想だけでは説明できない。

天皇の火葬がきわめて短期間に集中しているのは、広い意味で言えば仏教の影響といえるが、狭い意味でいえば、道照によって日本にもたらされた三蔵玄奘による新訳経典を根本とする新しい仏教が考えられる。

また、この時期の火葬の風習は新羅の影響を受けていた可能性もある。『三国史記』によれば統一新羅の文武王は六八一年に亡くなったが、遺言により火葬に付された。文武王は生前遣唐僧の義湘・元暁に帰依して仏教を興隆したが、特に元暁は道照と同様三蔵玄奘に学んでいることに加えて、文武王が遺詔で「喪の制度は務めて倹約に従え」と命じたことと、持統天皇が「喪葬の事は務めて倹約に従え」と遺命していることの類似も注目される。

本文に述べたように、天武・持統朝は日唐の通交が途絶えており、大陸の動静は新羅使を通じて日本に入ってきた。その過程で新羅文化による変容を受けた唐の文化が伝わっていた可能性が高いのである（網干善教「日本上代の火葬に関する二、三の問題」『史泉』第五十三号、一九七九年）。

持統天皇の火葬には後日談がある。京都栂尾高山寺に所蔵され、明治時代に学界に紹介された「阿不幾乃山《あおきのさん》陵記《りょうき》」には鎌倉時代文暦二年（一二三五）に起きた野口王墓盗掘事件の顛末が記されている。それによれば京都から実検使が派遣され、三年後、検非違使が犯人を捕らえたという。藤原定家の『明月記』にも事件に関する伝聞が記されており、それによれば持統天皇の遺骨は銀製の蔵骨器に納められていたことが知られる。「阿不幾乃山陵記」の発見をきっかけとして、それまでの見瀬丸山古墳を天武・持統陵に比定する説は改められた。遥かな時代を超えて、奈良県明日香村檜前の地に現在する野口王墓が天武・持統天皇夫妻の檜前大内山陵であることが確かめられたのである。

第八章

律令制の諸相

1　天皇と官僚制

天皇と太政官

律令国家は天皇を頂点とする官僚制中央集権国家であるが、大宝令による官僚制は日本的な氏族制的原理を内包していることが特色である。本来、中国的な律令官僚制は個人を氏族から切り離して、皇帝直属の官僚として編成することが目的であった。大宝令官制は中国的な律令官僚制の体裁をとってはいるが、四位以上で構成される太政官の議政官組織は大化前代の大和の有力豪族からなる大夫会議の伝統を継承している。

また律令制下においては、五位以上の位をもつ者が貴族集団を構成した。五位以上の叙位の位記には天皇の内印が捺され、種々の宴で天皇と共同飲食の儀礼を行うなど、天皇と人格的関係によって強く結ばれた存在であった。

反面、国家統治の準則である律令法の制定は、君主の恣意的な支配を制限する役割も果たした。中務省を経由せずに口頭伝達を勅命として実行することは制限されていたし、天皇の意志を伝達する詔勅は太政官の議政官組織構成員の署名なしでは発行できなかった。また、唐では皇帝大権に属し「発日勅」によって下達するものとされている兵馬差発などの事項が、日本では太政官が発議して天皇に奏上する論奏の様式によるものとされている。これらは大化前代の大夫合議制の伝統を引くもので、律令国家の政体が君主制をとりながら貴族制的な要素を強く残していることを示している。しかし、名例律疏に「非常之断、人主之を専にす」とあるように、天皇（皇帝）は法を超越した臨機の判断を行う権限を保持していることも事実である。律令制下の天皇は、大和王権以来の首長としての性格と国家大権を保持する統治権の総覧者としての性格との両方を兼ね備えていたとみるべきであろう。

貴族と官僚制

律令制の社会身分は良と賎の区分を基本としている。良民の中では有位者に特権を与え、庶民の中では一般の百姓と官司に隷属する品部の後身の雑色人を区分した。賎はその職種や所有者、隷属形態の違いによって、陵戸《りょうこ》・官戸《かんこ》・家人《けにん》・公奴婢《くぬひ》（官奴婢）・私奴婢《しぬひ》に区分された（五色の賎）。

有位者とは位階を有する者をいい、官位令は官に就くにはそれに相当する位階を前提とする官位相当制を定めている。親王には八省卿以上が相当する一品から四品までの四品階があり、諸王諸臣は正一位から少初位下までの三十段階に分かれていた。三位以上を貴、四・五位を通貴といい、彼らは多くの特権を付与されていた。文武の官に支給される季禄のほかに、五位以上は位田・位禄・位分資人が支給され、犯罪によって律を適用される際も恩典を受け、本人と父子は課役が免除された。さらに三位以上には家政機関である家司が設置され、位田・資人のほか食封が支給された。大納言以上の職に就けば職分田・職封・職分資人も支給された。

有位者の中でも五位以上と六位以下は明確に区分されていた。例えば、名例律の規定により八位以上の官人は実刑を受けないことが原則であったが、儀制令は官司内の秩序を乱す六位以下の官人に対して、長官の決笞権を認めており、同様の法令が奈良・平安時代に頻発される。これに対して、五位以上の者は笞罪を受けることはなく、犯罪を犯せば「名を録して奏聞」し、天皇の裁きのみを受けた。

官人としての出身には、唐の科挙の制に倣って、諸国が推薦する貢人と中央の大学が推す挙人を式部省が試験する貢挙の制を定めた。大学は京に置かれ、式部省が所管した。大学生は十三歳より十六歳までの五位以上の子孫、東《やまと》西史部《かわちのふひとべ》の子、及び八位以上の子で入学を希望する者に限られた。また諸国の国学では、郡司の子弟から学生が選抜された。業を終えた学生は、式部省の秀才・進士・明経・明法・書・算に分かれて試験を受け、及第すればその成績によって二十五歳以上になった時に所定の官位に叙位・任官された。

表2　日唐蔭位制の比較

唐制		養老令				
本人	嫡子	本人	嫡子	庶子	嫡孫	庶孫
		親王	従四位下			
		諸王（二〜四世王）	従五位下			
一品	正七品上	一位	従五位下	正六位上	正六位上	正六位下
二品	正七品下	二位	正六位下	従六位上	従六位上	従六位下
正三品	従七品上	正三位	従六位上	従六位下	従六位下	正七位上
従三品	従七品下	従三位	従六位上	従六位下	従六位下	正七位上
正四品	正八品上	正四位	正七位下	従七位上		
従四品	正八品下	従四位	従七位上	従七位下		
正五品	従八品上	正五位	正八位下	従八位上		
従五品	従八下	従五位	従八位上	従八位下		

蔭位の制

官人になると、六年ごとの勤務成績によって進階が可能であったが、最も難関の秀才科の試験を最高の成績である上々第で及第した者でも、二十五歳になって叙せられるのは正八位下であった。これに対して五位以上の者の子、三位以上の者の子・孫は蔭位の制によって、二十一歳以上になれば自動的に従五位下から従八位下までの位に叙された。唐制では蔭位は嫡子に限られ、一品の子でも正七品上とその品階は低かったが、日本では庶子も対象に含まれ、三位以上であれば孫まで適用範囲が拡大されている。特に一位の嫡子は初めから通貴に属する従五位下に叙されており、後に藤原氏や皇族出身の源氏に貴族が固定される要因となった。

唐の学校制度が庶民にも門戸を開いているのに対して、日本の制度は原則として庶民を排除している。また五位以上の子孫に対しては秀才以下に及第して任官してゆくコースを想定していなかった。唐の制度が幅広い階層から有能な人材を登庸することを目的としていたのに対して、日本の制度は大化前代から朝廷の文筆業務を担当した史部や下級官人の子弟などから中堅の実務官人を登用するための制度であったといえる。

2　律令国家の支配制度

編戸制と籍帳制

律令国家は公民を人為的に五十戸一里制に編成する編戸制と戸籍・計帳の二種の公文書を作成して、中央にいながらにして全国の授田と賦課の対象者を把握する籍帳制によって全国を支配した。編戸制は、中国では自然村落を基盤とする区分の村―隣と人為区分の郷―里―保の二重構造であったが、日本では人為区分の里のみを立てた。また編戸の目的には一戸一兵士を出す均等な戸の編成も含まれており、軍事的な性格ももっていた。

戸籍は班田の基礎的な台帳として作成され、ほかにも良賤の別を確定する身分台帳としての役割も果たした。戸籍は唐制では三年一造であったが、大宝令・養老令の戸令では、造籍は六年に一度実施された。

計帳は調庸などの人別課税の台帳である。計帳は毎年作成された。戸令によれば、計帳は京国の官司が毎年六月末以前に管下の各戸から、戸主・戸口の姓名・年齢などを記した手実を集め、帳の形式に整理されて、大帳使に付して八月末までに太政官に申送された。この京進された計帳を大宝令では「国帳」と称するが、国郡単位に戸数・口数・調庸物数を集計した目録状の文書であり、これによって中央で全国の戸数・戸口数、特に調庸義務を負う課口数、及び対応する調庸額を掌握することが可能となるので、主計寮における予算の立案に使用された。

班田収授制

班田収授制は、浄御原令の施行に伴う持統六年（六九二）に始まり、大宝令の施行によって確立したと考えられる。大宝・養老令によれば班田制の内容は概略以下のようなものであった。

（イ）口分田は男子に二段、女子にはその三分の二、官戸官奴婢には良人と同額、家人私奴婢には良人の各三分の一を班給する。

（ロ）班年直前の造籍時に、六歳に達している者すべてに班給する（浄御原令では受田資格に年齢制限はなく、戸籍登載者すべてに授けられたとの学説がある）。

（ハ）隔年ごとにしか耕作できない易田は倍給する。また土地の不足する地域では減額の郷土法を適用する。

（ニ）口分田は戸籍をもとに六年ごとに班給する。班年の正月三十日以前に京職・国司が太政官に上申し、十月一日から校田帳・授口帳を作成し、十一月一日より受田する人々を集めて班給を始め、翌年二月三十日以前に終了する。

（ホ）口分田は終身用益できる。口分田の売買は許されず、一年を限った賃租だけが認められる。死亡者の口分田は収公される。

隋唐の均田制は占田の限度を規制する限田制的要素と田地を一定規準で割りつける屯田制的要素の両方をもってい て、熟田だけではなく未墾地や園宅地も含めて規制の対象とし、開墾と荒廃の繰り返される現実の生産過程を包括的に規制できる弾力的な制度であった。給田額一人百畝は上限であり、現実の支給額とは一致していなかった。これに対して日本の班田制は、屯田制的要素だけを継受し、一人あたり二段は実際に班給しようとした目標額で、主に熟田を規制する制度であり、荒地の開墾田を吸収できる構造になっておらず、園宅地も規制対象に含まれていなかった。また、唐の均田制では成年男子に毎年班田を行う一方、租と調・歳役（庸）や雑徭を課した。したがって授田と賦課とは基本的に一致している。毎年作成される計帳と三年に一回作成される戸籍の両者が相まって授田・賦課の実施が進められ、同時に籍帳は租庸調などの歳入を確認する基本台帳としての役割を果たした。

古代の日本も編戸制と籍帳制を採用したが、租は土地課税、調庸は人別課税と二種の税制体系が併存していたため、戸籍は班田台帳、計帳は賦課台帳とそれぞれ別の役割を果たしていた。正丁を中心とする成人男子に課役を賦課するために計帳を利用する原理は唐制に依拠したものであるが、日本では唐制と異なり特定の年齢以上の良民・賤民の男女に広く口分田を班給したために、独自な帳簿として戸籍を利用する必要が生じ、造籍年と班田年とを一致させて戸籍の六年一造、班田の六年一班を制度化したと考えられる。唐の均田制を継受するに当たって、なぜ課役負担能力のある成人男子に授田対象を限定しなかったかは明確でないが、老若男女を問わず共同体を単位とする大化前代からの農耕実態に配慮して、農民の水田保有額を変更しないように受田額を設定したことも考えられる。

律令税制

律令国家の主たる財源となったのは、租・庸・調の三種である。このほかにも出挙・義倉があり、また雑徭や仕丁・兵士役が課せられた。

租（タチカラ）は口分田の面積に応じて課される田租である。唐制では、租は人別課税であるが、日本令では一定年齢以上の男女全般に班田するため、土地税とした。そのため唐令では賦役令に規定されていた租が日本令では田令に移されている。田租の額は、田令では一段につき稲二束二把と定めており、これは標準的な収穫量の約三%と比較的低率であった。農業共同体における初穂を神に貢上する農耕儀礼が転化して税として首長に貢納したことが田租の起源と考えられており、財政基盤としての税の要素が薄いことが低率につながったと推測される。唐制では租は中央に運送されたが、日本では租は中央へは送らず原則として国・郡の正倉に蓄え、国衙財政を出挙の利稲でまかなった。

調（ミツキ・ツキ）は、正丁（二十一歳以上六十歳以下）、次丁（六十一歳以上六十五歳以下）、少丁（十七歳以上二十歳以下、養老令では中男）の三種に区分された成年男子に課せられる人頭税である。

賦役令によれば、品目は「郷土ノ出ダス所」の絹、絁《あしきぬ》、綿、糸（絹糸）、布（麻布）の繊維製品が中心で、布で納める場合、正丁一人につき二丈六尺で、次丁の負担は正丁の半分、少丁は四分の一である（ただし京・畿内は布に限定され、量も半減されている）。正調のほかに鉄・鍬や塩・鰒《あわび》・堅魚《かつお》・鮒・海藻などの多種の海産物からなる調雑物が規定され、さらに調副物として染料・油・薬用品・漆など工芸品の材料も納めた（京・畿内ではこの調副物も免除された）。このほか諸国から山野・河海の産物、食料品などが贄として貢上されていた。

唐の調は正調として綾・絹・布、兼調として綿または麻を輸すもので、織物主体である。日本では正調は繊維製品であるが、美濃絁《みののきぬ》など地方の特産を含み品目や負担量が複雑な構成になっている。また調雑物は唐制にはない。鍬・鉄は官人の給与に充てられ、塩以下の海産物は宮内省大膳職に納められて祭祀・仏事や官庁の常食に用いられた。調の副物は宮廷・工房の需要に応じた品であった。唐の調は現物貨幣としての役割を果たしたが、日本の調は王権への服属のしるしとして物品を貢納した国造制下の慣行に基づく服属儀礼としての性格ももっていた。調は納税者（運脚）が京まで運搬し、庸と共に官人給与や官司の諸費用に充てるため中央の京庫（民部省・大蔵省）に納入された。運送中の食料などもすべて納税者の負担であったから、遠国では田租よりも現実の負担が重かった。

庸（チカラシロ）は、歳役の代わりに布を納めるもので、正丁・次丁に課された人別課税である。本来は唐制に倣い、都城建設などの土木事業に使役することを想定したと思われるが、この徭役規定は大宝令施行直後から実を失い、代納物としての庸布の徴収という物納規定が機能するようになった。中央官司の雑役は仕丁、臨時の労役は雇役（京・畿内の役夫に雇直・食料を与えて働かせる）に頼り、庸をそれらの財源に充てた。代納される庸の額は、正丁一人につき調布と同じく二丈六尺で、次丁は半減される。庸の徴収、輸送、運搬の費用などは調と同一であり、調と共に京に送付された。

雑徭（クサグサノミユキ）は、正丁は最高で一年間六十日、次丁は三十日、少丁（中男）は十五日まで、地方諸国の雑役のために徴発した労役である。労働日数の点では調庸の負担より重かった。徴発された成年男子の使役の仕方、役日などは国司の裁量に委ねられていたので、国司は認められた日数の最大限まで徴発し、道路や橋といった公共工事だけではなく、職分田の耕作や空閑地の開墾といった私用に駆り立てることもあった。

義倉は窮民の救済のため、国ごとに戸を単位として一定量の粟を徴収して貯蔵する制度である。また公出挙は、国家から班田農民に官稲を年五割を限度として利稲（利息）をとって貸し付ける制であって、本来強制的要素はなかったが、国別に出挙すべき目標額が割り当てられ、一定額を強制的に貸し付けるようになったことから本来の意味を失い、租税の性格を帯びるようになった。

3　律と刑罰

律の思想的背景

唐六典には「律ハ以テ刑ヲ正シ、罪ヲ定メ」とある。律は犯罪と刑罰について定めた法であるといえる。一般に刑法典は国家の統治理念を反映するが、唐律は儒教思想と法家思想を折衷して立法されている。王者の徳治を理想とする儒教思想と信賞必罰による法治を原則とする法家思想は本来相容れないものであるが、唐律の編纂者は国家統治の実をあげるために理想と現実の折衷を図った。律の条文をみると原則法の部分では儒教思想を、例外法の部分では法家思想を原理として立法されていることがわかる。日本律も同様で、先に述べたように、例えば養老の名例律は儒教の孝悌の徳目に基づいて、一定範囲の親族が互いの犯罪を隠す「相為隠」を罪に問わないことを定め、闘訟律では親族の罪を告訴することを禁止する条項を置いている。しかし、これらの条文にはすべて謀反・大逆などの王権や国家の安危にかかわる反逆系統の犯罪には適用されない旨の除外規定がある。したがって、祖父母・父母といえども、反逆の罪を犯せば子孫はこれを官に告訴しなければならない。律は姦悪を懲戒して善に赴かしめる教令法でもあり、儒教思想が律の根本であるが、国家は統治に利用できる範囲に限定して儒教思想を律の中に摂取したのである。

犯　罪

律は、「心を原《たず》ねて罪を定む」原則により、犯罪の成立には「故」あるいは「失」があることを必要としている。「故」は害意ある場合であり、「失」は害意なくして侵害結果をひき起こした場合である。ただし、律においては具体的な規定が優先するので、例えば害意はなくとも、争って殴り合い相手を死に至らしめればそれは闘殺であり、戯れ誤って相手を殺せばそれは戯殺に当たり、過失殺よりも重罪とされている。

害意なく、また行為すらないにもかかわらず処罰される場合として縁坐・連坐がある。縁坐は、謀反・大逆その他の重大犯罪の場合に、犯罪者の近親を処罰するものであり、名例律に「反逆縁坐ヲ犯ス」とあるところからみて、それ自体が犯罪の一種とみなされていたと思われる。日本律では女性への縁坐刑の適用を控えるなど、縁坐によって刑が及ぶ親族の範囲を唐律よりも限定している。連坐は、官吏が業務上の犯罪（公罪）を犯した時に、その責任を同司官人、並びに関連する官庁の官人に分担させるものである。

犯罪の構成要件

律は犯罪の構成要件を定めるに際して、犯罪の態様、手段、加害者と被害者の関係、加害の程度などきわめて詳細な犯罪の類型を規定している。例えば、闘傷罪については、方法による分類として「以手足」、「以他物」、「以湯火」、「以兵刃」の四種をあげる。また侵害の結果として「傷及抜髪方寸」、「血耳目出」、「内損吐血」、「折歯」「決耳目」などに分類している。

律が犯罪の構成要件として、およそ予想し得る犯罪態様のすべてを事細かにあげる理由の一つは、官吏の自由な判断を許さず、機械的な法条の適用を要請していることにある。養老獄令には「諸司事ヲ断ズルニハ悉ク律令ノ正文ニ依レ」とあり、断獄律には「断罪ハ皆具ニ律令格式ノ正文ヲ引クベシ」と定める。諸官司の判決は成文法によらなければならないのであるから、一見、今日の罪刑法定主義に類似した原理が律令国家においても存在していたかのようにみえる。しかし、近代刑法の罪刑法定主義が君主の恣意的な裁判に対する人権保障の発想に基づくのに対し、律令の罪刑法定主義の目的は君臣の分を明らかにするところにある。君主が法を超越した裁量権を有するのに対して、臣下たる官僚には君主の示した統治の準則としての法を遵守して政治を行う「守法」の義務が課せられているのである。名例律疏に「非常ノ断、人主之ヲ専ニス」とあることも、法の予想しない事態が生じた場合、官僚は自己の裁量で処理することを許されず、君主だけが自由な判断をし得ることを示している。

律が定める特殊な犯罪類型として公罪・私罪がある。官人の犯罪について公罪と私罪を区別するもので、公罪は公務に関する犯罪で私心と不正のないものをいい、私罪は公務に関係しない犯罪、及び公務に関係した私心ある不正行為を指す。律令国家は官僚制を基盤としており、国家は官人統制に関心を注いだ。律も官人の職務上の違反などを処罰するために特に職制律の篇目を設け、贈収賄などについて詳細な処罰規定を置いている。

ほかに特殊な犯罪として断獄律に定める疑罪がある。証言や証拠が虚実相半ばしていたり、あるいは直接証拠がなく間接証拠の「聞証」のみがあるだけで、有罪と断定できない場合に科すものである。有罪と無罪との中間的な性格を有するものであり、犯罪の容疑がある場合に何らかの処断を行わなければ社会統制を維持できないとする考えによるものであろう。疑罪には実刑ではなく、贖銅が科せられた。

八　虐

律が規定する犯罪の中から、特に国家の安危にかかわるものや身分秩序を揺るがすような重大な犯罪を抽出して八群に分類したものが八虐である。謀反《むへん》・謀大逆《ぼうたいぎゃく》・謀叛《むほん》・悪逆・不道・大不敬《だいふきょう》・不孝・不義の八種類がある。謀反、謀大逆、謀叛の三つは君主に対する殺人予備や皇居の破壊、利敵行為など反逆に類する犯罪であるが、悪逆以下は、君主に対する不敬や、祖父母父母の殺害、奴婢が主人を殺害するなど儒教的倫理に反し、あるいは身分秩序を揺るがす恐れのある犯罪が多い。八虐に該当する犯罪については、律が定めるそれぞれの刑罰とは別に、恩赦の適用から除外したり、官人に対する刑法上の特典を剝奪するなどの厳しい措置がとられた。

六　議

六議は律の適用に当たって恩典を受けるための六種類の資格を指す。天皇の親族（議親）や側近の官（議故）、及び徳のある賢人君子（議賢）、政治的・軍事的能力のある者（議能）、国家に対して大功ある者（議功）、三位以上の上級貴族（議貴）、がこれに該当する。六議の該当者には、刑の減免や、裁判において拷問を許さないなど、さまざまな優遇措置がとられた。「礼は庶人に下さず、刑は大夫に上せず」とする儒教思想に基づき、士庶の別を明確にし、士大夫に実刑の辱めを与えない意図によるものといえる。

刑　罰

律の刑罰は主刑（正刑）、換刑、附加刑の三種に大別できる。

(イ) 主刑（正刑）　軽いものから順に、笞罪・杖罪・徒罪・流罪・死罪のいわゆる五罪がある。これらは本来、罪ではなく五刑とすべきものであるが、古代日本では、罪と刑とは観念上あまり厳密に区別されず、罪は結果としての制裁をも含む概念であったため、律は五罪と表現している。笞罪と杖罪は、木の棒で臀部を打つ刑である。徒罪は拘禁具をつけて労働させるものである。流罪は僻遠の地に送って、通常一年間労働させ、釈放後はその地で戸籍に登載し定住させた。配流地は、京師からの距離によって近流、中流、遠流に分かれていた。死罪（大辟罪）には絞と斬の二種類があり、肉体が分断される斬は絞よりも重い。

(ロ) 換刑　換刑は官人の特典である贖、官当が中心である。贖は正刑の五罪に代えて銅を徴収するものである。過失殺傷などの場合を除いて、贖銅は被害者に対してではなく、国家に納入する定めであった。流罪・死罪に対する贖銅については、日本律の方が唐律よりも重い量を定めている。

官当は八位以上の官人について官位・勲位を以て徒流の実刑に換える制度である。有位者の場合、まず官（位階）

を以て刑に当て、足りない部分は贖銅が許される。官当は換刑の中心であるが、奈良時代には律の規定通りには行われず、平安時代に入ってから正当に行われた。また先に述べたように名例律の規定では八位以上の官人は実刑を受けないことが原則であったが、儀制令は官司内の秩序を乱す六位以下の官人に対して、長官の決笞権を認めている。

(八) 附加刑　附加刑は有位者に特に科せられる除名、免官、免所居官と、身分を問わず科せられる没官に分けられる。前者は有位者に対する名誉刑である。また前掲の官当と合わせて除免官当と称される。除免官当は、唐律では官職の剝奪刑であったが、日本では官職よりも位階を基本として官位相当制をとったため、位階の剝奪刑とされた。除名は歴任の官位と勲位のすべてを六年間剝奪するものである。免官は、官位、勲位について最も高い位階とそれより一等低い既得の位階を、それぞれ三年間にわたって剝奪するものであり、免所居官は、官位と勲位のいずれかについて、最も高い現在の位階を一年間にわたって剝奪するものである。これらは八虐を犯して恩赦にあった場合（除名）、受財枉法（免官）、父母の喪中に妾を娶る（免所居官）など一定の犯罪に対して、附加刑として科せられた。

没官は人や財産を国家が没収する刑罰である。謀反・大逆を犯した場合、犯人の父子や家人、資財・田宅が没官される。没官された人は官戸あるいは官奴婢に配された。また、官人の収賄罪に伴う不正授受物なども没官の対象であった。資財・田宅の没官は律令以前から固有法の中に存在し、院政期まで行われた。

刑罰の適用

犯罪に対してどの程度の刑罰を科するのかについて、律はかなり客観的・機械的に定めている。窃盗についていえば、まず盗品の種類によってそれぞれ異なる刑罰を定めている。例えば天皇の神璽は絞、太政官印は徒二年、遣唐使などに授けられた節刀の場合は徒三年など多様である。その他の一般の盗品の場合は、盗品の価額を布に換算し、その価額に従って刑罰を定める。すなわち、財を得ていない場合は笞五十、布一尺杖六十、布一端ごとに刑罰が一段階ずつ加重され、五端で徒一年、その上は五端ごとに刑罰が一段階ずつ重くなり、五十端で労役三年の加役流となる。このような客観的・機械的な量刑規定も官吏の裁量権を限定する意図によるものであろう。

刑の減免

律は刑罰の免除や軽減の事由についてさまざまな規定を置いている。主要なものは名例律に規定があり、議請減と称される官人やその親族などに対する減刑である。議は六議の該当者、請は四・五位、勲四等以上の者並びに六議の人の近親、減は六・七位、勲六等以上の者並びに官位勲位により請に該当する者の近親に与えられる特典である。該当者は、八虐などの場合を除き流罪以下は刑罰を一等軽減される。死罪は減刑されないが、請以上の該当者は天皇への上奏、太政官における議定といった慎重な手続を経て判決が下され、その過程で宥免される可能性があった。

このほか年齢などによる刑の減免がある。七歳以下の幼年者と九十歳以上の高齢者は、すべての刑罰を免除される。十歳以下と八十歳以上の者及び重度の障害者は反逆罪や殺人罪、盗罪や傷害罪を除いて刑罰が免除される。また、傷害などの特定犯罪を除き、犯罪の発覚以前に自首すれば刑罰はすべて免除される。自首は代理人や親族によって行うことも可能であった。そのほか恩赦による広範な刑の減免もあった。恩赦制度は唐制を継受したものであり、唐では恩赦は即位や立太子、代始改元の儀礼と関連して行われ、皇帝の正当性を広く民衆にまで宣布する意義をもっていた。日本でも基本的に同様の赦が行われたが、白雉から天武朝あたりには祥瑞や仏教思想による恩赦が多く、奈良朝以降は太上天皇など皇位継承を保障する人物の延命祈願の赦が主流となり、即位・代始改元などの恩赦は消えていった。

4　律令制下の裁判制度

律令裁判制度の特色

日本の律令裁判制度の特色として太政官の権限が強く、中央集権的な構造をもっていたことがあげられる。唐では大理寺と尚書省六部の一つである刑部が司法活動の上で大きな役割を果たしていたが、日本では刑部省よりも太政官が大きな権限を有していた。また都の行政府である京職は、唐京兆府が州と同等の裁判管轄を有していたのに対して、流以下の犯罪については判決も出さず、直接刑部省に移送していた。

地方では、唐の県令が笞・杖についての判決・執行権をもっていたのに対して、日本の郡司のそれは笞罪のみに限定されており、杖罪については判決を下した後、国に移送して決罰を委ねた。これには在地においては郡司が国造以来の伝統的な決笞権を保持していたという側面もあった。裁判権の点でも、唐の県令が笞から死に至るすべての犯罪について第一審裁判所として機能していたのに対して、郡司は流・死相当の裁判案件については審理・判断をせずに国に移送しなければならず、全体的に唐の県官に比べて司法権は縮小されていた。また、国司も徒・杖については判決や刑の執行が可能であったが、流・死については、判決後、太政官に移送して審査を受けなければならなかった。

律令国家においては司法と行政の明確な区別はなかったので、中央官庁はもちろん、地方の国や郡も一定の裁判権をもっていたが、国政の最高官庁である太政官が裁判においてもすべての官庁を統轄し、流・死に相当する重大な事件はすべて太政官を経由して、最終的に天皇の裁可を経て判決が確定した。

特に司法を職掌とする官司としては八省の中に裁判・行刑を司る刑部省があり、治部省も婚姻や氏姓に関する訴訟を扱った。さらに、弾正台は官人の非違を糾弾する機関として天皇に直属し、太政官に対しても半ば独立した検察機能をもっていた。刑部省では判事局が裁判において重要な役割を果たしたことも注目される。判事と解部《ときべ》によって取り調べや審理を行う体制は浄御原令制下に成立し、大宝令制に受け継がれた。奈良時代を通じて、判事には藤原氏出身者や大学出身で判文の作成などに適した練達の官吏が任命され、判事経験者の多くはその後、八省卿や参議、中納言、あるいは大臣に就任している。藤原不比等もその一人であった。

律令裁判手続

律令法は全体が公法的な性格をもっており、近・現代法と同様の意味での刑事・民事裁判の区別はなかったが、律令法の論理の枠内で、それなりに複数の裁判類型があったことは認められる。『令集解』公式令訴訟追摂条に「此条は財物訴訟に就いてのみ」とあり、『政事要略』は「断罪部」と別に「訴訟部」を置いている。以下、断獄と訴訟とに分けて律令裁判手続を説明することとする。

a　断　獄

(イ) 告言　断獄は犯罪の官への告発（告言）によって開始される。告状によってなされ、被告の姓名と罪責追及の意志が明示されていることが必要であり、闘訟律によって匿名の書による告言は禁止されていた。『政事要略』には、昭宣公藤原基経が匿名の書を封をしたまま庭中で焼かせたことが為政者の範たる行動として挙げられている。

告言を受理する第一裁判所は通常、犯罪の発生地であり、地方においては郡司に訴え出ることになる。国郡司や弾正台など官人は、管轄部内に犯罪が発生した場合はこれを告言することが義務とされていたが、一般人には糾弾の義務はなく、自己の意志で告言をなした。例外的に、謀反大逆などの重大犯罪、自己の尊属が殺害されようとしている犯罪などについては、告言が強制されていた。また何人も謀反大逆などを除いて、近親の犯罪については告言できないのが原則であり、違反すれば逆に処罰された。儒教的な孝の観念の影響である。

次に、告言を受理した官司は三審の手続を行う。三審は原告の罪責追及の意志を確認する手続を、日を変えて三回行うものである。三審が終了すると、官司は杖罪以上の犯罪の場合には被告を追捕し、拘禁するが、この場合には告言をなした原告も拘禁される。告言者は誣告《ぶこく》罪の被疑者として扱われるからである。

(ロ) 審理　審理は、裁判を担当する官司の四等官中の判官・主典によって行われる。審理に当たる官人が、被告との間に一定の血縁・姻戚関係などを有する時は、官人の交替（換推）が許される。主典は「事状ヲ検出スル」のみであり、事を断じ判決案を作成するのは判官である。事実認定は人的・物的証拠によって行われ、担当官人は、五聴（被告の言辞、顔色、気息、耳、瞳）を観察し、書証や物的証拠に照らして真実の発見に努める。これによって犯罪事実の有無を確認できない場合には、長官の決裁をとって被告を拷問した。被告を法定の限度内で拷問しても自白が得られなければ、一転して原告を拷問した。誣告の有無を取り調べるためであり、これによって自白が得られた場合、原告の方が、告訴した内容に対応する刑罰を科せられる誣告反坐によって処罰された。

(ハ) 判決　証拠や自白により犯罪事実が確認できると、主典が鞫状《きくじょう》と称する取調書を作成する。鞫状作成に当たっては、その内容を被告に読み聞かせて承認を求める弁定・弁証の手続が必要であった。鞫状が作成されると、判官は犯罪事実に照らして法を適用し、その末尾に判決（断文）の案を付記する。鞫状並びに断文案は次官、長官に上程されて決裁をとり、長官の判によって当該官司の最終判決が確定した。

判決文は被告及びその家族に読み聞かされる。そこで被告が判決に服すれば、伏弁と称してその旨を文書に記載する。もっとも伏弁の有無は判決の効力発生要件ではないから、当該官司における裁判手続は右の告知手続によって完了する。

(二) 覆審・上訴　下級官司の誤判から被告を保護するために、官司の事物管轄による覆審と被告による上訴の二系統の手続が設けられている。獄令によれば、第一審の郡は、杖罪以上の判決を出した場合は、被告の身柄に判決書を付してこれを国に移送し、国は、流・死を断じた場合は、さらに太政官に移送した。太政官では弁官局において覆審し、問題がなければ天皇に奏上し、問題があれば、それが事実認定に関する場合は国に使者を派遣して再審理させた。また法の適用に関する疑義がある場合には、太政官は特別裁判所を召集して審議した。この太政官における特別裁判所は、獄令によれば、大納言以上の太政官官人、刑部省の長官・次官・判事などによって構成され、六議など上級階層の者を被告とする事件や、国ないし刑部省の判決に被告が服さない場合、刑部省においても判断が困難な事件などを処理した。そこでは官人はそれぞれ独自に意見を開陳することができ、摂関期の陣定に類似する議事方式を採用していることが注目される。

次に被告の意志による覆審としては上訴がある。上訴は公式令に定める手続であるが、断獄にも適用されたと考えられ、その場合、被告は不理状の交付を求め、上級官司に訴え出ることができた。

b　訴　訟　　訴訟に特有の手続としては、以下のものがあげられる。

第一は、訴訟提起の時期であり、雑令は、急迫の侵奪が降りかかっている場合を除き、十月一日から三月三十日までの間に出訴すべきことを定めている。これは農繁期における裁判を避けようとする意図によるものであった。

第二に、公式令により訴えの提起は前人（被告）の所属する本司本属に対してなされなければならない。

第三に、判召《ことわりめし》・判待《ことわりまち》の制があげられる。訴人の訴えを受理した官司は前人に対して、召喚状を送達する。これを追摂と称する。追摂を被った被告は三日以内に出廷しなければならない。これを判召と呼ぶ。判召の期間が経過すると、官司はさらに二十日間出廷を待つ。この期限を判待と称し、二つを併せて両限と称する。

両限を過ぎても被告が出廷しなかった場合は、欠席裁判により主典が判決を下す。律令裁判の例外をなす簡略な手続であり、訴訟が公益侵害の程度が低い事例を対象としていたからだと考えられる。

第四は、上訴手続である。判決に不服な当事者は、裁判を担当した官司に不理状の作成交付を乞い、「次ヲ以テ上陳」し、太政官まで至ることができた。さらに太政官においても「不理」である場合には天皇に上表する道が開かれていた。

コラム8　日本と唐の直訴制度

日本の近世社会では、駈込訴や駕籠訴など権力者への直訴は厳しく禁止された。徳川八代将軍が幕府評定所前に目安箱を設置して、将軍への直訴を認める箱訴制度を置いた例はあるが定着せず、大名の苛政を訴える直訴が成功した場合にも当事者は極刑に処された。下総国佐倉藩主堀田氏の苛政を寛永寺参詣の途中の将軍に直訴して処刑され、現在も宗吾霊堂として祀られる伝承の主人公となった佐倉惣五郎（木内宗吾）や、上野国沼田藩主真田氏の苛政を将軍綱吉に直訴して、沼田藩は改易されたが自身も処刑された礫茂左右衛門が有名である。

律令国家においては、天下に無告の民無からしめんとする儒教的な徳治主義の影響で、基本的に皇帝（天皇）に対する直訴制が認められていたが、日本と唐の間には思想的にも制度的にも大きな違いがあった。

日唐の公式令訴訟条を比較してみると、唐制では訴訟当事者が皇帝に上表を呈して上訴しようとしたにもかかわらず、官司がこれを抑留して上聞に達しない場合、登聞鼓を打って皇帝に知らせることができ、惸《けい》独老幼にして自ら申上することができない者は宮庭に据えられた肺石の下に立って訴えることが許された。また、唐闘訟律においても行幸途上の皇帝に直訴することや朝廷の登聞鼓を打っての直訴は、その内容が不実であった場合には処罰されるが、正当な直訴は認められている。

ところが、日本では公式令、闘訟律ともに当該部分は削除されており、天皇に対する直訴は制度上は認められていなかったと思われる。大化元年に鐘匱《かねひつ》の制を定めて、広く天下に朝廷への直訴を認めているが、律令編纂の段階で天皇への直訴を不可とする方向へ転換したものと思われる。天武朝では九年、十年に百姓を豊かにする術があれば宮廷に詣って天皇に親しく意見を申すようにと命じたが、その対象者は有位者に限られていた。この制度は律令制下では「公式令」に定める官人の意見具申制度につながり、平安朝にも意見封事として行われた。延喜十四年（九一四）に上呈され、律令財政の衰退ぶりを指摘し、班田の励行や華美の抑制を進言した三善清行の意見封事十二ヶ条がそれに当たる。

奈良朝の天平神護二年（七六六）に、吉備真備《きびのまきび》の奏言により、中壬生門の西に柱を立て、官司に抑屈された者、冤枉を被った者の直訴を許し、弾正台が受理する制度を立てたが、このことは逆に当時、直訴制度が存在していなかったことを物語っている。直訴制度は天下に無告の民無からしめる意図があり、君主の徳治を理想とする儒教思想にかなうものであるが、日本では天皇を現人神とする思想の影響などから君主に対する直訴制を採用しなかったのであろう。

第九章

平城京遷都と仏教の時代

1　元明天皇の時代

不改常典

文武天皇の即位によって天武嫡系の皇子への皇位継承の道が開けたが、天皇家と藤原氏の期待の星であった文武天皇は慶雲四年（七〇七）六月、二十五歳の若さで世を去った。文武天皇と藤原不比等の娘藤原宮子の間には首皇子が誕生していたが、この時わずか七歳で、皇位の継承は困難であった。

翌七月、天智天皇の娘で草壁皇子の妃であった阿閇《あべ》皇女が即位した。元明天皇である。阿閇皇女は文武天皇の母であり、首皇子の祖母にも当たるので、かつて、孫である軽皇子の成長を待つため自ら即位した鸕野皇女（持統天皇）の姿に重なる。しかし、この皇位継承はかなり無理があった。その正当化のために元明天皇の即位に当たっては、これまでにない内容を含んだ詔が発せられる。『続日本紀』に載せられた詔では、持統太上天皇と軽皇子（文武天皇）の関係に触れた上で、文武天皇から自分へ譲位の意志が示されていたこと、さらにこの皇位継承は天智天皇が定めた「不改常典《かわるまじきつねののり》」を根拠としていることを強調している。

律令は皇位継承について具体的な規定を設けておらず、元明天皇の即位以後、聖武・孝謙各天皇の即位の宣命では、皇位継承は天智天皇が立てた「不改常典」によるべきことが宣言されるようになる。しかし、『日本書紀』天智紀をはじめ、これ以前の史料には「不改常典」はみえず、その実態も明らかではない。学界では天武嫡系（直系）の草壁・文武・聖武の皇位継承を定めた法で天智天皇に仮託されたとする見方が通説であるが、天武天皇自身が大友皇子を打倒して強引に兄弟相承を実現しているので、十分な説得力をもたない。そのため、不改常典は近江令であるとする説や、天智天皇から大友皇子への譲位を定めた法、あるいは天智天皇の娘である鸕野皇女（持統天皇）を媒介とした擬制的父子関係により天智天皇から大海人皇子（天武天皇）への譲位を定めた法とする説もある。

この問題は古代における女帝論とも関係している。推古天皇以来古代に女帝が続いた理由については、女帝中継ぎ論が有力であった。皇位継承は男系が原則であったことを前提に、政治的な事情によって男系の継承が困難な時に、便宜的な処置として女帝が仮に即位したというのである。「不改常典」を天武嫡系（直系）の皇位継承を定めた法とする学説は、女帝中継ぎ論と密接に関係している。しかし、近年ではこのような理解には批判も強く、男系主義の法とすると孝謙天皇の即位の詔で不改常典が引用されている理由が説明できないという指摘や、皇位継承における男系主義の存在自体に対する疑問も投げかけられている。推古天皇や持統天皇の例でもわかるように、少なくとも女帝が飾り物の傀儡の王であったといえないことは確かである。

養老継嗣令の皇兄弟条には、「凡そ皇の兄弟、皇子をば、皆親王と為よ。〈女帝の子も亦同じ〉」と規定している。天皇の兄弟と皇子は親王とすると定め、女帝が産んだ子も同様に親王として扱うと注記している。この注記は本注と呼ばれ、令本文と同様の法的効力をもち、大宝令にも存在したことが知られているが、日本令の基となった唐封爵令には存在せず、大宝令の制定者が「女帝」の出現を予想し、さらに女帝の子・兄弟を皇位継承資格のある「親王」として位置づけていたことを示している。

男系中心の考え方からすれば、天武・草壁・文武・聖武という嫡系相承が柱となるが、持統天皇は天武天皇の皇后であると同時に天智天皇と蘇我遠智娘《おちのいらつめ》の間に生まれた天智の皇女であり、元明天皇も草壁皇子の妃であると同時に天智天皇と蘇我姪娘《めいのいらつめ》（遠智娘の妹）の間に生まれた天智の皇女である。また、元正天皇は草壁皇子と元明天皇の間に生まれているので、女系でいえば天智天皇の皇統は持統・元明・元正によって直系継承されており、草壁・文武・聖武三天皇は天智と天武の両方の皇統を継いでいることになる。近年、古代社会が双方的な親族組織で成り立っていたことや、男系女系が交錯する系譜意識があったことがわかってきており、女帝論も大きく変化している。

藤原不比等の台頭

草壁→文武→聖武と続く天武嫡系の皇位継承は持統・元明の姉妹と元明・元正母子の存在に支えられていたが、女性天皇の必死の努力を外廷において支えたのは、すでに事実上政権の首班となっていた右大臣藤原不比等であった。自家の運命もかかった首皇子の即位実現のため不比等はあらゆる策を練り上げた。内廷に情報源をもち、影響力を行使できるよう夫人の県犬養三千代を上級官人として後宮に入れたのもその一つである。

文武天皇は在世中、慶雲四年（七〇四）四月、大納言藤原不比等に対して、父鎌足の功業、天武・持統朝の不比等の貢献を賞し、大宝令の規定に則って、食封五千戸を子孫に至るまで賜るとの詔を発した。食封は指定された戸が出す租の半分と調庸を封主に賜る制度で、令制では禄令に規定があり、不比等に賜った食封は「令条外の特封」に当たる。不比等は三千戸を辞退したが、それでも破格の待遇である。さらに元明天皇即位直後の和銅元年（七〇八）三月、不比等は大納言から右大臣に昇進している。左大臣は大宝元年の左大臣多治比嶋の没後、欠員となっていたが、この度の叙任で右大臣であった石上麻呂《いそのかみまろ》が左大臣に任じられた。しかし、石上麻呂はすでに高齢であり、以後政権は大臣となった不比等が主導するようになった。和銅元年三月には、石上麻呂、藤原不比等以外にも、神祇官の長官である神祇伯、大納言・中納言の太政官議政官組織、中務省を除く七省の長官、弾正尹、左右京職の長官、衛門府など五衛府の長官、畿内六道の主要な国々の守、大宰帥など、中央・地方の長官が一斉に任命されており、大宝令制定以後初めての大規模な人事異動であった。官僚機構の整備が進み、藤原不比等を事実上の首班とする大宝令体制ともいうべき官僚機構が確立したといえる。

藤原不比等は持統朝に刑部省判事として政界に現れ、文武朝の大宝律令編纂事業を主導するなど、中国的な学問や制度に明るい人物であった。自身は渡唐経験がないが、幼少時から渡来系の氏族である田辺史《ふひと》氏によって養育される中で、進取の気性が育まれたのかもしれない。氏族制に根を下ろした大和の伝統的な有力豪族が没落する中で、藤原氏は法律と制度に明るい貴族官僚として活路を見出してゆくのである。

平城京の建設

元明天皇即位の翌年（七〇八）正月、武蔵国から自然銅が献上されたのを機に、慶雲から和銅へと改元され、翌二月、貨幣の鋳造（和同開珎）と新しい都（平城京）の建設が命じられた。平城遷都の詔は新都建設の理由について、次のように述べている。

方《まさ》に今、平城《へいぜい》の地は、四禽《しきん》、図《と》に叶《かな》い、三山、鎮を作《な》し、亀筮《きぜい》ならびに従う。都邑《とゆう》を建《た》つべし。

中国の陰陽思想では東に流水あれば青龍、西に大道あれば白虎、南に沢畔あれば朱雀、北に高山あれば玄武と見立て、「四禽、図に叶う」吉祥の地とする。大和三山に囲まれた奈良盆地南部から、より広大で河川や陸上交通の便利な奈良盆地北部への遷都はすでに文武天皇の晩年に計画されており、元明天皇によって事業の継承が宣言されたのである。

遷都の詔から約一年と短期間で工事は進み、和銅三年（七一〇）三月、元明天皇は藤原京を離れ、平城京に移った。

飛ぶ鳥の　明日香の里を　置きて去《い》なば　君があたりは
見えずかもあらむ

平城宮大極殿（奈良文化財研究所提供）

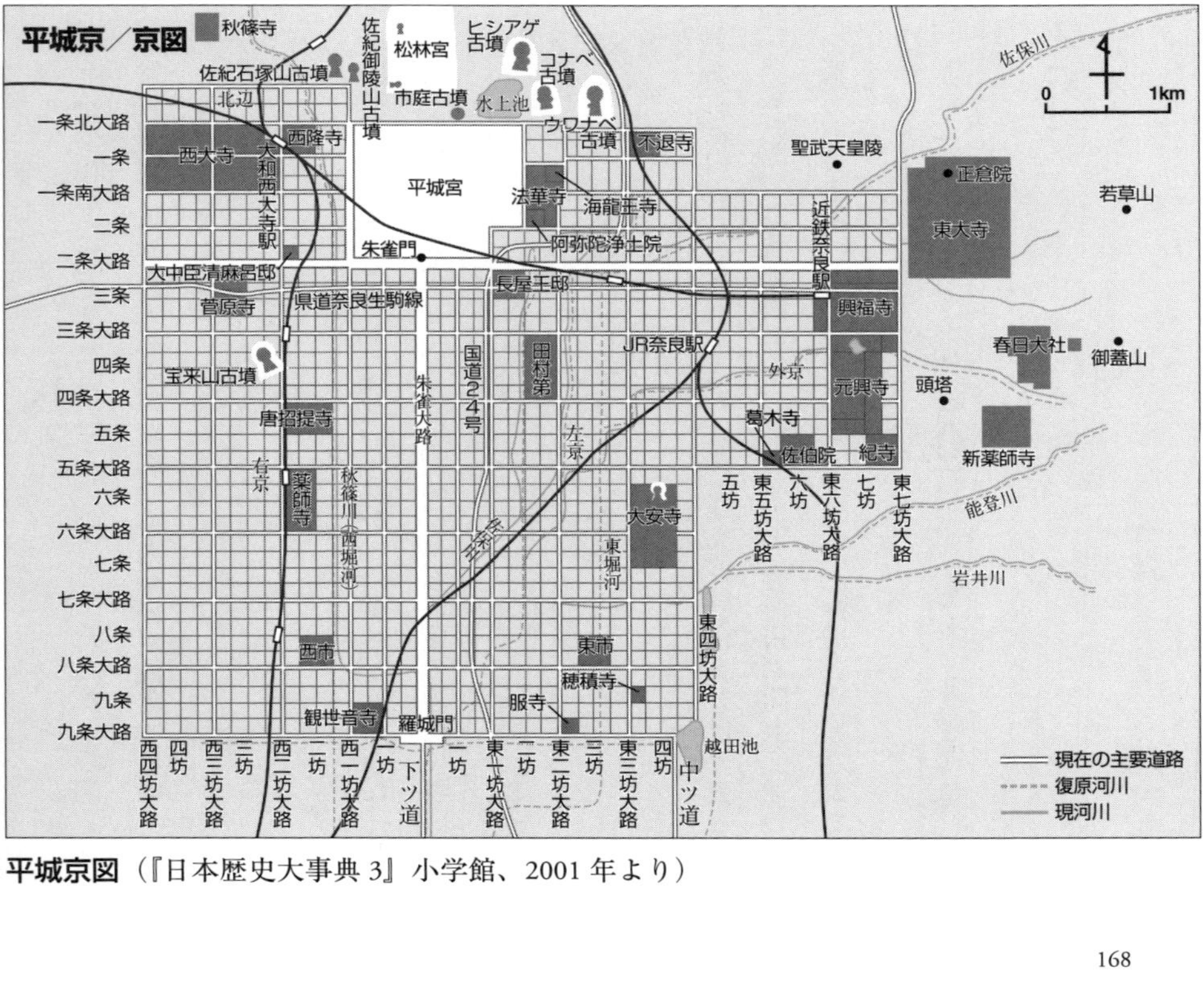

平城京図（『日本歴史大事典 3』小学館、2001 年より）

思い出多い飛鳥の地を後にした天皇は途上の感慨を歌に残している。

建設に着手後、わずか一年四ヶ月で遷都が実行できたのは、多くの建物を藤原京から移築したからであった。遷都時にはまだ宮の大垣も未完成であったが、宮殿や官庁の建物だけではなく、大官大寺（大安寺）や薬師寺、飛鳥寺（元興寺）や厩坂寺（興福寺）など、藤原京や飛鳥の大寺院も順次新都に移された。

唐の長安城を模して計画された平城京は東西約四・三キロメートル、南北約四・八キロメートルの規模をもつ巨大な都であった。平城京の北部中央に宮城があり、内裏や朝堂、太政官や八省その他の官衙が立ち並んでいた。朝堂の北端にはひときわ大きな大極殿があり、その前の広場（朝庭）は正月朝賀や外国使節の接見など重要な儀式が執り行われる場であった。宮城南端には正門である朱雀門がそびえ立ち、そこから出ると平城京南端である羅城門まで道幅約七十六メートルの朱雀大路が続いていた。

平城京は東に張り出した外京と北辺をもつことが特徴で、後に東大寺がそこに創建されるが、宮域においても内裏の東に張り出し部がみられる。この東張り出し部の北半分の区画には藤原不比等邸が位置していた。平城宮と不比等の邸宅がつながっていたことは、天皇家と不比等の密接な関係を象徴している。

和同開珎と蓄銭叙位令

あおによし寧楽《なら》の京師《みやこ》は咲く花の薫《にお》うがごとく今盛りなり

大宰府に赴任した小野老《おののおゆ》は平城京の盛んな様子を思い出して歌に詠んだ。頑丈な礎石の上に据えられた朱塗りの柱、重厚な屋根瓦を載せた巨大な建物群は、すでに藤原京で唐風の建築物を見慣れていた都の人々にとっても、目を奪われる壮観であったろう。

しかし、他方で、藤原京の建設からわずか十六年しか経ずして行われた巨大な平城京の造営は、国家財政に大きな負担をかけていた。平城京遷都の詔が和同開珎《わどうかいちん》の鋳造を同時に命じていることは決して偶然ではない。銭貨の鋳造自体はすでに天武朝から行われており、飛鳥池遺跡からは富本銭《ふほんせん》が大量に出土している。しかし、富本銭は厭勝銭《えんしょうせん》（まじないに用いる銭）で、広く流通することはなかった。これに対して、和同開珎は流通を念頭に鋳造された銭貨であった。和銅四年（七一一）、律令政府は蓄銭叙位の法を施行した。一定の銭を蓄え政府に献納する者には額に応じて位階を与える制度である。例えば、六位以下、八位以上の者には、十貫（銅銭一万枚）を献納すれば、位を一階進めた。律令国家では有位者であれば無位の庶人とは隔絶した特権をもつことができる。位階を欲する者は争って銭の入手に奔走したことであろう。それだけでは銭の流通にはつながらないが、政府は納入された銭を国家財政に繰り入れて支出に充て、銭の循環流通を実現することができた。この時期で最大の財政支出を必要とする国家事業はもちろん平城京の建設である。

平城京造営の労働力は、主に畿内及び周辺の国々から徴発された「雇役」の民によっていた。「雇役」は「功直」（日当）を与える代わりに役民を強制的に徴用する制度である。功直は元々は税の一種である庸の布でまかなわれていたが、平城京の造営現場では功直は一日一文と定められ、和同開珎一枚が支払われた。しかし、過酷な労役を嫌い平城京の建設現場から逃亡する者が続出したため、政府は対応を迫られた。その一つが、それまで布で納めさせていた調の税を畿内や周辺諸国については銅銭で徴収することにした政策である。これによって、一般の庶民は税を銭で納めるために、雇役によって銭を稼ぎ出さなければならなくなった。狡知に長けた政策ともいえるが、その反面、大量の通貨の発行で貨幣価値が下落した上に、財政収入を上げるために銅の地金よりも高い公定価値を銅銭に付与したため、私鋳銭《しちゅうせん》（にせ金）の横行を招くことになった。大宝・養老律は私鋳銭に対する刑罰を斬刑と定めている。これは唐律が定める流刑よりも重い。一般に日本律の刑罰は唐律よりも一等ないし二等軽く定めていることに比べると異例の加重であり、その背景には私鋳銭の横行があった。

2　元明・元正朝の政治

首皇子の立太子と元正天皇の即位

和銅七年（七一四）、十四歳となった首皇子の元服の儀式が行われ、同時に皇太子に立てられた。翌和銅八年正月、元日朝賀の儀式には礼服を着用した首皇子が参列した。もちろん即位を見据えての動きである。

しかし、同年九月、五十六歳の元明天皇は皇位を娘の氷高《ひだか》内親王に譲った。元正天皇である。年号は霊亀と改められた。氷高内親王は文武天皇の姉にも当たる。譲位の詔は、「在位九年間、一日として心の安まることはなく、疲れ果ててしまった。皇位を皇太子に譲りたいが、年歯幼稚で、未だ宮殿の奥深くから出ることができない。そこで皇太子の伯母である氷高内親王に譲る」と説明している。「年歯幼稚」というが、首皇子の父文武天皇は十五歳で即位している。また、この年正月に行われた元日朝賀の儀式では百官が堵列する場に皇太子として姿を現しているのであるから、「いまだ深宮を離れず」もあまり説得力がない。天武天皇の皇子やその子らが多くいる中で、立太子と即位を連続して強行することが難しかったのであろうか。文武天皇の場合には、立太子と同時に即位しているが、それは譲位した持統太上天皇の強力な後楯があって実現したことであった。今回は、首皇子の立太子は実現したものの、続けて即位を強行することができず、元正天皇が老齢の母に代わって中継ぎとして即位した可能性が高い。

この間に藤原不比等も首皇子の即位実現に向けて自己の政治力強化を図っていた。元正天皇即位の一ヶ月前、天武天皇の皇子で知太政官事の職にあった穂積親王が死去したが、その後任は補充されていない。また、元正天皇即位の翌年、霊亀二年（七一六）には不比等の娘安宿媛《あすかべひめ》（光明子）が皇太子首皇子の妃となった。

朝堂では、元明天皇即位以後の和銅年間に議政官組織のメンバーが亡くなっても後任は補充されず、元正天皇即位時の霊亀元年には、左大臣石上麻呂、右大臣藤原不比等、大納言は欠員のままで、中納言は粟田真人を含む三人だけであった。霊亀三年（七一七）春、左大臣石上麻呂が七十八歳で亡くなると、同年十月、不比等の第二子房前《ふささき》が「朝政に参議」せしめられた。これは太政官の議政官組織には一つの氏族から一人が選ばれる「一氏一人」の伝統を破るものであり、藤原氏の政治力強化につながった。

国史の編纂

元明天皇の和銅七年に紀清人《きのきよひと》らに命じられた国史の編纂事業は、元正朝の養老四年（七二〇）、天武天皇の皇子舎人《とねり》親王を総裁とする『日本書紀』の撰上によって完成した。天武朝に企てられた「帝紀」及び「上古諸事」の記定に淵源をもつ国史撰修事業は、天上界の最高神天照大神の子孫である天皇家による国家統治の正当性を過去から現在、未来にわたって歴史上に保証する意図によっていた。それとは別に、『古事記』もすでに和銅五年（七一二）に完成していた。稗田阿礼《ひえだのあれ》は七十歳に近い高齢ながらも抜群の記憶力を誇っており、天武天皇に暗誦を命じられた「帝紀」と「旧辞」の内容を口述し、それを太安麻呂《おおのやすまろ》が和文体で筆録したものである。

和銅六年には、諸国に対して、産出する鉱物・植物・動物や、土地柄、山川、野原の名前の由来、古老の伝える伝承などを記録して提出するよう命じられ、その後天平年間に至るまでに順次諸国の『風土記』が撰進された。常陸国風土記や出雲国風土記など五つの『風土記』が現在に伝わっている。
この事業にはその昔、地方首長や大君が国内を廻って支配を確認する国見の伝統をもとに、『風土記』の進上によって国土の支配者が天皇であることを確かめる意図も込められていた。

養老律令の編纂

大宝律令の制定から十数年を経て再び律令の編纂が企図された。『続日本紀』には編纂開始の記事がみえないが、首皇子（聖武天皇）の即位をみすえて、立太子の頃から編纂作業が開始されたものと思われる。首皇子の外祖父に当たる藤原不比等を中心に事業が進められ、「弘仁格式序」によれば養老二年（七一八）に律令各十巻からなる養老律令が撰定されたという。しかし、正史である『続日本紀』は養老律令制定を「養老年中」と記すのみである。また養老律令の編纂官の一人である大和長岡が養老元年から二年にかけて遣唐使の一員として入唐しているので、この年に律令が完成したとすることには疑問がある。おそらく養老律令の編纂作業は養老二年以降も続いていたが、養老四年に編纂を主導してきた藤原不比等が亡くなったため、事業は完成を目前に中断していたのであろう。養老律令は長く府庫に蔵され、施行されたのは天平宝字元年（七五七）に至ってからであった。この時期に政権を掌握した藤原仲麻呂が祖父藤原不比等を顕彰することで自らの権力を高めようと意図したものと考えられている。

養老律令の内容は大宝律令と大差はないが、部分的には大宝律令と原理的に異なる改正を加えている。例えば、戸令の中で相続法に当たる応分条についていえば、唐令では大家族を基本とする「同居共財」原理のもとで、父が死亡しても家産はそのまま継承され、兄弟が婚姻等で独立した家族生活を営み出す段階で、均等に家産を分割するので、財産分割法として諸子均分主義を戸令応分条に規定した。これに対して、大宝戸令応分条は唐令の諸子均分主義を極端な嫡庶異分主義へ変更し、かつ財産分割法ではなく遺産相続法とした。その上で、被相続人の相続財産中、財物の半分とその他の資産全部を嫡子が相続し、財物の残り半分は、嫡子以外の嫡出男及び庶出の男子である庶子間で均分することが定められた。また、被相続人の遺言（存日処分）は、相続財産のうち家人・奴婢についてのみ認められた。この遺産相続規定は、内八位以上の有位者にのみ適用され、嫡子を立てる必要がない庶民の相続法は諸子均分主義であったらしい。

ところが、養老令では大きな改正が行われた。相続財産の分法は、範囲が拡大され、嫡母・継母・嫡子各二分、庶子一分、女子・妾各半分と改められた。また相続人の存日処分（生前処分）の場合、証拠が歴然としていれば、本相続法に拘束されず、全体として応分条は有位者、庶民を問わず適用されることになった。養老戸令応分条は、大宝令の徹底した嫡庶異分主義を改めて諸子均分主義に近づけると共に、女性の相続範囲を大幅に拡げ、さらにその適用範囲を庶民にまで拡大したのである。このような改正がなぜ行われたのか、その理由を明確に示す史料はないが、養老律令の編纂責任者である藤原不比等の四子がこの頃から太政官メンバーに入るなど政界に進出し始め、やがて藤原北家、南家、式家、京家が分立してゆくこととある程度関係があったのかもしれない。

藤原不比等の死と皇親勢力の台頭

養老四年（七二〇）八月三日、天武嫡系の皇統を支えてきた右大臣藤原不比等が死去した。翌日、舎人親王が知太政官事、新田部《にいたべ》親王が「知五衛《ちごえい》及び授刀舎人事《じゅとうしゃじんじ》」に任命された。五衛は衛門府・左右衛士府・左右兵衛府の五衛府、授刀舎人は慶雲四年（七〇七）に新設された天皇の親衛軍である。翌養老五年には長屋王が右大臣となった。左大臣は欠員のままであったから、一見すると皇親勢力が政治軍事の権力を掌握したかのようにみえ、この時期を皇親政治の時代とみる学説もあったが、これらの皇親が一致した政治的意図の下に結集していたとは考えにくい。のちの長屋王の変で、王の罪状糾問に当たったのも同じ皇族の舎人親王である。

長屋王の台頭と並行して不比等の四子も着々と昇進していた。長屋王が右大臣となったその日に、長男武智麻呂《むちまろ》が中納言となった。その直前、武智麻呂は正四位下から従三位に、次男房前は従四位上から従三位に、三男宇合《うまかい》は正五位上から正四位上に、四男麻呂《まろ》は従五位下から従四位上にそれぞれ昇叙されている。いずれも二階から五階の特進である。この叙位では房前が兄武智麻呂と並ぶ従三位に叙されていることが注目される。

養老五年十月、病床にあった元明太上天皇は右大臣長屋王と参議藤原房前を呼び、自分の亡き後、葬儀は簡素にすることと、近侍の者や五衛府官人は警戒を厳しくして不慮の事態に備えよと遺詔した。政界の変動を予感していたのであろうか。これに加えて、今度は元正天皇が詔によって房前を内臣に任じた。内臣はかつて房前の祖父鎌足が特に任命された先例があり、天皇の側近にあって政治全般にかかわる重職である。その権限について「内外を計会し、勅に准じて施行せよ」とあるように、内臣の判断は天皇の勅命に準ずるものとされた。

太上天皇の死後、初めて東海道鈴鹿の関、東山道不破関、北陸道愛発《あらち》関の三関を固める固関《こげん》が行われた。中央の政治不安や兵乱の危険が予想される時、反乱者が東国へ赴いて兵を徴発するなど、政変が地方に波及することを防ぐためとされており、後世には天皇や太上天皇の崩御の際に行われる儀式的な制度となったが、この時は現に政変が予感されていたのかもしれない。

右大臣長屋王と内臣藤原房前が並び立つ元正朝では、亡き元明太上天皇の不安に反して大きな政治的波乱はなく、律令制を現実に運用する上で必要な政策が進められた。霊亀三年（七一七）、人為的な編戸に基づく里制と村落の実態との乖離を解消するために、従来の里を郷としてその下に二、三の里を置き、加えて従来の戸を郷戸としてその下に二、三の房戸を置く郷里制を施行した。また、養老六年（七二二）閏四月、耕地の不足に対応するため墾田百万町歩開墾計画を打ち出した。この政策は現実に機能しなかったようであるが、翌養老七年には三世一身の法を発令して、新たに溝池を造って田地を開いた者には三世（本人・子・孫）、旧来の溝池によって開墾した者には一身の間、開墾した田地の領有を認めることとして耕地の拡大を図った。

3　聖武天皇の即位と政争劇の幕開け

首皇子の即位

養老八年（七二四）二月、藤原氏にとって待望久しかった首皇子の即位が実現した。二十四歳の聖武天皇である。年号は神亀と改元された。

即位の日、長屋王は左大臣に昇ったが、その直後、のちの政変を予感させる事件が起こった。文武天皇の夫人であった藤原宮子の称号問題である。聖武天皇の即位と同日に、聖武天皇即位によって、天皇の生母となった藤原宮子を敬って「大夫人」の称号を付与する旨の勅が出された。ところが三月になって、左大臣長屋王ら太政官から、「公式令によれば「皇太夫人」と定められているので、「皇」の字をぬかせば違令の罪に当たり、といって勅に定められた「大夫人」を用いなければ、違勅罪を犯すことになる。自分たちは定めるところを知らない。どのようにしたらよいか天皇の進止（判断）を聴きたい」という奏言が奉られた。結局、勅は撤回され、改めて、公文書に記すときは公式令の規定通り「皇太夫人」と書き、言葉で語る時は「大御祖《おおみおや》」と称するようにと命じる勅が出された。後勅は「先の勅を追収して後の号を頒下すべし」と命じているから、先勅はすでに天下に布告されていたのであろう。詔勅は「綸《りん》言汗《げん》の如く」（天皇の言葉は流れ出た汗と同じで戻らない）といわれるように絶対的なものである。にもかかわらず、聖

藤原氏と天皇家を中心とした系図

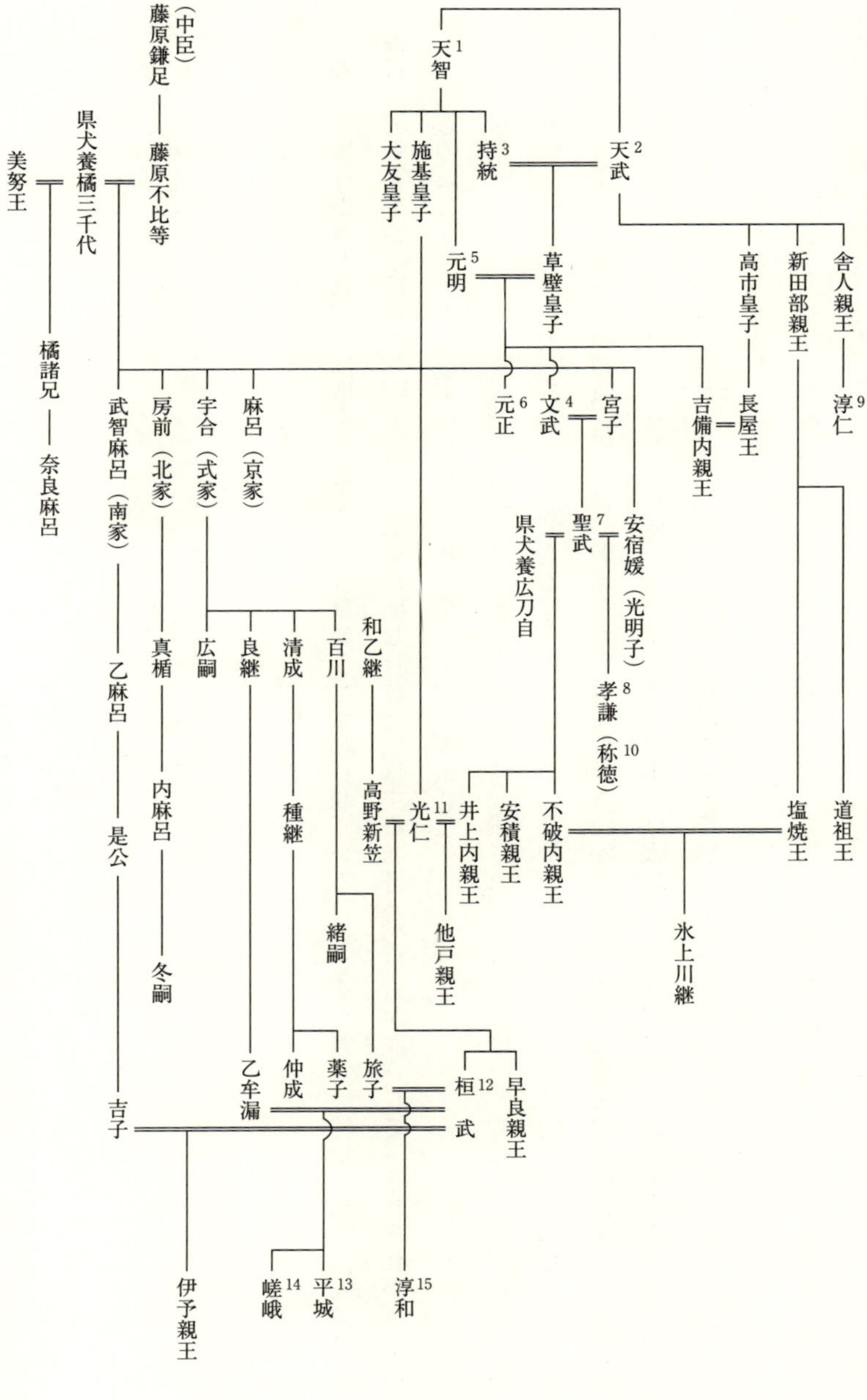

（数字は即位順。兄弟姉妹の長幼の順は示していない。）

平城宮内裏東方の造酒司跡地から出土した木簡（奈良文化財研究所提供）
神亀元年の聖武天皇即位の大嘗祭に供された「白酒」の付札①及び「神亀元年」の年紀の入った付札②

武天皇の勅は長屋王を首班とする太政官の奏言によって撤回された。

このことは日本の太政官の性格を考える上でも重要な意味をもっている。そもそも唐では制勅の起案作成に当たる中書省、制勅案を審議駁正《はくせい》する門下省、六部を統括し行政を執行する尚書省の三省が並立して、それぞれが皇帝に直属し、三省の長官などからなる宰相会議が国政の重要事項を審議した。

これに対して、日本では太政官機構に唐三省の権限が一元的に包摂されており、制度上、太政官の権能が拡大している。前章に述べたように国家統治の準則である律令法も君主の恣意的な支配を制限する役割を果たした。天皇の意志を伝達する詔勅は太政官の議政官構成員の署名なしでは発行できなかったし、唐では皇帝大権に属する「発日勅」によって下達するものとされている兵馬差発などの事項が、日本では太政官が発議して天皇に奏上する「論奏」の様式によるものとされている。これらは大化前代の大夫合議制の伝統を引くもので、律令国家の政体が君主制をとりながら貴族制的な要素を強く残していることを示している。

もちろん、長屋王等の奏言が王権の抑制を意図していたと過度に強調することは適切ではない。名例律の疏文に「非常之断、人主之を専にす」とあるように、天皇（皇帝）は法を超越した臨機の判断を行う権限を保持していることも事実である。律令国家は基本的に君主制国家であり、貴族共和制ではない。律令制下の天皇は大和王権以来の首長としての性格と国家大権を保持する統治権の総覧者としての性格との両方を兼ね備えていた。現実政治の上では、時に恣意的に権力をふるおうとする皇帝（天皇）と、法を盾に一命を賭してそれを防ごうとする臣下のぎりぎりのせめぎ合い（守法）によって権力のバランスが保たれていたのであって、どちらか一方に極端に傾くと、弾圧や反乱など政変が生じるのが常であった。

長屋王の変

神亀四年（七二七）閏九月二十九日、聖武天皇夫人光明子が亡父不比等の邸宅で皇子を出産した。藤原氏待望の皇子の誕生である。間を置かず十一月二日にはその皇子を皇太子に立てる詔が出された。異例の措置である。

しかし、好事魔多しの例え通り、翌神亀五年、幼い皇太子が重病に陥った。天皇は三宝の威力に頼って皇子の命を救おうと必死の祈願を続けた。また天下に大赦を号令し、祖廟に幣帛を奉るなど、病気平癒を祈ってあらゆる努力を続けたが、その甲斐もなく、九月十三日、皇太子は満一歳の誕生日を待たずに逝った。時に流星が真紅の尾を引き、四つに割れて天宮の中に消えたという。

年が明けた神亀六年（七二九）二月十日、朝廷に激震が走った。平城京左京の住人である漆部君足《ぬりべのきみたり》と中臣宮処《みやところの》東人《あずまひと》の二人が、左大臣長屋王が密かに左道を学び国家を傾けんとしていると密告したのである。直ちに三関が固められ、中衛府を含む六衛府の兵が長屋王宅を包囲した。兵を率いたのは式部卿中衛府大将の藤原宇合《うまかい》であった。翌十一日午前、知太政官事舎人親王らが長屋王宅に赴いて、王の罪状を糾問した。十二日に長屋王は自尽。その妻で草壁皇子の娘吉備内親王や膳《かしわで》夫王、桑田王、葛木《かつらぎ》王、鉤取《かぎとり》王らも自殺し、王家の人々や家人もみな投獄された。翌日、吉備内親王には罪なしとの勅が出され、家人らも解放された。のちに長屋王の弟、姉妹や長屋王の妻となっていた藤原不比等の娘とその所生である安宿《あすかべ》王、黄文《きぶみ》王らも罪なしとされている。

道名	国名	税目・品目
畿　内	大倭	米（舂米）
	山背	白米、俵（舂米）
	摂津	俵（舂米）、交易進贄塩染阿遅
	河内	
東海道	伊勢	舂米、俵
	志摩	調海松、牟津荒腊
	尾張	俵（舂米）
	参河	御贄佐米
	駿河	堅魚
	伊豆	調荒堅魚
	相模	
	武蔵	菱子
	上総	鰒、荏油
東山道	近江	庸米、米（庸米、舂米）、俵、御贄
	美濃	干宍、煮塩年魚
北陸道	越前	白米、米・俵（舂米）、栗、呉桃子
山陰道	丹波	俵、交易贄腊
	丹後	小堅魚
	但馬	大贄、□子
	伯耆	
	出雲	大贄腊
	隠岐	軍布
山陽道	播磨	槲
	美作	鉄
	備後	舂税、俵（舂米）
	安芸	
	周防	調塩
南海道	紀伊	調塩、太海細螺
	阿波	酢年魚、黒米、贄切海藻
	讃岐	白米、塩、多比、阿遅
	伊予	調塩、大贄雑腊、俵
西海道	筑前	鮒脂、鯛醤

（備考）税目・品目は木簡の表記によることとし、不明のものは空欄のままとした。なお、単に米、俵とあるもので、量目により税目の区別のつくものは（　）内に示した。

長屋王邸で消費された諸国からの貢進物

（奈良国立文化財研究所編『平城京　長屋王邸宅と木簡』吉川弘文館、1991年より）

「長屋親王」の記載のある木簡（奈良文化財研究所提供）

この事件は光明子が生んだ皇太子の死去によって、藤原氏の外戚としての地位が失われ、反対に長屋王の勢力が強化されることを恐れた藤原氏による陰謀であった。事件から十年の歳月が過ぎた天平十年（七三八）七月、左兵庫少属の大伴子虫が右兵庫頭中臣宮処東人を斬殺する事件が起きた。二人は職務の合間に囲碁に興じていたが、話題がたまたま長屋王の事件に及ぶと、子虫はにわかに激昂して剣を抜いたという。子虫はかつて長屋王に仕えて恩顧を被った者であった。被害者の東人は長屋王を密告した当人である。事件を記録する『続日本紀』は、東人について、「長屋王を誣告した人なり」と明記している。誣告は讒言によって無実の人を罪に陥れる行為であり、律にも誣告罪の規定がある。国家の正史である『続日本紀』も長屋王が無実であったことを前提にしているのである。

しかし、長屋王の側にも藤原氏に警戒される要因があった。一九八六年から始まった長屋王邸跡の発掘調査によって、膨大な木簡群が発見されたことで、長屋王宅の規模や豪華な生活ぶりが明らかになった。平城京左京三条二坊一・二・七・八坪と四坪を占める宅地は広大で、調査面積だけで三万二千平方メートルに及んだ。最も注目されたのは「長屋皇宮」と記された、地方から進上された舂米《つきしね》（白米）の付け札（荷札）木簡や「長屋親王宮大贄鮑」と記された木簡である。地方から贄として鮑を進上した際の荷札木簡であるが、そこでは長屋王が「親王」と称されている。そして贄は大化前代の大王への貢物の系譜を引く天皇への供御の食料である。長屋王は天武天皇の皇子高市皇子の子であるから天皇の孫に当たる。令の規定では親王は天皇の子または兄弟の称号と定められており、長屋王は制度上は王姓を名乗らなければならない。正史はそのように記載している。しかし、木簡の発見によって、長屋王が現実には親王の扱いを受けていた可能性が高くなった。

長屋王は壬申の乱に活躍し、太政大臣を務めていた高市皇子の子で、母は天智天皇の娘御名部《みなべ》皇女である。血筋の点では、父こそ草壁皇子だが臣下の娘である藤原宮子を母とする文武天皇にまさる。大宝四年（七〇四）、初めての叙位では正四位上を授かっている。令の蔭位の規定では親王の子は従四位下と定められているから、規定よりも三階も高い特別待遇である。霊亀元年二月には、長屋王の嫡妻吉備内親王の男女の子を皇孫の例に入れることが元明天皇の勅によって定められていた。長屋王やその子らが皇位継承資格を得たと受け止めることも可能な処遇である。もともとこうした優遇は持統太上天皇や元明太上天皇の意志を反映したもので、長屋王が文武天皇や聖武天皇の後ろ盾になることを期待されての処遇であった。藤原不比等がその娘長蛾子《ながこ》を長屋王の室としていることをみても当初から藤原氏と敵対関係にあったとはいえない。長屋王が主催する詩宴の場には房前や宇合も参加しており、『懐風藻』には詩賦を通じた彼らの交流の様子がみられる。長屋王自身に皇位への野心があったかどうかは明らかではないが、その振る舞いや生活ぶりは天皇に匹敵するほどであり、不比等死後の政界の転変の中で、次第に藤原氏にとって警戒すべき相手になっていったのであろう。また大夫人称号事件でみせた律令を楯に勅の当否を問題にする長屋王の制度を守ることに厳格な姿勢は、光明子の立后を図る藤原氏にとっては大きな障害であったと思われる。

光明立后

長屋王の変が落ち着いた神亀六年（七二九）八月、年号が天平と改められた。都を治める京職の長官であった藤原麻呂が献上した亀の背中に「天王貴平知百年」と読める文字が浮かんでいたことを祥瑞とした改元である。王者の政治が良く行われている時に天がこれを賞して瑞兆を現すという中国の祥瑞思想によるもので、しばしば即位や改元の理由として使われた。『延喜式』には、龍や麒麟、瑞雲の出現から始まって、白鷺の出現など多くの祥瑞の等級が定められている。

天平改元の直後、「正三位藤原夫人を立てて皇后とす」との詔が出された。後宮職員令の規定では天皇の妻について、「皇后」と「妃《ひ》」は「四品以上」、「夫人《ぶにん》」は三位以上、「嬪《ひん》」は五位以上と定めている。品階は天皇の子だけに与えられるから、皇后と妃は内親王であることが資格条件である。大化前代にあっても大后は皇族であったから、光明立后は長い伝統を破る異例のことであり、立后に当たって、父藤原不比等の功績と葛城曽豆比古の娘伊波乃比売命《いわのひめのみこと》（磐姫）が仁徳天皇の后になったという『日本書紀』でも伝説的な時代の例を引かなければならないほどであった。

光明子の立后については、光明子の生んだ皇太子が亡くなった同じ年に、聖武天皇のもう一人の夫人県犬養広刀《あがたいぬかいのひろと》自《じ》が安積《あさか》親王を生んでおり、この皇子が将来皇位を継承する可能性があったため、藤原氏が、必要な場合に、皇后を中継ぎの天皇とする意図もあって光明子の立后を図ったのだとする説もある。県犬養氏にそれほどの力があったかどうか疑問もあるが、当時、大伴氏や橘氏が安積親王の周辺に集う状況があり、皇子の死去で過敏になっている藤原氏からみれば長屋王と同様、外戚となる可能性のある氏族として警戒されたのであろう。

藤原四子体制から橘諸兄政権へ

長屋王の死後、藤原四子は着々とその勢力を伸ばし、四兄弟がそろって廟堂に列することになった。天平三年（七三一）の太政官は知太政官事舎人親王のほかは左右大臣は欠員で、大納言は藤原武智麻呂と大伴旅人（同年七月死去）の二人、中納言は阿倍広庭一人、参議に藤原房前、宇合、麻呂と多治比県守、鈴鹿王、葛城王、大伴道足の七人という陣容であった。天平六年にはさらに武智麻呂が右大臣に昇り、廟堂の首班となった。

その間、天平四年八月、多治比広成《たじひのひろなり》を大使とする遣唐使が任命された。大宝元年、霊亀二年に次ぐこの遣唐使には在唐中、鑑真に師事し、後に鑑真の渡日実現に情熱を傾けた栄叡《ようえい》・普照《ふしょう》らの学問僧も従っていた。大使広成の乗船する第一船は天平六年に、先の霊亀二年の遣唐使に従って渡唐していた下道《しもつみち》（吉備）真備と僧玄昉《げんぼう》を伴って無事帰朝した。第二船も天平八年に帰着したが、第三船、第四船はついに帰らなかった。この頃から平安時代に廃止されるまで遣唐使は命がけの危険な旅としてイメージされるようになるが、その理由は遣唐使の航路が、それまでの対馬から朝鮮半島西岸を北上し黄海を渡って山東半島に着岸する比較的安全な北路から、九州から東シナ海を一気に渡る危険な南路に変更されたことになっている。航路の変更はこの頃、新羅との関係が微妙なものになっていたことによっている。

八世紀初頭、満州北部の靺鞨族が南下して旧高句麗領の大半を占領し渤海を建国していた。圧迫を受けた新羅は唐と提携を深め、渤海は対抗上、日本との交流を求めてきた。神亀四年（七二七）渤海の使いが初めて来日し、以後、渤海による朝貢形式をとった通交が始まった。この渤海と日本の接近は新羅を刺激し、天平四年（七三二）に来朝した新羅の使節は、朝貢の年期を改めたいと申し入れた。朝廷は「来朝の期は三年に一度とすべし」と回答したが、新羅の態度に不審を抱くようになった。

多治比広成の遣唐使任命と同日に、藤原房前が東海・東山二道節度使に、多治比県守が山陰道節度使に、藤原宇合が西海道節度使に任命された。国際情勢の緊張が影響した結果と思われる。

国内でも蝦夷の公民化政策を進めていた東北で、養老四年と神亀元年に蝦夷の反乱が起こった。和銅五年（七一二）に出羽国が設置され、東国の民を蝦夷地に移す政策が進むにつれて、蝦夷の反発が大きくなっていたのである。天平九年（七三七）正月、陸奥鎮守将軍、陸奥按察使を務めた大野東人《あずまんど》が雄勝村を征服して陸奥国から出羽国への直路を開くことを建言した。朝廷はこの策を受け入れ、藤原麻呂を持節大使として陸奥へ派遣して作戦の実施に当たらせ、東人自ら騎兵、鎮兵、陸奥国の兵、帰服した蝦夷の兵など大軍を率いて出羽国に入り、作戦目的を達した。

藤原四子はそれぞれの立場で活躍を始め、都人は武智麻呂を南家、房前を北家、長く式部卿を務めた宇合を式家、京職大夫を兼任していた麻呂を京家と呼んだ。藤原氏の全盛時代が到来したかと思われたが、天平七年に九州で流行した裳瘡《もがさ》（天然痘）が、天平九年に都に入って猛威を振るう中で、四月から八月にかけて、北家房前、陸奥から帰った京家麻呂、南家武智麻呂、そして式家宇合と四人の兄弟が次々と罹患し病没した。ほかにも多くの朝廷人がたおれ、公卿で生き残ったのは鈴鹿王と橘諸兄《たちばなのもろえ》の二人の参議だけであった。鈴鹿王は長屋王の弟、橘諸兄は美努《みの》王と県犬《あがたいぬ》養《かいのみ》三千代《ちよ》の間に生まれた葛城王で、光明皇后とは異父同母の関係である。生母県犬養橘三千代の姓によって橘宿禰の姓を許され、臣籍に降下して名も諸兄と改めていた。

廟堂の再建が急がれ、十二月までに鈴鹿王を知太政官事とし、橘諸兄を大納言、広成を中納言に昇進させ、南家武智麻呂の長子豊成らを参議に任ずる体制がとられた。さらに翌天平十年正月、諸兄は右大臣となった。同時に、聖武天皇と光明皇后の間に生まれた阿倍内親王が皇太子に立てられる。女性の皇太子は将来の皇位継承の不安定化を招く危険があったが、聖武天皇と県犬養広刀自の間に生まれた安積親王が成長する中で、あくまで天武直系であり、かつ藤原氏の血を引く天皇の即位を実現するために強引に立太子が進められたのである。橘諸兄の右大臣就任も、光明皇后の異父兄に当たる諸兄を政権の首班に据えることで阿倍内親王の立太子実現を有利に運ぶ思惑が込められていたのであろう。

藤原広嗣の乱

橘諸兄政権の時代には僧玄昉と吉備真備が重用された。玄昉は在唐中、智周大師に法相の教学を学び、玄宗皇帝から特に紫の袈裟を賜り、帰朝の際には経論五千余巻と種々の仏像を将来した。帰朝後、聖武天皇に厚遇され、天平九年には僧正に任じられている。その後、内道場に入って、長い間憂鬱の病に苦しんでいた皇太夫人藤原宮子を仏教的な呪術によって平癒させ絶大な信任を得た。

吉備真備は吉備の地方豪族下道氏の出身であるが、のちに吉備朝臣に改姓を許された。養老元年（七一七）、遣唐使と共に入唐し、天平六年（七三四）、留学僧玄昉と共に帰国した。翌年入京して唐礼・大衍暦《だいえんれき》や数々の宝器を将来して朝廷に献上した。真備は聖武天皇にその文才を愛され、従八位下という低い身分から一気に貴族階級に入る五位を授けられた。玄昉が内道場に入った時、真備は皇太夫人付きの中宮亮であったから、両者の間には唐からの帰朝に際して同じ船に乗り合わせた時から交わりがあったのであろう。

真備や玄昉のほかにも蝦夷地経略で功績のあった大野東人が天平十一年（七三九）参議に任命されるなど、この時期には藤原氏の勢力が後退した間隙をぬって、聖武天皇に才能を見出され天皇の個人的な恩寵で政界に進出する者が多かった。その中で、天平十二年八月、亡くなった藤原宇合の子で大宰少弐に左遷されていた藤原広嗣が上表して時政の得失を指弾し、玄昉、真備を除くべきことを請い、九月に入ってから九州の兵を動員して挙兵した。朝廷は直ちに東海、東山以下五道の軍一万七千人を徴発し、大野東人を大将軍として九州に進発させた。板櫃河《いたびつがわ》の戦いで官軍に敗れた広嗣は逃亡先の値嘉嶋《ちかのしま》で斬られ、内乱は一月半で終息した。

彷徨える王権

藤原広嗣の乱は短期間に鎮圧されたが、その間、中央では思わぬ事態が持ち上がっていた。大野東人ら征討軍を進発させた後の天平十二年十月、聖武天皇が、

朕、意《おも》う所あるに縁《よ》りて、今月の末、暫く関東に往《ゆ》かんとす。その時に非ずというとも、こと已《や》むことあたわず。将軍これを知りて驚ろき怪しむべからず

と東人らに勅命を下し、伊賀、伊勢、美濃、近江と巡幸を続けたのである。なぜか乱が終結しても都には戻らず、十二月、山背国相楽郡恭仁《くに》郷に至ってようやくとどまり、その地で遷都を宣言して恭仁京《くにきょう》造営を開始した。恭仁の地にはもともと離宮である甕原宮《みかはら》があり、近隣には橘諸兄の別荘もあったので、恭仁遷都は右大臣諸兄の主導による政策と考えられている。しかし、天平十四年（七四二）、天皇は今度は近江国甲賀郡紫香楽《しがらき》村に離宮として紫香楽宮《しがらきのみや》を

造営してしばしば行幸を繰り返し、天平十五年には恭仁京造営が中止された。ところが、翌十六年には一転して難波へ行幸し、二月には天皇が紫香楽宮に戻ったままで、元正太上天皇と左大臣橘諸兄が代わって難波遷都の勅を宣した。この後、事態はさらに混迷の度を増した。聖武天皇はついに難波に戻らず、天平十七年正月一日、紫香楽宮の宮門に遷都を意味する楯と槍《ほこ》が立てられた。事実上の遷都宣言である。

こうした迷走は造営工事の負担や移住を強制された人々の不満を招き、宮の周辺で山火事が頻発し、連日連夜地震が続くなど不穏な空気が漂った。ついに太政官が百官を集めて都の場所をどこにしたらよいか問うと、全員が平城京と答えた。また、薬師寺に諸寺の僧を集めて問うた結果も同じであった。結局、五月に入って天皇は平城京に還都し、ほぼ五年にわたる彷徨に終止符が打たれた。

4　鎮護国家の仏教

国分寺創建と大仏造立

律令国家は仏教に鎮護国家の呪力を期待した。天然痘が大流行した天平九年（七三七）三月には、「国ごとに釈迦仏像一軀、挟侍菩薩二軀を造り、また大般若経一部を写さしめよ」という詔が出され、天平十三年三月には国分寺創建の詔が出された。諸国に金光明四天王護国之寺（国分寺）と法華滅罪之寺（国分尼寺）を建て、金光明四天王の加護による五穀豊穣と国家の繁栄を祈願することを目的としていた。

さらに平城還都前の天平十五年（七四三）十月、聖武天皇は紫香楽宮において盧遮那仏《るしゃなぶつ》造顕の詔を発令した。詔には、

それ天下の富を有《たも》つは朕なり。天下の勢を有つは朕なり。この富と勢とを以て、この尊像を造らむ。（中略）もし更に人有りて一枝の草、一把の土を持ちて、像を助け造らんと情に願はば、恣《ほしいまま》に聴《ゆる》せ。

と記されている。一方でこの壮大な事業を必ずやり抜くという王者としての自負と決意が読み取れるが、他方で華厳経の教義に従って、仏の前では天皇も衆生の一人であり、天下の衆生と共に福業をおさめることで、仏法による国家の安泰を実現しようとする意図が現れている。翌年には大仏鋳造のために骨柱が建てられたが、平城還都によって作業は中止され、新たに平城京の東郊にあった金鐘寺《こんしゅじ》において事業が再開された。金鐘寺は夭折した聖武天皇の皇子の冥福を祈るために建てられた寺であった。国分寺創建の詔によって金光明寺と改称され大和の国分寺となっており、大仏造立が開始されたころから東大寺と呼ばれるようになった。大仏造立の最大の難関は巨大な仏像の鋳造作業で、これには三年の歳月を要したが、白村江の戦いで亡命してきた百済貴族の子孫である国中君麻呂《くになかのきみまろ》の指揮の下に、八度に分けた銅の流し込み作業を重ねて鋳上げることができた。銅像の鍍金に必要な金の調達も課題であったが、天平勝宝元年（七四九）四月、陸奥国で黄金が発見され、陸奥守百済王敬福が黄金九百両を献上するなど幸運にも恵まれた結果、律令国家の総力をあげた大事業は天平勝宝四年（七五二）四月に終了した。

聖武天皇は陸奥から貢金があった後、天平勝宝元年七月にすでに皇太子阿倍内親王に譲位しており、朝廷は孝謙天皇の時代になっていた。元正太上天皇や民間の力を動員して大仏造立に協力した大僧正行基もすでに亡くなっていた。大仏の開眼供養会は天平勝宝四年四月九日、聖武太上天皇、光明皇太后、孝謙天皇がそろって行幸し、左大臣橘諸

兄以下文武百官及び僧侶一万人が参列して行われた。朱塗りの柱に支えられた巨大な堂内には諸家から献上された色とりどりの造花が散らされ、八方に極彩色の幡が立てられた中で、大仏は金色燦然と輝き、人々の目を奪った。天竺（インド）出身で、唐に渡り、天平八年（七三六）に帰着した遣唐使の招きで渡日してきた婆羅門僧菩提僊那《ぼだいせんな》を開眼師とし、点睛のために開眼師が執る筆には太紐が十二本結びつけられていて、聖武太上天皇以下の参列者がこれを握った。結縁開眼の後は、華厳経の講読や日本古来の久米舞や楯伏の舞、外来の唐楽・高麗楽・唐女舞など舞楽の奏上が続き、儀式は無事終了した。

『続日本紀』は当日の様子を「仏法東に帰りてより、斎会の儀、かつてかくの如く盛んなるはあらず」と述べている。後世、大仏は治承の平重衡、永禄の松永久秀による二度の兵火にあって原型のほとんどを失い、大仏殿も焼失して改修により規模は縮小したが、なお現在にその偉容を伝えている。また、大仏開眼から四年後に崩じた聖武太上天皇遺愛の品々は光明皇太后によって東大寺の正倉院に寄進された。皇太后自ら作成した願文は目録の体裁を取り、「国家珍宝帳」と呼ばれ、他の献納物の目録と合わせて「東大寺献物帳」と呼ばれた。それらによって、西域やペルシャからもたらされた絵画や工芸品を含む多量の宝物がほぼ現在に伝わっていることが知られる。

ほかにも、東大寺の写経所で経典書写の料紙として裏面が利用された太政官符や戸籍などの公文書は膨大な紙背文《しはいもん》書《じょ》として現在まで正倉院に伝わり、「正倉院文書」と呼ばれて古代の政治・経済・文化を知る上で貴重な史料となっている。

墾田永年私財法の発令

聖武天皇が紫香楽宮で盧遮那仏造顕の詔を発令した天平十五年（七四三）、墾田永年私財法が発令された。これより先、八世紀前半においてすでに口分田の不足などから班田制の維持が難しくなり、長屋王政権下の養老六年（七二二）には良田百万町歩開墾計画が立てられ、翌養老七年には三世一身の法が出された。新たに溝池を造って田地を開いた者には三世（本人・子・孫）、旧来の溝池を利用して開墾した者には一身の間、開墾した田地の領有を認めることとして耕地の拡大を図ったが、期限が近づくと開墾田が放棄されて荒廃するなど思うような効果があがらなかった。

そこで、墾田永年私財法は一品及び一位に五百町など品位によって開墾面積に制限を加えると共に、開発された墾田を収公せず永代所有を認める方針を打ち出した。墾田永年私財法は土地公有を基本とする律令土地制度の原則を覆す政策とする見方が強かったが、墾田は田租を国家に納入する輸租田であり、また耕地の拡大によって政府が全国の土地を把握する体制が確立したともいえる。特にこの時期に発令されたことは、前年の国分寺創建の詔、同年の盧遮那仏造顕の詔の発令や恭仁宮・紫香楽宮造営と続く負担への不満をやわらげ、輸租田の拡大による財政の改善も視野に入れていた可能性が高い。

しかし、このような政策によって貴族や寺社、地方豪族による大土地所有の動きが生まれた。墾田永年私財法の発令以後、班田制は徐々に弛緩し、延暦二十年（八〇一）には手続煩雑を理由に一紀（＝十二年）一班制に改められた。その後、不定期に行われたが、延喜二年（九〇二）の伊勢国、同三年の伊賀国を最後に班田実施の史料はみえなくなる。

藤原仲麻呂の台頭

華やかな盧舎那仏開眼会の裏で、政界では王権をめぐる政治的な対立抗争が激化の兆しをみせていた。そのきっかけは病気がちになった聖武天皇の後継が未婚の阿倍内親王に決まったことである。天平十年（七三八）の阿倍内親王の立太子後も皇位継承のゆくえは安定せず、政変が続いた。恭仁京遷都から平城還都の頃までは橘諸兄が政権を主導していたが、混乱の責めが諸兄に向けられて、急速にその政治力は失われていった。

天平十六年（七四四）閏正月、聖武天皇が難波に行幸した際、脚病を訴えて恭仁京へ引き返した安積親王が突然亡くなった。時に恭仁京の留守官は南家武智麻呂の子である藤原仲麻呂であり、十七歳の親王の急死については仲麻呂による暗殺の疑いがもたれている。安積親王は県犬養広刀自が生んだ、聖武天皇にとってただ一人の皇子であり、県犬養氏の出である橘諸兄にとっても同族の星である。諸兄自身は藤原不比等の後室となった県犬養橘三千代と美努王《みのおう》の子であり、光明皇后の異父兄として藤原氏とも深いつながりをもっていたが、安積親王の死によって諸兄の権力基盤が脆くなったことは否めない。また、諸兄政権下で吉備真備と並び立ち、紫香楽宮における盧舎那仏造営計画にも関与していた僧玄昉も平城還都後、天平十七年十一月、筑紫観世音寺に左遷され、翌年同地で怪死した。

天平十五年五月、皇太子阿倍内親王が内裏で五節の舞を元正太上天皇に奉納した。その場で聖武天皇は五節の舞が天武天皇が礼楽をもって天下を統治するために造ったものであることを宣言し、右大臣橘諸兄をはじめ群臣が「君臣祖子の理」を忘れず天皇の御世御世に長く仕え奉ることを誓盟した。同日諸兄は左大臣に昇進した。

天平勝宝元年（七四九）七月に皇太子阿倍内親王が即位したのちも諸兄は政権の首班の地位にあり、同年四月一日、大仏開眼会に先だって聖武天皇が東大寺に行幸した際には、天皇が「三宝の奴」として仏に仕え奉ることを誓う有名な詔を宣している。だが、同二年正月には諸兄政権を支えた吉備真備が筑紫守に左降されるなど、その政治力は急速に衰えていった。

孝謙天皇の即位後、権力者への階段を駆け上ったのは藤原仲麻呂である。天平勝宝四年（七五二）四月、盧舎那仏の開眼会が滞りなく終わり東大寺を後にした孝謙天皇はその夕、大納言藤原仲麻呂の田村第に還御してそこを行在所とした。仲麻呂は孝謙帝にとって母方のいとこに当たる親しい存在であった。

仲麻呂の権力基盤は叔母である光明皇太后との紐帯にあった。孝謙天皇の即位後、光明皇后の皇后宮職を発展させた紫微《しび》中台《ちゅうだい》が設置され仲麻呂が長官（紫微令）に就任した。紫微中台の名称は唐の中書・門下二省の名に由来し、禁中にあって天皇の勅を奉じ諸司に頒行することを職とする。その活動は国家機構である太政官の議政官組織の権力を形骸化するものであった。仲麻呂は紫微令就任と同時に中衛大将を兼ね、中衛府の軍事力をも掌握して体制を強化した。

天平勝宝八歳（七五六）五月、聖武太上天皇が五十六歳で亡くなった。左大臣橘諸兄はそれより先二月に致仕して政界を去っており、翌天平宝字元年（七五七）正月に亡くなっている。太上天皇の遺詔によって道祖王《ふなど》（新田部親王の子、天武天皇の孫）が皇太子に立てられたが、同年三月、道祖王は突如皇太子を廃され、一ヶ月後、舎人親王の子大炊王《おおい》が皇太子に立てられた。大炊王は早くに亡くなった仲麻呂の長男真依《まより》の妻粟田諸姉《あわたもろね》と結婚し仲麻呂の田村第に住んでいた。仲麻呂の意向が強く反映した皇太子交代劇である。

五月、仲麻呂は祖父藤原不比等が編纂した養老律令を施行し、同時に紫微内相を設置して自ら就任した。内政を総覧する紫微令に加えて、紫微内相は軍事を総監する権をもっていた。仲麻呂が光明皇太后と結びついて急速に権力を拡大してゆく中で、朝廷の中では次第に不満や反発が大きくなり、ついに橘諸兄の子橘奈良麻呂がクーデター計画を実行に移そうとした。計画はまず田村第を囲んで仲麻呂を殺害、皇太子大炊王を廃し、仲麻呂の兄である右大臣藤原豊成《とよなり》に号令させて孝謙天皇を廃し、新田部親王の子である道祖王や塩焼王、長屋王の子である黄文王《きぶみ》、安宿王《あすかべ》のいずれかを選んで天皇に立てるという内容であったが、ことは未然に漏れ、仲麻呂の果断な処置によって不発に終わった。奈良麻呂をはじめ、計画に関与した多くの者は過酷な拷問によって「杖下に死し」、橘・大伴・佐伯・多治比など伝統的な氏族は没落した。右大臣豊成も大宰府に左遷された。

専制的な権力を掌握した仲麻呂は、祥瑞を理由として年号を天平宝字元年（七五七）に改めた。翌二年八月、孝謙天皇は皇太子大炊王に譲位する。淳仁天皇である。即位と同時に官司名が唐風に改められた。太政官は乾政官に、太政大臣は大師、左大臣は大傅《だいふ》、右大臣は大保、紫微中台は坤宮官《こんぐう》、民部省は仁部省《にんぶ》となった。仲麻呂は大保（右大臣）に昇進し、勅によって姓に「恵美《えみ》」の二字を加え、「押勝《おしかつ》」の名を賜って恵美押勝と名乗った。また永世相伝の功封二千戸や功田一百町、さらには鋳銭の特典を与えられた。通貨の鋳造は本来皇帝の大権である。自己の傀儡である淳仁天皇を戴き、光明皇太后の紫微中台の紫微令・紫微内相と共に大保として令制の太政官機構をも掌握した押勝は絶大な権力を手にした。天平宝字四年正月、押勝は大師、すなわち太政大臣の地位にのぼった。これまで大友皇子、高市皇子の先例だけしかなく、臣下が就いたことのない地位である。

仲麻呂の政治

仲麻呂政権の特色は唐の玄宗の治世を模範とした儒教的政治理念による唐風化政策と、負担を軽減して民力の回復を図る政策にあった。

前者については、官司・官名を唐風に改めただけではなく、礼楽を興すため大学・雅楽寮・陰陽寮に公廨田を設置して諸学生の衣食料に充て、国博士・医師の任用基準を厳格化するなど学芸の興隆を図った。

後者については、天平宝字元年（七五七）四月、中男・正丁の年齢区分をそれぞれ一歳引き上げて中男は十八歳、正丁は二十二歳からとし、翌年七月には、京畿内と七道に派遣されて民情を視察した問民苦使《もんみんくし》の奏言によって、老丁・耆老の年齢もそれぞれ一歳引き下げて六十歳から老丁、六十五歳から耆老とした。調庸負担者の範囲を縮小し、公民の負担を軽減する政策であり、国分寺造営や大仏造立で疲弊していた民力を回復する意味をもっていた。

これより以前の天平十七年（七四五）、政府は新たに大国四十万束・上国三十万束・中国二十万束・下国十万束の公廨稲を設定し、この出挙の利稲をもって官物の未進・未納に充てる制度を立てたが、これは造寺・造都による中央政府の財政支出の増大に対処するためであった。しかし、これによって出挙が租税化し地方の負担は増加していった。仲麻呂は天平勝宝八歳以前の出挙の利息を免除し、翌天平宝字元年に限っては調庸全額と田租半額を一律免除した。

ほかにも雑徭の徴発期間を令制の年間六十日から三十日に半減したり、調庸運脚や行旅の病人に途次の京職・国司から食料・医薬品を支給することを命じるなど民政に力を入れた。

外交面においては天平宝字年間に新羅征討が計画された。天武・持統朝には唐との国交はなく、新羅との間で頻繁に使いが往来し、両国の関係は安定していた。唐との緊張関係の中で、新羅にとっても対日関係の安定は望むところであった。しかし、日本が、大宝律令において唐を「隣国」、新羅を「蕃国」として制度的に位置づけてからは、観念論的にあくまで新羅を朝貢国として扱う日本の姿勢と、現実政治の上で唐の圧力が薄れ日本への従属を必要としなくなった新羅との間には意識の齟齬が生じていた。

遣唐使の派遣

天平勝宝四年（七五二）、藤原清河を大使、大伴古麻呂、吉備真備を副使とする遣唐使が派遣された。この遣唐使は日本に戒律を伝え、唐招提寺の開基となった鑑真を伴って帰朝した。栄叡・普照が鑑真に初めて渡航を要請してから十年、皇帝による出国禁止令や風浪によって渡海を妨げられること五回、栄叡は客死し、鑑真も失明したが、「是は法事のためなり。何ぞ身命を惜しまん」という鑑真の固い決意により困難を乗り越えて来日を果たした。鑑真は聖武太上天皇以下多くの人に菩薩戒を授け、東大寺に戒壇院を設けて戒律の普及に努めた。だがこの遣唐使の大使であった藤原清河の船は安南に漂着して唐にとどまり、清河はついに日本に帰ることはなかった。宝亀八年（七七七）に渡唐した遣唐使が清河と唐の女性の間に生まれた娘喜娘《きじょう》を連れ帰っている。霊亀二年（七一六）の遣唐使に従って吉備真備らと共に渡唐し、玄宗皇帝に重用されて唐朝に仕えていた阿倍仲麻呂も許されて清河と共に帰国するはずであったが、唐に戻って客死した。『古今和歌集』には仲麻呂の歌が収められている。

天の原ふりさけみれば春日なる三笠の山に出し月かも

この遣唐使は滞唐中に朝賀の儀式で新羅の使いより席次が下位であることを知って抗議し、席を改めさせたものの、新羅の態度を硬化させる事件を引き起こしていた。一行は翌年末に帰朝したが、さらに天平勝宝七年（七五五）、唐では安禄山と史思明による安史の乱が勃発して数年にわたる混乱が続いた。その情報は天平宝字二年（七五八）に渤海使と共に帰朝した遣渤海使小野田守《おののたもり》によりもたらされた。新羅が唐の後ろ楯を失ったことを知った日本は天平宝字三年六月、大宰府に命じ新羅征討を準備する。また、天平宝字五年（七六一）十一月には東海・南海・西海三道の節度使を任命し、船舶の建造や兵士の動員を始めた。もっともこの節度使は翌年には廃止されており、新羅征討がどこまで本気で計画されていたかは疑問であり、仲麻呂が自己の権力強化を狙って軍事的緊張を演出した節もある。この後、政府間の日羅関係は次第に疎遠になり、九世紀には新羅商人を媒介とした民間の貿易が主体になってゆく。

5　称徳・道鏡政権の誕生

皇権の分裂

短期間に権力の階段を駆け上った恵美押勝であるが凋落も速かった。天平宝字四年（七六〇）、後ろ楯の光明皇太后が亡くなり、さらに孝謙太上天皇と淳仁天皇の間に不和が生じると押勝の権勢は急速に失われていった。皇権と結びつくことで獲得した権力は皇権と決裂すると瞬く間に力を失う。国家機構の支持基盤をもたない専制権力の脆弱性を露呈した形である。

押勝凋落の発端となったのは道鏡という一人の僧の存在であった。道鏡は河内国弓削郡の人で俗姓弓削氏、義淵に師事して法相を学びサンスクリットにも通じ、山林修行で得た験力により内道場に入って禅師となっていた。

天平宝字五年（七六一）十月、近江の保良宮《ほらのみや》に淳仁天皇と孝謙太上天皇が行幸した。東海・東山・北陸道に通じる近江国は交通の要衝で、かつて押勝の父武智麻呂が近江守を勤め、押勝も天平十七年以来近江守を続けていた。保良宮は唐風の陪都として造営され、名称も玄宗が陪都に付けた北京の名を模倣していた。天皇・太上天皇の行幸は押勝の栄誉を飾るはずであったが、半年以上の滞在中、両者の間に不和が生じて突然平城京に帰ると、天皇は平城宮内の中宮院に入り、太上天皇は平城宮の東隣にある法華寺に入った。法華寺は孝謙太上天皇の亡き母光明皇太后の居所であったところである。保良宮滞在中、病に罹った太上天皇が看護禅師道鏡の宿曜《すくよう》の秘法によって回復し、その後、太上天皇が道鏡に対して異常なまでの「寵幸」ぶりを示したことについて淳仁天皇が苦言を呈したことが原因といわれている。十日後、孝謙太上天皇は平城宮の朝堂に五位以上の官人を集め、自身が出家することを表明し、さらに「今後、政事は常の祀と小事は今の帝（淳仁）が行い、国家の大事と賞罰の二つの柄は朕が行わん」と一方的に宣言した。

持統太上天皇以来、日本の律令制が太上天皇を天皇と同等の地位と位置づけている以上、この宣言は法的に有効である。しかし、これは皇権が二つに分裂したことを意味し内外の官は混乱した。光明皇太后を失い、今また事実上、孝謙太上天皇から見捨てられた押勝は改めて律令国家機構の中で自己の保身を図らなければならなくなった。まず、すでに参議になっていた真先《まさき》に加えて、訓儒麻呂《くすまろ》、朝獦《あさかり》の二人の息子を参議とし太政官（乾政官）における体制固めに走った。鎮国衛（中衛府）の大将は以前から押勝自身が握っていたが、加えて新設の親衛軍である授刀衛の長官（督）に娘婿藤原御楯《みたて》を任命し、息子薩雄《さつお》を右虎賁率（右兵衛督）に任ずるなど軍事権の強化に努めた。

恵美押勝の乱

天平宝字八年（七六四）八月、大和・河内・山背・近江などの国に造池使が派遣された。日照りによる灌漑施設の必要が理由であるが、池の修造には大量の労働力が必要であり、徴発された人夫は武器をもたせれば容易に兵力に転化する。壬申の乱のきっかけが、近江朝廷側による山陵建設を理由とした人夫動員であったことが思い出される出来事である。

九月、押勝は都督四畿内三関近江丹波播磨等国兵事使に就任した。畿内とその周辺の軍事権を掌握する官であり、担当地域は造池使のそれとほとんど重なっている。孝謙太上天皇側と押勝側の暗闘の様子が垣間みられる。その直後、押勝が兵備を整えているという情報が孝謙太上天皇の下に頻々ともたらされた。事態を察した太上天皇は機敏に動いた。九月十一日、少納言山村王に天皇の居所である中宮院にある駅鈴と印璽を回収するよう命じた。中宮院はすでに藤原訓儒麻呂らが固めていたため、ここで戦端が開かれた。太上天皇が派遣した授刀衛少尉坂上苅田麻呂らが訓儒麻呂を射殺すると押勝も中衛府の兵を動かして反撃し、戦闘は拡大した。押勝にとって誤算だったのは授刀督藤原御楯が前年に亡くなっており、授刀衛が太上天皇側の武力として敵対したことである。

今や公然たる反乱者となった押勝は体勢を立て直すために、その夜、鈴印・太政官印を携帯し、道祖王の兄氷上塩焼（塩焼王）を連れて近江に逃れた。戦闘開始後、太上天皇は直ちに勅を発して、押勝の行動を反逆と断じ、「その官位を解免し、藤原の姓字を除く」ことを宣言すると共に、使いを遣わして三関を固めさせた。また藤原永手、吉備真備ら太上天皇側に付いた官人に昇叙を行い、翌日押勝が平城京を脱出したことを知ると、再び勅を発して「押勝を除いた者は重く賞すること、北陸道諸国は盗み取られた太政官印を押した文書を承けてはならない」と命じた。十四日には、大宰府員外卒に左降され難波の私宅に蟄居していた藤原豊成が右大臣に復任された。

その後も官軍の動きは迅速で、押勝が勢力圏である近江国に入ろうとすると近江造池使の淡海《おうみ》三船《みふね》が押勝の使者を捕らえ、勢多の橋を焼いてこれを阻止した。淡海三船は天智天皇の皇子大友皇子の曽孫に当たる。鑑真の伝記『唐大和上東征伝』を著し、『続日本紀』や『懐風藻』の撰上、歴代天皇の漢風諡号の命名にもあずかった。大学頭、文章博士を務めて石上宅嗣《いそのかみのやかつぐ》と並ぶ文人の首とされたが、三河・美作守や刑部大輔などを歴任にして行政手腕もあり、この時も遺憾なくその能力を発揮した。

　この直後、押勝は塩焼王を偽立して天皇とし、「この天皇の出す勅が真勅であり、太上天皇の勅は偽物であるから従ってはならない」と命じる太政官府を諸国にばら撒き、琵琶湖西岸を北上して息子の辛加知《からかち》が守（長官）を勤める越前国へ逃れようとした。しかし、官軍の一隊は琵琶湖東岸を北上して越前国府に急行し辛加知を斬って愛発《あらち》関を固めた。押勝軍は愛発関の突破を試みたが、授刀物部広成らが射戦によりこれを防ぎきった。逃げ場を失った押勝は船で逃れようとして逆風で陸に戻され、九月十八日、高嶋郡三尾埼で官軍との決戦に臨んだ。四時間にわたる激闘ははじめ押勝軍が優勢であったが、藤原蔵下《くらじ》麻呂《まろ》（式家宇合の九男）の援軍が到着して大勢は逆転した。押勝は捕らえられて軍士石村石楯によって首を斬られ、妻子・一族も斬殺された。押勝の六男刷雄《よしお》のみは少時から禅行を修めるをもって許され、隠岐国に流された。遣唐使に従い、鑑真と共に帰国した人物である。押勝の首は京師に送られ、乱は終息した。

　押勝の乱は壬申の乱以来最大の内乱であったが、きわめて短期間に鎮圧された。官軍の勝利には中国の兵法に通じていた吉備真備の軍才が貢献していた。『続日本紀』の真備の薨伝《こうでん》（三位以上の者が亡くなったときに記す伝記。四、五位は卒伝）によれば、仲麻呂が挙兵すると真備は「その必走を計り、兵を分かってこれを遮る。はなはだ籌略《ちゅうりゃく》有り。賊ついに謀中に陥り、旬日に悉く平らぐ」とあり、真備が官軍の参謀として押勝の戦略を見抜き、官軍側の作戦通りに事を運ばせたことがわかる。また乱の直前、造池使を派遣していたことも結果的に図に当たった。近江国造池使の淡海三船が押勝軍の近江国入りを防いだことは勝利の大きな原因の一つである。太上天皇側の一連の素早い動きをみると、太上天皇側が画策して押勝が挙兵せざるを得ない状況に追い込んだようにすらみえる。

乱の経過で注目すべき点は、両陣営とも国家機構を通じて対応の手を打っていることである。唐とは異なり、太上天皇の地位が律令制の中に位置づけられており、天皇と同等の権限をもって詔勅を発令し、叙位任官や軍事力の動員を行いえたことが、太上天皇の勝利の大きな要因である。押勝の専横に対する反発があったとはいえ、制度的な保障がなければ文武の官を広汎に自己の側に引きつけることはできなかったであろう。乱が鈴印の争奪戦に始まり、戦闘が開始された後でも双方が勅や太政官符の正当性にこだわったことは、律令法が施行されて半世紀が過ぎ、国家機構が整備されて文書行政が確立していたことを反映している。天皇や貴族が専制的な権力を握ったとしてもその権力は国家機構を通さなければ発動できなかったのである。

称徳天皇の重祚

天平宝字八年（七六四）九月二十日、討賊将軍藤原蔵下麻呂《くらじまろ》が都に凱旋して捷報を伝えた日に太上天皇は勅を発して、「仏の教えにも出家の国王が国政を行うことが認められている。帝が出家している世には出家の大臣も必要である」として、道鏡を大臣禅師とすることを宣した。二十二日には「逆人仲麻呂」が執政中唐風に改めていた官名を旧に復することが命じられた。

十月九日、兵部卿和気王らが兵数百をもって中宮院を囲んだ。淳仁天皇は親王の地位に落とされ、母当麻山背《たいまのやましろ》と共に淡路国に放逐された。淡路で幽閉された廃帝は、一年後、淡路を脱出しようとして失敗し、翌日不審な死を遂げている。淳仁天皇の廃位によって天皇は空位となった。十月十四日、太上天皇は詔を発し、「国の鎮は皇太子を置き定めることにあるが、人がよかれと思って定めた太子が必ずしもよいとはかぎらず、天の授けぬ所の人は太子の地位を受けても全うすることができない。天つ日継の位を朕一人がむさぼる気はないが、天の授けるところの人が自然に現

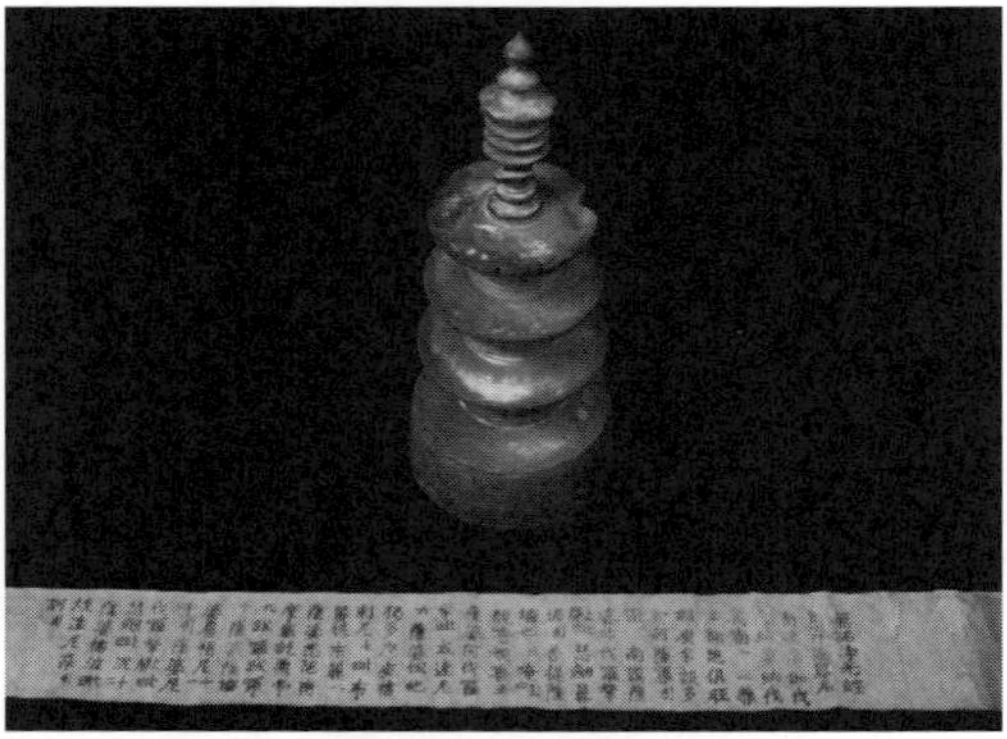

百万塔陀羅尼（慶應義塾図書館所蔵）

れるのを待ってしばらくの間、皇嗣は定めない」と宣言した。明言はしていないが事実上の重祚である。のちに孝謙天皇時代と区別して称徳天皇と諡された。

明けて天平宝字九年正月、年号が天平神護元年と改められた。この年の十月、称徳天皇は紀伊国に行幸し、帰途、道鏡の出身地である河内国に赴き、弓削寺、知識寺に食封を施入すると共に弓削行宮で道鏡を太政大臣禅師に任じ、百官に拝賀させた。拝賀は本来天皇に対する礼であり、道鏡は天皇に準じる扱いを受けたのである。十一月二十七日、道鏡の栄進と入れ替わるように右大臣藤原豊成が死去した。六十二歳であった。これ以後、政権は急速に道鏡色が濃くなり、専制化も進んだ。

天平神護元年（七六五）には、天平十五年（七四三）に発令された墾田永年私財法を修正し、王臣による開墾を禁止し、寺院と庶人にのみ例外的に開墾を認める政策が出された。天平神護二年十月、平城京の隅寺《すみでら》（海竜王寺）の毘沙門像の胎内から仏舎利が発見されたことを祥瑞として道鏡に法王の位が授けられた。同日に右大臣藤原永手を左大臣に、大納言吉備真備を右大臣としたが、同時に道鏡の弟弓削浄人《ゆげのきよひと》を中納言とし、配下の円興を法臣（大納言相当）に、基真を法参議（参議相当）に任命した。その後も西大寺の造営や百万塔陀羅尼の印刷献納など仏教的政策が続く。西大寺の造営は父聖武帝の東大寺造営事業を意識したものであるし、百万塔陀羅尼は仲麻呂の乱鎮定後、称徳天皇の命で、戦死者の菩提を弔い、鎮護国家を祈念するために作られた世界最古の印刷物である。『無垢浄光大陀羅尼経』の思想に基づいて陀羅尼百万巻を印刷し、小型の木製三重の塔に納めて十万基ずつ大安寺・元興寺・法隆寺・

東大寺・西大寺・興福寺・薬師寺・四天王寺・川原寺・崇福寺の十大寺に奉納した。現在ではそのほとんどが失われ、法隆寺に数万基が残っているほかは、博物館や個人に数基所蔵されているにすぎない。

宇佐八幡託宣事件

神護景雲三年（七六九）夏、大宰主神習宜阿曽麻呂《すげのあそまろ》が「法王道鏡を皇位につければ天下は太平になるであろう」という宇佐八幡大神の託宣を都に届けた。大宰府の長官である大宰帥《そち》は道鏡の弟弓削浄人であり、託宣は仕組まれたものであったろう。女帝の夢枕に立った八幡神の使者が、「正しい神託を伝えるので、帝の側に仕える尼法均を宇佐へ遣わすように」と告げた。病弱な法均に代わって弟の和気清麻呂が宇佐に遣わされたが、持ち帰った神託は「我が国は君臣の分の定まった国である。道鏡のごとき無道の者がたやすく神器を望むのは神霊も許さない。汝は帰ってわが言葉を天皇に奏せよ。天日継《あまつひつぎ》はかならず皇族をもって立てたまえ」というものであった。

道鏡の怒りに触れた清麻呂は別部穢麻呂《わけべのきたなまろ》と名を変えられて大隅に流され、姉の法均もやはり別部狭虫《わけべのさむし》と名を変えられて備後に流されたが、道鏡の野望は潰えた。翌年、称徳女帝が没すると道鏡は女帝の冥福を祈って道場に籠もり、その後抵抗することもなく下野薬師寺別当として左遷され、弟の弓削浄人も土佐国に流されて道鏡の栄華は消え去った。

コラム9　国府・国分寺・道路

平成七年（一九九五）に、東京都国分寺市の旧鉄道学園跡地で長さ三四〇メートルにわたる大規模な東山道武蔵路の遺構が発見された。再開発予定地であったが、保存と史跡指定を求める市民団体「東山道を保存する会」による保存運動や、国分寺市など自治体の努力によって、東京都史跡、次いで国の史跡に指定され、遊歩道路として保存が実現した。

東山道武蔵路は上野国府と武蔵国府を結ぶ支路として建設され、宝亀二年（七七一）に武蔵国が東海道に編入されるとその役割を終えた。発掘調査の結果、当該遺構は宝亀以前の時期を含んでおり、駅路と国府を結ぶ支路でありながら幅十二メートルの堂々たる直線道路であることが判明した。東山道武蔵路として確認されている遺跡は、ほかに埼玉県所沢市久米の東ノ上遺跡や埼玉県川越市的場の女堀遺跡などがあり、点在する遺跡を結ぶと武蔵路が、現在の関越自動車道と平行する古代の高速道路ともいうべき大道路であったことがわかる。

一九七〇年代以降、各地の発掘成果から、日本古代の主要道路が計画的な大道であったことがわかってきた。いずれも直線的で大体が幅十二メートルの堂々たる計画道路である。鎌倉街道は伝承では馬二頭が通れるほどの幅であり、発掘調査によっても大体六メートルほどの幅にすぎない。江戸時代の幹線道路である五街道も歩行者用が主で道幅二間（三・六メートル）ほどであり、屈曲が多かった。古代道路の偉容は際だっている。

このことは、律令国家が中央集権国家であることと関係している。少数の貴族と官僚群からなる中央政府が全国を支配するために、地方には国司が派遣されたが、国司は朝集使として定期的に報告のために上京しなければならなかったし、律令国家は戸籍・計帳などの文書による行政を基本としたので、種々の文書を提出するために四度使いと称される使人が地方と都の間を往来した。また、調庸を運搬する公民や、東国から九州防備の任に赴く防人も道路を利用した。人々の往来が多かったことに加えて、国家の威信を地方の人々に示すためにも都と地方を結ぶ大規模な道路網の整備が必要だったのである。

令制では地方には東海・東山・北陸・山陰・山陽・南海・西海七道の行政区画が設置され、都と各地の国府を結ぶため同名の七つの駅路が敷設された。駅路には三十里（約十六キロメートル）ごとに駅家が設置され、駅馬が置かれていた。公式令や厩牧令には駅制に関する詳細な規定がある。武蔵国は当初、近江国を起点に美濃・飛騨・信濃・上野・下野・陸奥国を結ぶ東山道に属していた。武蔵国は海沿いに位置しているため、上野国府・新田駅から武蔵国府を通り、下野国足利駅・下野国府へと至る東山道の支路として建設されたのが武蔵路である。

当時、国府は駅路に沿うことが多く、国分寺もその傾向があった。武蔵国においても、現在の東京都府中市にあった国府に至る武蔵路の東側に国分寺、西側に国分尼寺が存在していたことが確認されている。武蔵国分寺は創建当初、七重塔を擁する大伽藍で他国に比して規模が大きく、その景観は武蔵路を往来する人々の目を奪ったと思われる。武蔵国以外でも、国府や国分寺は駅路に沿うことが多かった。

奈良時代には、都の平城京や東大寺造営だけではなく、地方でも全国的に国府や国分寺・尼寺など大規模な造営事業が行われ、さらには都と地方を結ぶ道路網の整備も進められていたのである。

【参考文献】
古代交通研究会編『日本古代道路事典』八木書店、二〇〇四年。
早川泉「東山道武蔵路の構造と変遷」『多摩のあゆみ』一〇三号、二〇〇一年。
木本雅康『古代の道路事情』（歴史文化ライブラリー）吉川弘文館、二〇〇〇年。
中村太一『日本の古代道路を探す――律令国家のアウトバーン』（平凡社新書）平凡社、二〇〇〇年。

第十章　平安時代の政治

1　天武王朝の終焉

光仁天皇の即位

神護景雲四年（七七〇）八月四日、称徳天皇はこの世を去った。同年二月から四月にかけての由義宮《ゆげのみや》（もとの弓削行宮）行幸から平城京に戻って体調を崩し、その後百日の間、政務をみず、群臣の謁見もなく、ただ信任の厚い命婦《みょうぶ》の吉備由利だけが側に仕え奏すべきことを伝えた。由利は吉備真備の娘か妹に当たる女性である。

『続日本紀』は女帝の没後、左大臣藤原永手や右大臣吉備真備らが禁中に集まって策を立て、永手が「白壁王を皇太子にすべし」との称徳天皇の遺宣を発表したと記している。しかし、『日本紀略』に載せる異伝によれば、会議の席上、七十六歳の長老吉備真備が天武天皇の孫で長親王の子文屋浄三《ふんやのきよみ》（智努王）と文屋大市《おおち》（大市王）を推した。しかし、左中弁藤原百川（式家宇合の八男）が浄三には十三人もの子がおり、将来、皇位継承の混乱を招く可能性があると指摘し、左大臣藤原永手（北家房前の二男）や参議藤原良継も反対で、結論は出なかった。ところが会議が散会した後、大極殿に集まっていた諸王臣の前で、白壁王を皇太子に立てるという女帝の言葉を伝える宣命が読み上げられた。藤原百川の策謀により「偽りて宣命語を作り」宣命使に読ませたもので、真備は舌を巻いて驚愕したが、なすすべがなく、九月七日、辞表を提出した。

天武系の皇統を守りたいという女帝の意志を、死の直前一人称徳女帝に仕えていた由利から真備が聞いており、それを真に受けての推薦であった可能性も考えられないではないが、残された史料からはうかがうことができない。結果的には、地方豪族出身の真備が天武系皇統の存続を主張し、皇統の守護者であった藤原不比等の子孫が天武系の皇統を見捨てるという皮肉な結果となった。

十月一日白壁王は即位し（光仁天皇）、年号は宝亀元年と改められた。白壁王は天智天皇の第六皇子施基（志紀）親王を父とし、すでに六十二歳の老齢であった。光仁天皇は即位後、妃の井上《いのえ》内親王を皇后とし、その子他戸《おさべ》親王を皇太子とした。井上《いがみ》内親王は聖武天皇と県犬養広刀自の間に生まれ、仲麻呂による暗殺の犠牲になったとされる安積親王の姉である。しかし、宝亀三年、天皇を呪ったという厭味《えんみ》大逆の罪で皇后はその地位を奪われ、他戸親王も皇太子を廃された。さらに翌年には天皇の姉難波内親王の死が井上内親王の呪いによるものとされ、母子は大和国宇智郡の一屋に幽閉され、三年後に二人同日に死亡している。代わって山部親王が皇太子に立てられた。日頃、親王と親交のあった百川の画策によるものであったが、百川自身は山部親王の即位をみることなく宝亀十年（七七九）に亡くなっている。のちに即位した山部親王（桓武天皇）は百川の子息藤原《ふじわらのお》緒嗣《つぐ》を異例の抜擢で昇進させ、「汝の父がいなければ自分は皇位につくこともなかった」と感謝の念を漏らしている。

桓武天皇の即位

宝亀十二年（七八一）、七十二歳になった光仁天皇は皇太子山部親王に譲位した。桓武天皇の即位である。同時に桓武天皇の同母弟早良《さわら》親王が皇太子に立てられ、年号は延暦と改められた。

桓武天皇の母高野新笠《たかののにいかさ》は百済系の渡来氏族和乙継《やまとのおつぐ》と土師《はじ》氏の娘の間に生まれた女性であった。山部親王が、光仁天皇の長子でありながら当初皇太子になれなかったのは母が卑姓出身であったからかもしれない。垣武天皇の即位によって天武嫡系の皇統は絶えた。

思えば、草壁、文武、聖武という天武嫡系の皇統は持統天皇と藤原不比等の黙契によって実現したといえる。不比等と皇統の間を行き来した「黒作懸佩刀」はその象徴である。しかし、現実にその皇位継承を支えたのは持統、元明、元正、そして孝謙、称徳という女帝達であった。女帝によって創始された皇統は女帝が存続を拒否したことで終焉を迎えた。正統な皇位継承者は天武天皇の嫡系であり、かつ藤原氏の血を引く皇子という限定は、王権と藤原氏にとっては諸刃の剣であった。皇位継承資格者が限定されたからである。なおかつ政争によって次々と除かれた結果、奈良朝の末までに天武天皇の子・孫の世代はほとんどが姿を消した。

延暦元年（七八二）氷《ひ》上《かみの》川継《かわつぐ》の謀反事件が発覚し、川継は伊豆へ流された。川継の母は聖武天皇の皇女不破内親王である。父の塩焼王は橘奈良麻呂の乱に坐していったん罪を許されていたが、恵美押勝によって天皇に偽立され乱後斬殺された人物で、天武天皇の皇子新田部親王の子であった。川継は天武天皇の曾孫に当たる。母の不破内親王も淡路に流され、これによって聖武天皇の血を引く皇子はすべて消え、天武天皇の血筋もほとんど絶えた。

天武系から天智系への王朝交代ともいえる事態である。天智朝から天武朝への交代もこれに似ているが、ただ、天武天皇は天智天皇の実弟であるし、鸕野皇后は天智天皇の娘であるから、草壁皇子やその子の文武天皇も女系では天智天皇の血を引いている。これに対して、桓武天皇は父系、母系の双方において天武系の皇統とは無縁であった。

王朝交替の意識を朝廷人に植え付けるためか、桓武天皇は延暦四年（七八五）と延暦六年の二度、河内国交野《かたの》で郊天祭祀を行っている。古代中国では冬至の日に都城の南郊に天壇を設け皇帝が昊天上帝（天帝）を祀る行事が行われていた。唐代には祭りの際に王朝の始祖である高祖を配祀していたが、桓武天皇は郊天祭祀で光仁天皇を祀った。光仁天皇を始祖とする新王朝の成立宣言といえる。

長岡京遷都

延暦三年（七八四）五月、桓武天皇は藤原種継らに命じて山背国乙訓《おとくに》郡長岡の地で新都の造営を開始し、十一月には長岡京に遷都した。長岡の地が選ばれた理由として、桂川・宇治川・木津川による水運の便があり、東山・北陸・

山陰・山陽道につながる交通の要衝であったこと、古来、渡来系の氏族が多く居住していたことがあげられる。天武系の王朝の本拠地で東大寺や興福寺など大寺院の勢力も強い平城京を離れ、新王朝の開始を宣言する意図もあった。

長岡京の建設は難波宮の建物を移築するなどの工夫により、短期間で急速に進んだ。遷都の翌年には三国川の開削により淀川とつながり、難波から瀬戸内海へのルートも確保された。ところが、昼夜兼行で工事が進む中、朝廷を揺るがす大事件が起こった。延暦四年九月二十三日の夜、工事の責任者藤原種継《たねつぐ》が夜間の視察中に、闇の中から飛来した矢を受けて、翌日絶命したのである。種継は桓武天皇の信頼が厚く、それに応えるべく昼夜を分かたず造営現場で関係者を督励していた最中の遭難であった。すぐに大伴継人が犯人として捕らえられ、その従者の証言によって一ヶ月前に死去した中納言大伴家持《やかもち》が首謀者で、大伴・佐伯氏の輩が加わり、さらにその背後には皇太子早良親王がいることが明らかになった。死者の家持の官位は剥奪され、早良親王は乙訓寺に幽閉された。親王はその後淡路に流される途中、自ら食を絶って亡くなったが、それでも遺骸は淡路に送られ、その地で埋葬された。真相は闇に紛れているが、一ヶ月後、桓武天皇の長男安殿《あて》親王（のちの平城天皇）が皇太子に立てられている。

以後、桓武天皇の周辺には不幸が相次いだ。延暦七年（七八八）夫人の藤原旅子《たびこ》が没し、翌年には母高野新笠、その翌年には皇后藤原乙牟漏《おとむろ》までもが相次いで亡くなり、延暦十一年には皇太子安殿《あて》親王が原因不明の「風病」になった。同じ頃、長岡京では二回にわたって洪水が発生し、飢饉と疫病が流行した。

天皇は伊勢神宮や畿内の名神に皇太子の病気平癒を祈るが効験がなく困り果てていた時に、陰陽師が驚くべき占いの結果を伝えた。皇太子の病は早良親王の祟りだというのである。天皇は直ちに淡路に使いを遣わして親王の墓を清掃させ、親王の霊を慰め崇道天皇の号を追贈するが、その後も生涯早良親王の怨霊に悩まされ続けた。

2　桓武朝の政治

平安京遷都

陰陽師の不吉な占いから間もない延暦十二年（七三九）正月、山背国葛野《かどの》郡宇陀村で新京造営のための視察が行われた。すぐに長岡京内裏の解体と移建が始まり、翌延暦十三年十月二十二日遷都が実施された。大和国からみて山の背後にある地という意味の山背国の名称は、天子の都が置かれ周囲を城のように山河に囲まれた葛野の地にふさわしい山城国と改名され、新京は平安楽土の地となるよう平安京と名づけられた。正月拝賀に群臣は「新京楽、平安楽土、万年楽」と歌い、平安京は以後千年以上の間、「万代の宮」として続いた。

平安京は古代の道路を軸線に飛鳥京から藤原京、平城京、長岡京と北上した軸と、淀川水系を遡った難波京、長岡京の水陸二つの軸が交わった終着点といわれているが、この地が選ばれた理由は明確ではない。水陸の交通の便や渡来系氏族の本拠地といった理由は長岡遷都と同様であるから、それに加えて、長岡京に対する不吉の感や長岡京よりも広闊でより本格的な都城の建設が可能な地として葛野の地が選ばれたのであろう。

新京の建設はこの地を本拠としていた秦氏の力に頼るところが大きかった。秦氏は渡来系の氏族で葛野川（桂川）の河川改修を行うなど土木技術をもち、多くの労働力を動員できる財力も蓄えていた。国宝の弥勒菩薩で有名な太秦の広隆寺や松尾社、伏見稲荷大社なども秦氏ゆかりの寺社である。

また、賀茂川の流れを変える大工事が行われ、古くからあった上流の賀茂社は皇城の守護神として崇敬されるようになった。平城京からの寺院の移転は認められず、私寺の建立も禁止されたが、のちには仁和寺や醍醐寺などの天皇の御願寺や、藤原忠平の法性寺など貴族の建立する寺院が増えていった。平安初期に唐に渡り、天台教学を招来した最澄や真言密教をもたらした空海によって、南都六宗とは異なる山林修行を基盤とした新仏教が開かれるのも桓武天皇の対寺院政策が関係している。特に最澄は桓武天皇の庇護を受け、比叡山に延暦寺を開いて、人はすべて念仏によって成仏できるという「一切皆成」を根本とする天台思想の普及に努めた。

平安京の特徴はこれまでの都と違って、内裏が朝堂院から分離してその北東に置かれ、朝堂院の西には饗宴の場としての豊楽院が設けられたことである。官僚機構が拡大して朝堂院で日常的な政務を執ることが難しくなり、官人が各官庁の曹司で執務するようになったこと、天皇を中心とする饗宴が重要な政治的儀礼として日常的に行われるようになったことなどの事情を反映している。

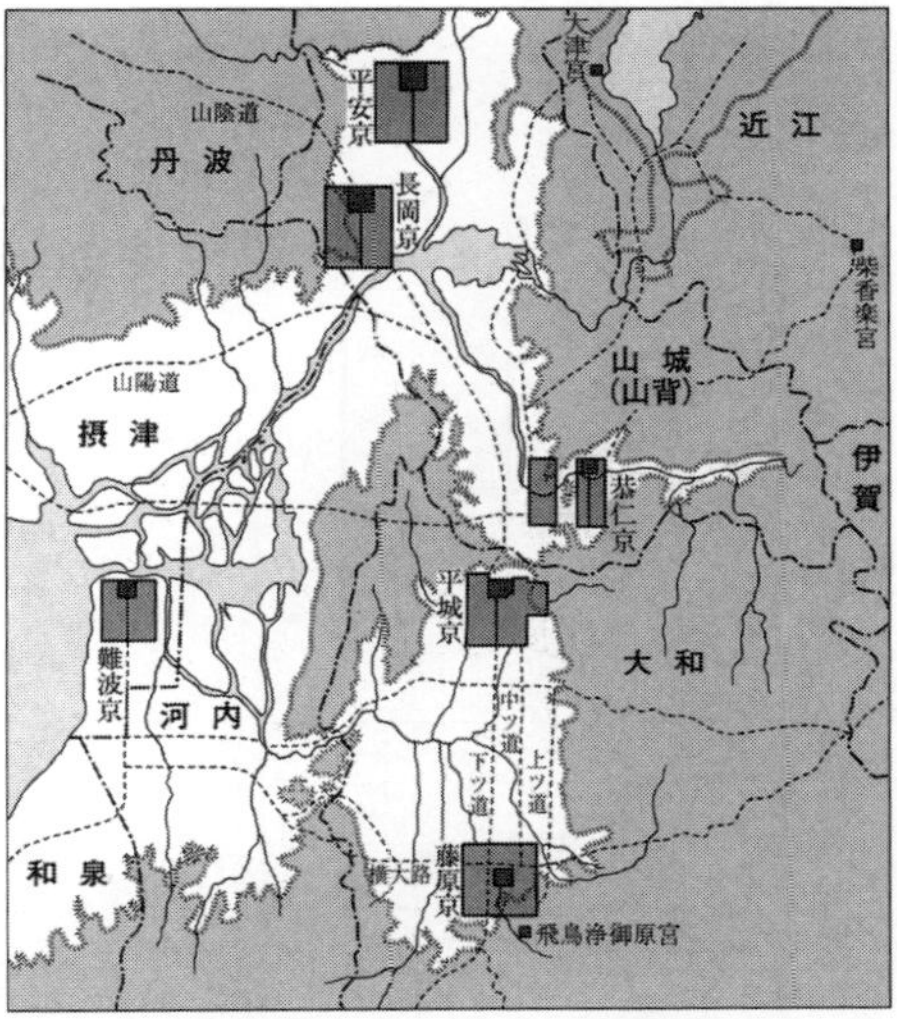

古代都城位置図（坂上康俊『平城京の時代』岩波書店、2011年より）

律令国家と蝦夷征討

推古朝以来、日本は自国を中国王朝と並び百済や新羅などから朝貢を受ける小帝国として位置づけてきた。律令国家においてはその意識はより強まったが、天子の位置する中華世界の周辺にある東夷《とうい》・西戎《せいじゅう》・南蛮《なんばん》・北狄《ほくてき》といった夷狄《いてき》が天子の徳を慕い朝貢・帰化してくるという構図を実現するためには、南の隼人《はやと》や東の蝦夷《えみし》を服属させる必要があった。現実の上でも律令国家の成立によって国家意識が高まり、国土の隅々まで支配を及ぼそうとする姿勢が強まった。

薩摩・大隅では公民を移住させて郡を建てると共に、隼人

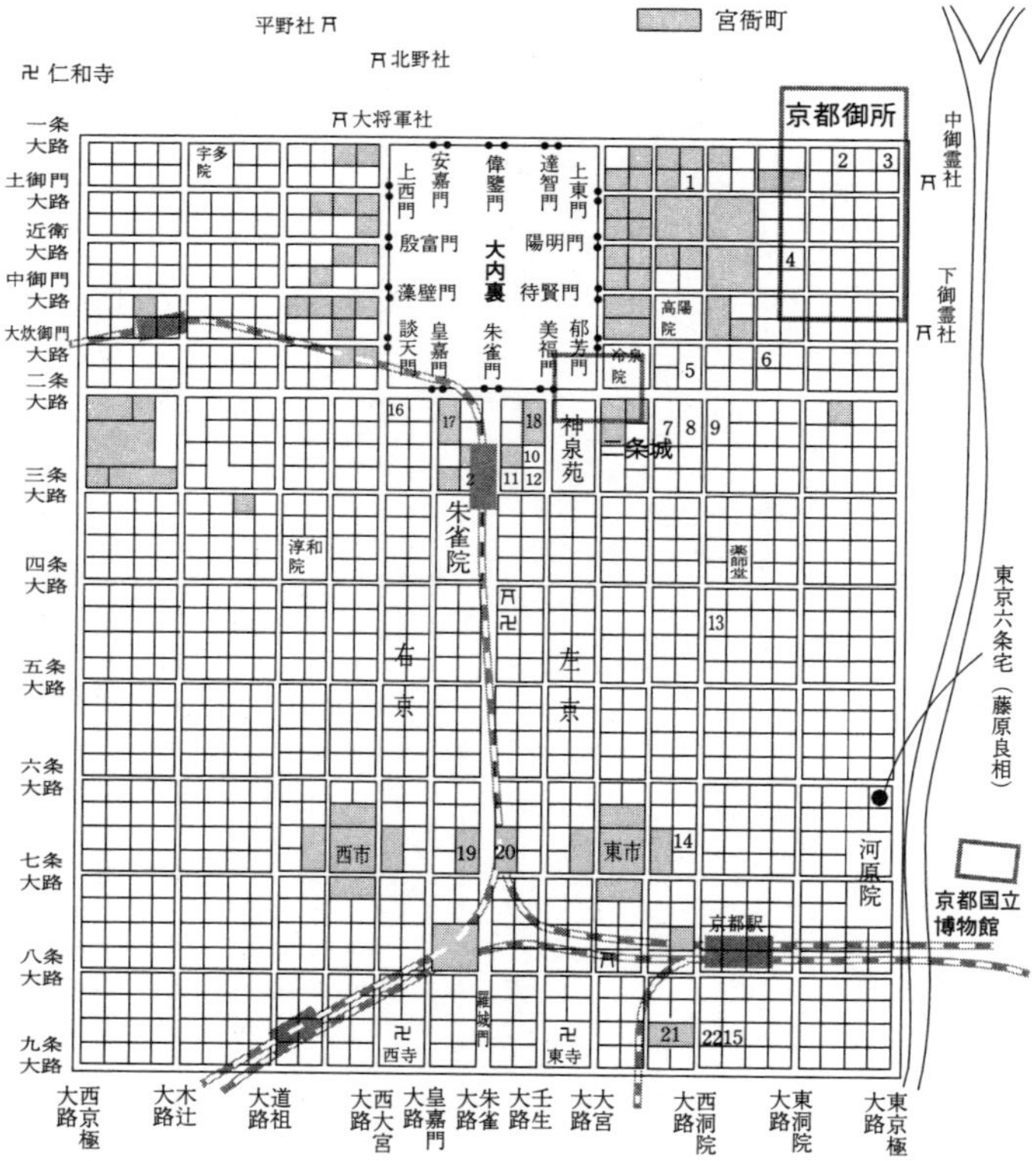

1 北辺邸（源信）
2 百花亭（藤原良相）
3 染殿（藤原良房）
4 東京一条第（藤原内麻呂・冬嗣・良房）
5 陽成院
6 小野宮（惟喬親王）
7 堀河院（藤原基経）
8 閑院（藤原冬嗣・基経）
9 東三条殿（藤原良房）
10 弘文院
11 奨学院
12 勧学院
13 紅梅殿（菅原道真）
14 亭子院（宇多上皇）
15 九条殿（藤原基経）
16 学館院
17 穀倉院
18 大学寮
19 西鴻臚館
20 東鴻臚館
21 綜芸種智院
22 施薬院

9世紀の平安京（坂上康俊『律令国家の転換と「日本」』講談社、2001年より）

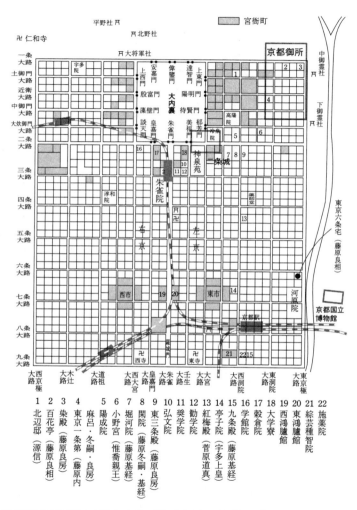

に対してはミツギの朝貢と朝廷の儀式における隼人舞の奏上など服属儀礼への参加を要求してきた。しかし、延暦十九年（八〇〇）には、大隅・薩摩両国の既墾田を収公して、口分田として班給することとし、隼人のミツギを廃止した。

東北地方でも八世紀の前半、仲麻呂政権下に陸奥に桃生城《ものう》（宮城県）、出羽に雄勝城《おかち》（秋田県）を築造して東国から大量の公民を移住させ、帰順した蝦夷にはミツギやエダチ（労役）を要求していた。その後、陸奥国府多賀城と出羽国府秋田城を結ぶ道路が開通して、律令国家の支配が蝦夷の本拠地である北上川中流域の胆沢《いさわ》の地に近づくと摩擦が大きくなり、宝亀五年（七七四）の蝦夷による桃生城攻撃を発端として、桓武朝まで続く戦乱の時代に入った。光仁天皇の宝亀十一年（七八〇）三月には、陸奥国伊治城で参議按察使紀広純が、帰順して郡の大領になっていた伊治《これはるの》呰麻呂《あざまろ》に殺害される事件が起こっている。伊治城は当時の国家支配の最前線に属する拠点であり、そこから北上川を遡れば「水陸万頃《ばんけい》」といわれる広大肥沃な土地であった。

桓武朝に入って、延暦七年（七八八）、参議紀古佐美《きのこさみ》を征東大使とする大規模な征討軍が北上地方に侵入したが、蝦夷の首領阿弖流為《あてるい》の巧みな戦術の前に大敗を喫した。桓武天皇は全国から武具や食料を徴発し、征討軍の指揮官には武官を任命するなど体勢を立て直して再征に乗り出した。その後二度の大規模な征討作戦では、初めて征夷大将軍に任命された坂上田村麻呂《さかのうえのたむらまろ》の活躍もあり、阿弖流為を降し、胆沢城を建設して支配を広げることに成功した。自ら降伏した阿弖流為は都に連れてゆかれ、田村麻呂の助命嘆願にもかかわらず首を斬られた。延暦二十年（八〇一）にも征討が計画されたが、徳政相論によって大規模な征夷事業は停止された。長年の蝦夷征討は国家財政に多大な負担をかけ、律令国家の支配に動揺を来していたのである。地方では課役を逃れるための浮浪人・逃亡者が激増し、墾田永年私財法によって墾田の獲得にのりだした王臣家や寺社の荘園に入り込んでいた。それに加えて八世紀の在地社会では、私出挙や墾田の開発で巨富を蓄えた「富豪の輩」「殷富《いんぷ》の百姓《ひゃくせい》」と呼ばれる階層が成長し、九世紀を通じて律令国家の班田制、戸籍・計帳制や調庸制を基盤とする支配制度は崩壊に向かっていった。

徳政相論

延暦十一年（七九二）、桓武天皇は全国の公民から兵士を徴発する律令制の軍団制を廃止し、郡司の子弟から国衙の守備兵力を採用する健児《こんでい》の制を設置した。延暦十四年には出挙の利率を五割から三割に下げ、雑徭の日数も六十日から三十日に軽減した。八世紀を通じて進行していた兵士の弱体化や調庸の未進・粗悪化に対処する政策であった。

これと並行して中央財政の再建のため地方からの正税の徴発を強化し、延暦十六年（七九七）には国司の交替を監督する勘解由使《かげゆし》を設置した。また、延暦二十二年（八〇三）には国司の交替に関する規定を集大成した『延暦交替式』が撰定された。その頃地方では、郡司の地位をめぐる争いや調庸未進を誤魔化すため神火と称して正倉に放火する事件が頻発していた。延暦十七年（七九八）、政府は在地に勢力をもつ譜第郡司に代わって中央の式部省が才能によって選考した任用郡司を採用する制度を定めてこれに対応した。

こうした努力がなされる一方で、桓武朝では平安京の造営と東北地方の蝦夷征討に国力が投入された。延暦二十四年（八〇五）、死期の近づいたことを悟った桓武天皇は参議の藤原緒嗣《おつぐ》と菅野真道《すがののまみち》を呼び、「天下徳政」について論じさせた。緒嗣は山部親王（桓武天皇）擁立に功のあった藤原百川の子で当時三十二歳。真道は渡来系氏族の津連《つのむらじ》出身で桓武天皇に信頼され、菅野朝臣姓を賜り、造宮職次官として平安京の造営にも深く関与していた。『続日本紀』や『延暦交替式』『官曹事類』の編纂にもかかわるなど実務に明るい官人であったが、すでに六十五歳の長老であった。若い緒嗣は臆することなく「今天下の苦しむところは軍事と造作となり。この両事を停めば、百姓は安んぜん」と述べた。長老の真道は反対したが、天皇は若い緒嗣の建言を受け入れた。

平城上皇の変

征夷と造都の桓武朝の二代事業の停止を決めた徳政相論から三ヶ月後、桓武天皇は世を去った。枕頭にあった皇太子安殿親王は激しく慟哭し気を失ったため、参議近衛中将坂上田村麻呂と春宮大夫《とうぐうだいぶ》藤原《ふじわらの》葛野《かどの》麻呂《まろ》の二人が抱えて連れ出し、剣璽の箱を押しつけるようにして直ちに皇位継承を実現したという。死の直前、桓武天皇は何度か崇道天皇（早良親王）の「神霊の怨み」を鎮めるため諸国に大般若経の講読を命じた。大赦も乱発し、氷上川継はじめ延暦四年の事件の関係者もすべて許された。

即位した安殿親王（平城天皇）は、父帝時代の度重なる国家的事業によって疲弊した地方を回復し国家財政を再建するため、国郡司の政治の良否を判定する観察使の派遣や官司の統廃合、官人の削減を断行したが、まもなく皇太子時代に発した風病が再発するという不運に見舞われた。きっかけは異母弟の伊予親王とその母藤原吉子が謀反の疑いで川原寺に幽閉された事件である。天皇の激しい怒りに触れた二人は飲食を絶たれ、毒を仰いで自殺した。

大同四年（八〇九）、在位四年で天皇は弟の皇太子神野《かみの》（賀美能）親王に譲位し、嵯峨天皇が即位した。退位した平城上皇は病身を養うため生まれ育った平城京に退隠したが、皮肉にも譲位後体調は回復した。寵愛する藤原薬子《くすこ》と兄仲成《なかなり》の画策もあって、上皇が平安京から公卿の一部と太政官の外記局を移したため、「二所の朝廷」と呼ばれる状況が生じた。これも淳仁天皇と孝謙太上天皇の争いと同様、天皇と太上天皇が律令制の上で同等の権限をもっていることが招いた事態であった。上皇と天皇がそれぞれ勅を発布する状況が続く中で、大同五年三月、嵯峨天皇は太政官を掌握し、機密を保持するため天皇直結の蔵人所を設置して、信頼する近臣の巨勢野足《こせののたり》と藤原冬嗣《ふゆつぐ》を蔵人頭に任じて対抗した。同年九月、ついに上皇が「平城還都」を命じた。嵯峨天皇は使いとして平安宮に来た仲成を射殺させる果断な処置を行い、さらに、兵を派遣して東国に逃れんとする上皇を阻止したため、上皇は出家し、薬子は自殺した。嵯峨天皇が即位した時に立てられた皇太子高岳《たかおか》親王（平城上皇の子）も廃され、嵯峨天皇の異母弟に当たる大伴親王が皇太弟となった。高岳親王はのちに出家して真如《しんにょ》と名乗り、空海に学んだあと四十年後に渡唐して最後は天竺に向かう求法の旅の途中没した。この事件は薬子の変と呼ばれることが多いが、弘仁初年の明法博士物部敏久の私記である『名例律裏書』に、この事件を例に太上皇の謀反についてどのように処置すべきかを論じていることからもうかがわれるように、天皇権力と上皇権力の衝突であり、平城上皇の変と称されるべきものであった。

3　嵯峨・淳和朝の政治

皇室の家父長

嵯峨天皇は平城上皇の平城還都の要求に対して、平安京こそ桓武天皇が「万代宮」と定めた都であると宣言してこれを拒否した。

嵯峨天皇の治世三十余年間は平安時代の礎を築く安定した時代であった。弘仁十四年（八二三）、嵯峨天皇は三十八歳の若さで、同年齢の皇太弟大伴親王に譲位し、淳和天皇が即位した。皇太子には嵯峨天皇の皇子正良《まさら》親王が立てられた。天長十年（八三三）、淳和天皇は在位十年で位を正良親王に譲り、即位した仁明天皇は、淳和天皇の皇子恒貞親王を皇太子とした。両統迭立ともいえる平和的な譲位の繰り返しは、嵯峨上皇が背後にあってはじめて可能になったもので、この間、嵯峨上皇は皇室の家父長として大きな存在感を保った。

嵯峨上皇は五十人にも及ぶ多くの皇子女をもったが、弘仁五年（八一四）には、皇后・妃・女御などの所生を除く皇子女に源姓を与えて臣籍降下させた。皇親としての特権を除き、国家財政の負担を軽減することを目的とした措置であったが、源氏に代表される皇親勢力が官僚機構に入り込んで政治権力をもつきっかけにもなった。

嵯峨天皇の治世の当初は「いま府庫の貯え、すこぶる盈余《えいよ》あり」といわれ、平城朝の努力によって財政的な余裕が生まれていたが、弘仁三年（八一二）には飢饉によって京内の米価が高騰し、貧民救済のため官倉米を供給せざるを得ない事態が生じた。以後、不作や疫病のたびに諸国の租税の未納や調庸未進に対し免除という非常措置がとられ、財源不足が深刻化した。

政府は農村で成長していた富豪層の経済力を利用することを思いつき、彼らが私出挙によって蓄積した稲穀を飢民に借貸し（無利息で貸し付け秋に返済させること）、代わりに位階を授与するなどの政策を打ち出したが、根本的な解決にはならず、かえって農村における階層分解を進める結果となった。弘仁十四年（八二三）には参議大宰大弐小野岑守《みねもり》の上表によって、大宰府管内九ヶ国で口分田を班給した残りの乗田約一万二千町を割いて公営田《くえいでん》とし、租調や傜丁の食料などを引いた残りの稲を官の収入とする政策が四年を限って実施された。

淳和朝には巡察使が諸道に派遣され、地方の実情を受けて国司には良吏を選ぶべきことが提言され、池溝の築造など勧農政策が進められた。天長四年（八二七）には畿内で約二十年ぶりに班田が行われたが、これ以後、約五十年間畿内では班田は実施されなかった。その一方で、天皇の勅旨によって開発される勅旨田の設定が始まった。次の仁明朝には天皇・太上天皇・后妃の料田としての性格を強めた勅旨田が大規模に設定されるようになり、皇族による大土地所有の流れが勢いを強め、律令制本来の土地公有制は崩壊に向かった。

文章は経国の大業

嵯峨天皇の時代には神泉苑において盛んに詩宴が催され、宴が政治儀礼化した。儀礼は天皇を頂点とする君臣間秩序を明確にする場として重んじられ、『内裏儀式』も編纂された。

幼少時から詩文を好んだ嵯峨天皇は、魏の文帝が残した「文章は経国の大業にして、不朽の盛事なり」（『凌雲集』序文）という言葉を称揚し、『凌雲集』『文華秀麗集』『経国集』の三つの勅撰漢詩集を編纂させて詩文の道を奨励した。大学の学科ではこれまで『論語』『礼記』などを中心に儒教的な政治哲学を学ぶ明経道が主流であったが、この頃から『史記』や『文選』など史書、古典を学ぶ紀伝道（文章道）が盛んになり、詩文が貴族官僚にとって必須の教養となった。菅原道真の祖父菅原清公は唐から帰って天皇の御前で『文選』や『漢書』を講じ、大学に文章院をつくって教授に当たるなどして嵯峨天皇に重用され、その子菅原是善、孫道真は三代にわたって文章博士を務めて、一門の私塾は「菅家廊下」と呼ばれて隆盛を極めた。

弘仁九年（八一八）、菅原清公のすすめで宮廷の儀式や衣服が唐風に改められ、平安宮の殿舎や諸門の名称も唐風に改称された。藤原宮・平城宮以来、宮城の諸門はそこを守る氏族の名で呼ばれていたが、平安宮では、建部《たけるべ》門を待賢門、壬生《みぶ》門を美福門、佐伯《さえき》門を藻壁門、大伴門を応天《おうてん》門などと嘉名に改めた。それぞれの門に掲げられた門額は書の三筆と呼ばれた嵯峨天皇、弘法大師空海、橘逸勢《たちばなのはやなり》が手分けして書いたという。空海は嵯峨天皇の信任を得て高野山に金剛峯寺を開き、のちに東寺（教王護国寺）をも賜って真言道場とするなどして、真言密教の普及に努めた。

法典の編纂

嵯峨・淳和朝には法典編纂も盛んに行われた。大宝律令の施行直後から、律令を実際に運用してゆくために詔勅・太政官符などの単行法令がしばしば施行されていたが、それらの集大成が企てられたのである。律令の条文を変改する単行法令を「格《きゃく》」と呼んでいる。養老七年（七二三）の三世一身法も班田のことを定めた田令条文の改正法であり、のちの墾田永年私財法はこれを「養老七年格」と呼んでいる。八世紀以降、『八十一例』『民部省例』『弾例』など各官司で行政上必要な法規集も編纂された。称徳天皇の神護景雲三年（七六九）、右大臣吉備真備と養老律令の編纂官の一人であった大和長岡らによって、律令条文間の矛盾を正す目的で『刪定律令』二十四条が編纂され、桓武朝の延暦十年（七九一）に施行された。

九世紀に入ると、社会情勢の変化に伴って律令条文の改廃が頻繁に実施されるようになり、それまで発令された単行法令や法規集を整理し、律令の改正・補充法である「格」と、律令の施行細則としての「式」にまとめる作業が国家事業として行われることになった。嵯峨朝の『弘仁格式』、清和朝の『貞観格式』、醍醐朝の『延喜格式』をあわせて三代格式という。式は『延喜式』の全部と『弘仁式』の一部が現存するが、格は『弘仁格』の目録である『弘仁格抄』以外は残存せず、のちに三代の格を事項ごとに分類・編集した『類聚三代格』が今日に伝わっている。三代の格は「中務」「式部」「民部」「刑部」など諸司ごとに編纂されていたが、『類聚三代格』は「神社事」「国分寺事」「校班田事」「調庸事」「廃置諸司事」「禁制事」など事項ごとにまとめられたので、現在では『弘仁格抄』を基に本来の弘仁格の姿の復原が進められている。

また隋唐では「律」「令」「格」「式」と共に礼制の規準となる「礼」を含めて広い意味での律令法としてとらえており、開元二十年（七三二）には『大唐開元礼』が頒下されたが、日本では礼制は単行法令として立法されたり、儀式書としてまとめられ、体系的な法令としての「礼」は編纂されなかった。『家伝』には藤原鎌足が天智天皇の命を受けて「礼儀」を編述したことがみえているが、伝存しない。貞観年間に至って『大唐開元礼』を模範とした『儀式』が編纂されたが、その内容には日本独自の神事や政務儀礼も含まれている。

天長三年（八二六）、明法博士額田今足《ぬかだのいまたり》による「令律問答私記」の奏言によって養老令の公定注釈書の編纂が企画された。『令義解』十巻の編纂作業終了のことは天長十年（八三三）に奏上され、承和元年（八三四）に施行された。『令義解』は養老令の各条に解釈を施したもので、『令義解』全体が法令としての効力をもった。試みに『令義解』巻二戸令の戸主条をみると、まず「凡そ戸主は皆家長をもってせよ」という条文を掲げ、その後に「謂。嫡子なり。凡そ継嗣の道、正嫡相承ける。伯叔ありと雖も是れ傍親とす。故に嫡子を以て戸主とするなり」と注釈を付している。令条文が戸主には家長をもって当てると規定していることについて、義解は、家長とは嫡子のことであって、伯叔父（オジ）がいてもそれは傍親であるから、嫡子を以て家長とするのであると解釈している。養老令そのものは現存していないので、『令義解』は養老令の内容を知り律令国家の制度を復原するための貴重な史料となっている。

明法家の活動

平安初期の大学寮には官人養成のための学科として、明経道、明法道、算道、紀伝道の四科があったが、紀伝道（文章道）が、上級貴族の子弟の進むコースとして定着し、他の三学科は実務的な中級官人の養成を目的とするコースになっていた。特に明法道は律令格式など法律知識の習得を基礎に、法律の解釈や行政上の運用技術を学ぶ学科で、教官である明法博士を筆頭に明法家と呼ばれる法律家集団を擁し、刑部省や検非違使などの法曹官人を輩出した。

明法博士の就任者には山田白銀《やまだのしろかね》や穴太内人《あのうのうちんど》、額田今足《ぬかだのいまたり》、讃岐永直《さぬきのながなお》や秦氏など渡来系の氏族が多いが、平安初期には、讃岐永直が右大臣の清原夏野《きよはらのなつの》を総裁とする『令義解』編纂事業の実質的な責任者として活躍し、『令義解』には永直の法解釈が多く取り入れられている。時に大判事興原《おきはら》（物部《もののべ》）敏久《みにく》らが刑法難儀、数十条を抽出して唐の学者に質問しようとしたが、永直が一々について答え疑問が氷解したため、ことは取りやめになったという。永直は貞観四年（八六二）に八十歳で亡くなったが、その直前、勅命によって里第で律令の講書を行う栄誉に浴している。

永直のほか平安中期に明法家として活躍した惟宗《これむね》氏は讃岐の渡来系氏族秦氏の出身で、元慶七年（八八三）、大判事兼明法博士秦直宗《はたのなおむね》のときに一族に惟宗《これむね》姓を賜った。その弟直本《なおもと》は『令集解』の編者として著名であり、『二中歴』は十大明法家の一人に数えている。直本の子公方《きんかた》も醍醐・朱雀・村上・冷泉の四代にわたって仕えた明法家である。

『江談抄』によれば率分未済の国司の罪について明法家に諮問があったとき、明法博士惟宗公方は違式罪とし、桜井右弼は違勅罪としたが、村上天皇の勅裁により違勅罪と決まった。公方は「勘問失錯の罪」に問われ、文章道出身の官人である藤原文範の問責を受けたが、自説をひるがえさず、大蔵権大輔に左遷された。

また、直本の曾孫惟宗允亮《ただすけ》《まさすけ》は円融・花山・一条朝に仕えて令宗（律令の宗師）の姓を賜り、『政事要略』や『検非違使私記』の著者として活躍した。やはり十大明法家に数えられ、『平戸記』は「允亮は中古の名儒、法意の達する者なり」と評価している。允亮は率分未済の国司の罪に関する論議で敗れた祖父公方の恥を雪ごうと長年研鑽を積み、ついに藤原文範に論争を挑んだが、文範は、「すでに村上天皇は崩御し、公方も亡く、僕も老いたり」といい、これを避けたという。

惟宗直本が貞観十年頃に編纂した『令集解《りょうのしゅうげ》』は明法家達の注釈書である令私記を集大成したもので、養老令の条文ごとにまず「令義解」の解釈を挙げ、続いて養老令の注釈としてもっとも古い「令釈」や大宝令の注釈書である「古記」、ほかに讃岐永直の説といわれる「讃記」や穴太内人の説といわれる「穴記」など、『令義解』以前の注釈や「伴記」など『令義解』以降の学説も網羅している。中でも「古記」は天平十年（七三八）頃に成立した大宝令の注釈書であり、そこに引用された大宝令条文は現存しない大宝令を復原する上で貴重な史料となっている。先に引用した戸令戸主条について『令集解』は、まず嫡子を戸主とするという義解の説を掲げた上で以下諸説を掲げる。例えば、「穴記」は「穴云、家長は嫡子を謂う。嫡子無くば、嫡孫を立てよ。（中略）又律、家人共犯は、只尊長坐す等、各尊長を求む。但し此の条においては尊長を要せず」と説明している。嫡子が亡くなっていれば嫡孫を戸主とすること、律では共犯縁坐は戸内の尊長（親族中の世代が上で最年長の者）だけが縁坐すると規定するなど尊長を世帯の代表者とすることが多いが、戸主条は別であるというのである。また「古記」は「父が嫡子を定めずに死亡した場合は母（妻）が戸主となる。嫡子がいても幼弱なときは母が戸主となる」という解釈を示している。

養老令の公定注釈書として国家的事業により編纂された『令義解』とは異なり、『令集解』は惟宗直本が私的に編纂したものである。通説は、『令義解』編纂から約半世紀を経てその解釈が現実に合わなくなってきたことや、義解の解釈の不足を補うために『令集解』が編纂されたとしている。しかし、『令集解』では編者の意見を記すことはほとんどなく、直本が『令義解』編纂のテキストとして集められた諸明法家の注釈書や、それらに後人がさらに修訂・注釈を追記したものを収集し、自己の学習ノートとして編纂した可能性が高い。そのせいか諸史料に『令集解』の名が見え始めるのは十一世紀に入ってからであり、初出は直本の曾孫允亮の著書『政事要略』においてである。

摂関・院政期には、明法博士や大判事などの明法官人は犯罪に関する断罪・量刑や所領相論などの訴訟における諮問に対して明法勘文によって答申する勘申活動を行い、また日常的な法律問題に関して官私の相談を受けて問答体の文書「法家問答」を作成して依頼に応えた。このほか、法家の勘申活動には九世紀半ば頃から始まる「議」の形式を取り入れたものがあり、桓武朝の「徳政相論」もその一例である。

検非違使の活動

嵯峨朝の弘仁年間には、蔵人所のほかにも新しい令外官が設置された。平安以降、中世まで京中の警察・裁判を管轄する検非違使も弘仁七年（八一六）頃に成立している。当初は独立した官庁ではなく、宣旨を被った衛門府の尉と府生が兼帯して京内の治安警察の任務に当たる職名であったが、天長元年（八二四）に佐《すけ》が、承和元年（八三四）に長官である別当《べっとう》が置かれ、天安二年（八五八）には明法道出身の法律専門家から選ばれる志（道志）が設置されて、別当、佐、尉《じょう》、志《さかん》、府生《ふしょう》の職制が整った。別当には中納言や参議で衛門督を兼任する者が選ばれ、佐以下は衛門府の官人が使宣旨を賜って任命された。尉のうち五位を帯する者が大夫尉ないし大夫判官であり、特に武力に優れた者を追捕尉といい、十世紀後半頃からは清和源氏の武士が充てられた。のちに源義経も後白河法皇によって検非違使・左右衛尉に任命されている。下級職員には看督長、案主などからなる火長や、前科者を採用して犯人の捜索に当たらせた放免がいた。

検非違使は当初は京内の治安維持に当たる衛門府の職務を補完するだけであったが、のちに追捕も行うようになり、貞観年間には、強窃二盗・殺害・闘乱・強姦のうち、雑犯に属するものは刑部省に代わって断罪と刑罰の執行ができる権限を与えられた。さらに、延喜以降は刑事事件のみならず財物争いなど民事裁判の判決にも関与するようになり、警察・裁判・行刑のすべての権を獲得した。

十世紀初め頃から大規模な盗賊団が横行するなど京内の治安が悪化するようになると、検非違使は衛門府からも独立して、「朝家この職を置きて以来、衛門の追捕、弾正の糾弾、刑部の判断、京職の訴訟、併せて使庁に帰す」（『職原抄』）といわれるほど強大な権限を有するようになった。宣旨によって任命される検非違使は天皇に直属し、別当の発する別当宣は勅宣に准じる効力をもち、迅速果断に行動できる特色があったから、摂関期には王朝国家の警察力として大きな役割を果たした。応天門の変など政治的な事件の際にもその武力が発動されている。

検非違使の裁判は効率と迅速性を尊び、律令裁判が当事者平等主義の立場から定めていた三審制や誣告反坐の法は捨てられ、一審制に基づく簡略な手続で行われた。事件の現場で記録された「事発日記」と被告や関係者を尋問した記録である「問注記」をもとに道志が擬律を行って「明法勘文」を作成し、それによって判決が下された。その際には被告から服罪の旨を記す「過状」を徴収した。

行刑においても迅速化、簡略化が進んで律の規定に反する刑罰も行われるようになった。弘仁十三年（八二二）の格では、強窃盗について賊盗律が流刑とするところを徒六年に、また死刑については、本来天皇の専権事項である死刑判決の減刑手続を省略して、別勅により一律「役十五年」とすることが認められている。律に定める刑罰の主刑は生命刑（死刑）、自由刑（流刑、徒刑）、体刑（杖・笞）であるが、検非違使では主刑は強窃二盗及び通貨偽造の私鋳銭には自由刑（徒刑のみ）を科し、付加刑として財産刑（資財田宅の没官）が科せられた。強窃盗犯は犯人から過状を召す進過状政を経て、犯人の首に鈦《だ》（足かせ）を着して服役させる着鈦政《ちゃくだのまつりごと》が行われ、その言い渡しは五月と十二月の二度平安京の東西市において行われて次第に儀式化した。

コラム10　日本国現在書目録と山海経

平安時代前期には、詩文集や格式など多くの書物が編纂された。その一つに寛平三年（八九一）頃、藤原佐世《すけよ》が撰述したとされる『日本国現在書目録』がある。藤原佐世は次章に登場するが、藤原基経の侍講で阿衡の紛議のきっかけを作った人物である。同書は九世紀末に日本に渡来していた漢籍の総合目録で、『隋書』経籍志の経・史・子・集の四部にならって、易・詩・礼・楽・論語・正史など四十家に分類し、書名・巻数を掲げ、撰者などを注記している。刑法家には大宝律令の母法となった「唐永徽律十二巻」「唐永徽令四十巻」もみえる。全部で千五百七十八部、一万七千八百巻ほどの膨大な書名を収載し、珍しい書物も紹介されていて、土地家の中には「山海経廿一巻　郭璞注見十八巻」がみえる。『山海経《せんがいきょう》』は中国古代の地誌・博物書で、戦国時代ないしは漢代の書物といわれているが、その由来ははっきりせず、妖怪や化け物など奇怪な話が満載されている奇書である。

一九九七年に、新潟県三島郡和島村所在の下ノ西遺跡から曲物の底板を利用して奇怪な図柄を記した木製品が出土した（図1）。図柄は縄状のものが巻かれた立木と首と手を縛られた人物、そして目鼻のある奇妙な生き物らしきものが配置された不思議なもので、この遺物が一九九七年度の木簡学会研究集会で紹介されあと、しばら

図２　和刻本山海経絵図による

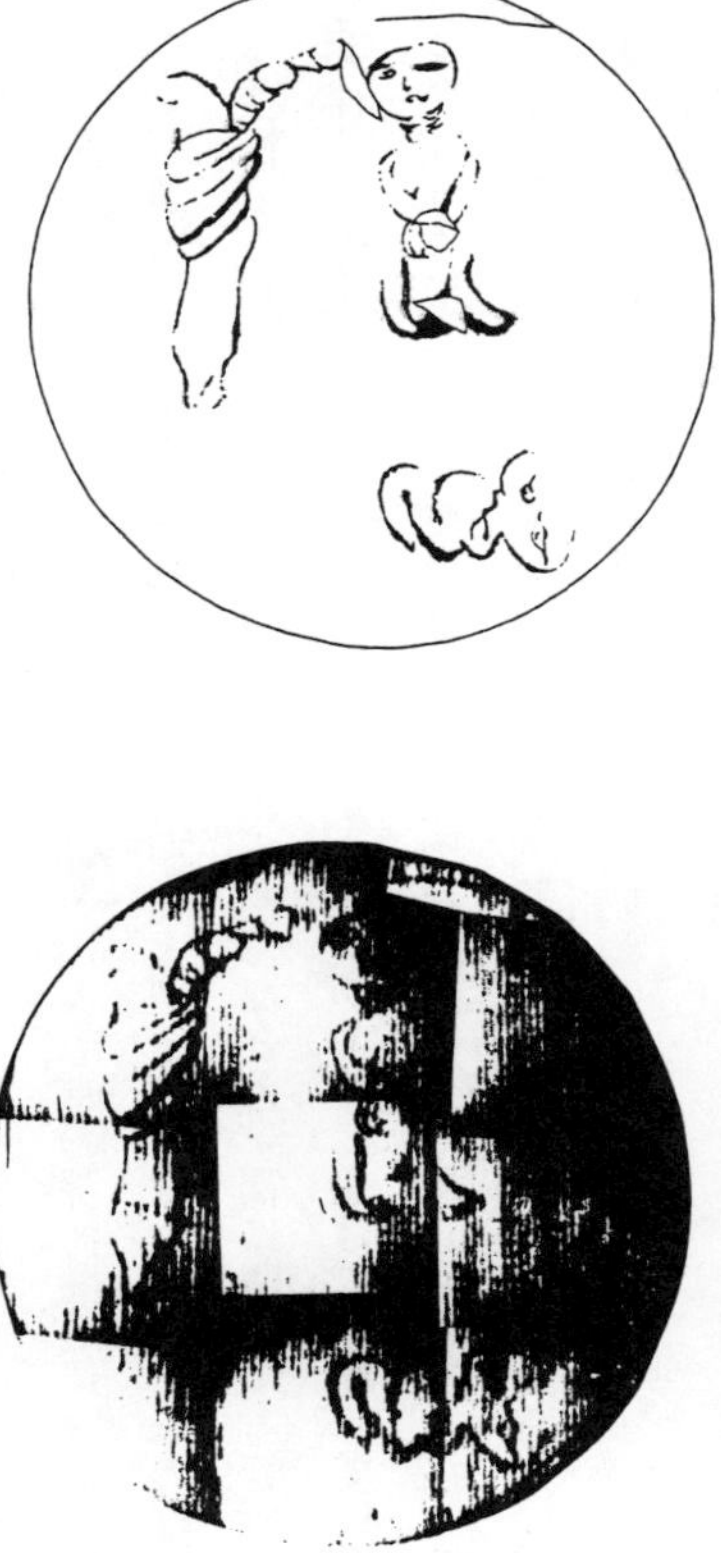

図１　上は実測図、下は赤外線写真。板は経 195mm、厚さ 11mm。（いずれも『下ノ西遺跡――出土木簡を中心として』による。）

く意味が不明であった。しかし、実は右下の図柄の生き物は『山海経』にみえる人面蛇身の神獣窫窳《あつゆ》であり、図柄全体も『山海経』に記載されたある特定の場面を絵画化したものと考えられる。窫窳は『山海経』では「北山経」「海内南経」「海内経」「海内西経」などに登場し、「赤身・人面・馬足」あるいは「竜首」で人を食う怪物とされているが、異伝もあり「海内西経」では窫窳は蛇身人面で貳負《じふ》とその臣である危によって殺害されたという。『山海経』巻十一「海内西経」では、貳負とその臣である危の二人が窫窳を殺害したので皇帝は「貳負の臣」(危)を拘束し、両手と髪を反縛して右足の枷を山上の木に繋いだという。晋代に『山海経』の注釈書を著した郭璞の『山海経図讃』でも「窫窳は罪無くして、貳負に害せらる」としている。下ノ西遺跡出土の木製品に描かれた図柄は、この「海内西経」にみえる窫窳と貳負の処刑の場面を描いたものであろう。図2は江戸期の和刻本山海経絵図の「海内西経」に載せられている同じ場面の図である。時代の下る史料ではあるが「海内西経」の記述を忠実に再現している。

ところで、当該の絵画板は奈良時代に制作されたと推定される。絵画板が出土した下ノ西遺跡は古代北陸道に近い交通の要衝に位置し、北西八百メートルには、越後国古志郡の郡衙関連遺跡として注目を集めている八幡林遺跡がある。下ノ西遺跡でも計画的地割りや桁行七間の大型建物を含む二十二棟の掘立柱建物群の遺構が発見され、ほかに「越後国高志郡」の表記のある木簡が出土するなど古志郡に関連する官衙遺跡としての性格が認められる。遺跡は共伴遺物の検討によって八世紀前半から十世紀前半にかけて機能していたと推定されている。絵画板の制作年代を特定することは容易ではないが、絵画板の出土した掘立柱建物を巡る溝からはほかに八世紀前半のものと思われる出挙関係の木簡が発見されており、絵画板の制作年代も奈良時代に遡る可能性が高い。平城京の長屋王邸の北、二条大路南側の東西溝から出土したいわゆる二条大路木簡の中に、

山□経曰大

と記されたものがある。断定はできないが、『山海経』の内容を写した習書とすればすでに奈良時代前半には『山海経』が伝来していたことになる。下ノ西遺跡は単なる集落遺跡ではなく官衙遺跡なので、地方官人の中に『山海経』を読んでいた者がいた可能性は高い。和銅年間の『風土記』の撰進を契機として地誌編纂の参考として中国の地誌・博物書である『山海経』が地方に伝わったことが推定できるからである。『出雲国風土記』にみえる薬草類の種類が『山海経』に記載されたそれと多く対応しており、『出雲国風土記』の編纂に当たって『山海経』が参照された可能性が高いことはすでに先学によって指摘されている。出雲以外の地でも風土記編纂に当たって、中国の地誌類が参考に供され、その中に『山海経』も含まれていたことはあり得ることである。風土記編纂は諸国の国司に命じられたが、実際の作業は郡司以下によってすすめられたと考えられる。越後国においても事情は同じであり、郡衙ないし関連官衙に勤務する官人が『山海経』に目を通し、習書の一環としてか、あるいは戯れに『山海経』の記載を曲げ物の底板に描いたのではないだろうか。

中国から将来され、平安時代の『日本国現在書目録』に記載された書物が、実は奈良時代から実際に読まれていたのである。

【参考文献】

桐本東太・長谷山彰「『山海経』と木簡――下ノ西遺跡出土の絵画板をめぐって」『史学』第七十巻二号、二〇〇一年。

伊藤清司「風土記と中国地誌――『出雲国風土記』の薬物を中心に」（上田正昭編『日本古代文化の探求　風土記』社会思想社、一九七五年）。

和島村教育委員会『下ノ西遺跡――出土木簡を中心として』和島村埋蔵文化財調査報告書八、一九九八年。

第十一章　摂関政治の時代

1　摂関政治の幕開け

承和の変

承和七年（八四〇）、淳和上皇が崩じ、さらに承和九年（八四二）七月には嵯峨太上天皇が崩じた。その直後、太皇太后橘嘉智子のもとに、皇太子付きの東宮坊官人伴健岑《とものこわみね》、橘逸勢らが皇太子恒貞親王を擁して謀反を企んでいるという密書が届いた。太皇太后は中納言藤原良房を通じて密書を仁明天皇に奏上し、その結果、恒貞親王（淳和上皇の皇子）は皇太子を廃された。橘逸勢、伴健岑は配流、良房の叔父で娘を皇太子恒貞親王の妃としていた大納言藤原愛発《ちかなり》は京外に追放、式家の中納言藤原吉野は大宰府に左降され、良房が大納言に昇進した。事件から一ヶ月後、良房の妹順子の生んだ仁明天皇の子道康親王が皇太子に立てられた。叔父の愛発が外戚として力をもつことを恐れた良房が機会をとらえて事件を拡大させ一挙に政治的なライバルを追い落とした可能性が高い。この承和の変をきっかけに藤原北家が天皇の外戚であることをよりどころとして政界の主導権を握り、天皇・摂関・母后を権力核とし、その周辺に少数の上級貴族が結集する摂関政治への道が開かれてゆく。

応天門の変

嘉祥三年（八五〇）、仁明天皇の死去により道康親王が即位すると（文徳天皇）、皇太子には右大臣良房の娘明子《あきらけいこ めいし》の生んだ生後九ヶ月の惟仁《これひと》親王が立てられた。

承和の変以後、廟堂での政敵がほとんどいなくなった藤原良房は天皇の外戚としてさらに地位を固め、天安元年

伴大納言絵詞（出光美術館所蔵）
伴大納言の逮捕に向かう検非違使の一行

（八五七）、左大臣を飛び越して太政大臣に任じられる。翌年、文徳天皇の死去により惟仁親王がわずか九歳で即位した。清和天皇である。天皇は元服するまで母明子と共に東宮に住み続け、良房の家父長的権威のもとにあった。幼帝の即位により天皇の政治権力の代行者（摂政）が必要となり、太政大臣良房がその任に就いた。太政大臣は律令（職員令）の規定では左右大臣の上位に位置するが具体的な職掌の定めはなく、天皇の師範たるべき人格識見共に優れた者を充て、適任者がないときは欠員とする「則闕《そっけつ》の官」であり、必ずしも摂政を意味しない。また清和天皇が成人すると摂政の必要性は薄れ、良房の権限は曖昧になった。

しかし、貞観八年（八六六）閏三月、応天門が放火により消失し、当初は左大臣源信《まこと》が疑われたものの、のちに主犯は伴善男《とものよしお》であるとされ、善男らは配流された。この事件（応天門の変）を機に、良房は「天下の政を摂行せよ」との勅を得て、清和天皇の大権代行者（摂政）であることが確認された。

人臣が摂政となるのは初めてのことである。これ以前に良房は姪の高子《たかいこ》の生んだ生後二ヶ月の貞明親王（陽成天皇）を皇太子に立てており、貞観十四年（八七二）に亡くなるまで摂政太政大臣の任にあった。

阿衡の紛議と関白

良房の後を継いだ養子藤原基経も右大臣として清和天皇を輔佐し、貞観十八年（八七六）十一月、清和天皇が二十七歳の若さで譲位し、八歳の陽成天皇が即位した後は摂政を務め、さらに元慶四年（八八〇）太政大臣となった。しかし、成人した陽成天皇には奇行が多く、近臣を殴殺するなど素行に問題があったため、元慶八年（八八四）年、基経は陽成天皇を退位させ、基経とは外戚関係のない仁明天皇の皇子時康親王（光孝天皇）の即位を実現させた。

五十五歳の高齢で思いがけなく即位した光孝天皇は基経の恩義に報いるべく、諸道の博士らに太政大臣の職掌について諮問した上で、太政大臣基経に詔して、「以後、官庁に坐して万政を頒行し、奏下のことまず諮稟すべし」と命じた。政務はすべて太政大臣基経に諮ってから奏上させることとなり、のちの関白の職と同様の権限が基経に与えられたのである。光孝天皇は自身の系統に皇位を伝える意志がないことを示すために、皇太子を立てず、皇子女もすべて源姓を賜って臣籍に降下させていたが、死の直前、定省《さだみ》親王を復籍させ皇太子とした。

光孝天皇の後を継いだ定省親王（宇多天皇）も、即位直後の仁和三年（八八七）十一月、「万機巨細、百官惣己、皆太政大臣に関白し、然る後に奏下せよ」との詔を発した。これを承けた基経は当時の慣例に従って辞退の上表を奉り、再度勅答が与えられたが、そこには、「阿衡《あこう》の任を以て卿の任とせよ」という一文が記されていた。これをみた基経の侍講藤原佐世《すけよ》が「阿衡」は位であって職掌がないと指摘したため基経は政務を放棄した。結局、翌仁和四年六月になって、天皇は譲歩して阿衡の文言は自らの本意ではないとして、以後、「太政大臣は衆務を輔《たす》け行い、百官を統《す》べて、奏すべきこと、下すべきこと、すべて諮《はか》り稟《う》けよ」と改めて基経に関白の詔を賜った。この一件を阿衡の紛議と呼んでいる。

この事件を契機に「関白」が太政大臣の具体的な職掌となり、天皇の代替わりごとに詔で確認する先例が確立した。のちに、「万機総摂」の任が太政大臣を離れて摂政・関白に移り、太政大臣が名誉職化する方向もこの時に定まったといえる。

勅答を起草した橘　広相《たちばなのひろみ》はあくまで阿衡には任ありと主張して譲らず、事件後は勅意に反する勅答を起草したとして違勅の罪に問われた。橘広相は菅原道真の父是善の門人で文章博士を務めるほどの学才を有しており、当時左大弁参議、その娘義子は宇多天皇の女御となって皇子をもうけていた。広相は宇多天皇の寵臣であり、天皇は一貫して広相を擁護したが、最後は基経に譲歩して政治的混乱を収拾せざるを得なかった。事件後、「朕遂に大臣の請に随う。濁世の事是の如し。長大息を為す可き也。」（『宇多天皇御記』）と嘆いている。

しかし、実は阿衡に任なしとするのは佐世だけではなく当代の学者達の一致した意見であった。以前、光孝天皇即位の時に、天皇が太政大臣の職掌について諸道の博士に諮問した際、太政大臣は唐の三師三公に当たり職掌はないが万機をみるとされており、太政大臣に職掌なしとするのが皆の一致した認識だった。阿衡の任について諸道博士が論じた際も阿衡は三公に当たり、職なしとしており、これによれば太政大臣＝三公＝阿衡という図式が成り立ち、阿衡に職掌なしとする解釈は妥当なものであるといえる。むしろ阿衡に職掌ありとする広相の解釈の方が苦しい答弁であるが、勅答を起草した広相にすれば、光孝天皇即位時の、太政大臣に職掌はなくとも万機を総摂するという詔と内容的に変わらない勅答が今回はなぜ基経によって問題視されたのか理解に苦しむところであったろう。基経の攻撃に遭ってからは、天皇の立場を守るためにも阿衡に職掌ありと強弁するしかなかったのである。

思うに、基経には関白の地位確認という目的のほかにも意図があったと思われる。それは広相が天皇の外戚となる可能性があったことと、宇多天皇が即位後、諸臣に意見封事を求め、親政への強い意欲を示したことに対する牽制である。

藤原氏は代々、将来のライバル、特に天皇の外戚となる可能性をもつ者を早めに排除してきた。のちの菅原道真の失脚のときにもそれが要因の一つとなっている。始祖不比等以来、外戚となって天皇権力を包摂し自己の政治権力の強化を図る手法は藤原氏のお家芸といってよく、それだけに他氏が同様の手法によって勢力を伸ばすことには神経をとがらせていたのであろう。

菅原道真と罪名勘文

橘広相の罪名を擬するに当たっては、諸道博士らに諮問（勘問）が行われ、それぞれの勘文が提出された。その中で、明法博士凡《おおしの》春宗《はるむね》の勘文は詐偽律詐為詔書条の「詐りて詔書を為し及び増減せらば遠流」（詐って詔書を勝手に作成したり、詔書の内容を増減（改作）する）という条文に該当するとした上で、名例律によって、五位以上の者が流罪以下の罪を犯した場合は罪一等を減ずること、及び官を以て刑罰に代える官当の規定などを適用すると、広相の罪はまず遠流を一等減じて徒（労役）三年とし、最終的に官当によって実刑は科さず現に帯びる官職を解くのが妥当であるとしている。

このような法律専門家の意見に対して、文章道出身の菅原道真はやや異なる論点から広相を擁護し、罪名を論じている。当時、道真は讃岐守として任地に下向していたが、広相の罪責追及の動きが起こると急ぎ上京して基経に諷諌の書を奉った。そこには、明法博士らの間に詐偽律詐為詔書条を当てる説と職制律詔書施行違条を当てる説があることを踏まえた上で、詐偽律の詐為詔書条は勅命なくして妄りに自ら詔書を作成することを犯罪の構成要件としているのに対して、広相は勅命を奉じて詔を作成し、その結果勅意に違反したのであるから、同条の適用対象ではないと言っている。しかし、同時に道真は勅意に反した行為（違勅罪）が職制律詔書施行違条に該当するという説に対しても不当としている。

ちなみに違勅罪は奈良時代には律に該当条文をもたない形式的罪名であったが、のちに平安期の明法家によって解釈上、職制律詔書施行違条にあてられるようになり、さらに平安末・鎌倉時代以降は違勅罪は勅命に反する重大犯罪で死刑に相当するとみなす解釈が行われるようになった。

道真は職制律詔書施行違条が詔書の作成過程における過誤を対象としているのに対し、広相の行為は作成した勅答の内容が結果的に「違勅」に当たるのであるから同条も適用できないとする。結論として道真は、広相の行為は職制律及び詐偽律には該当条文が存在しないので、あえて依拠条文を求めるならば断獄律に規定する疑罪に相当すると主張した。疑罪は有位者など拷問を科すことのできない被告について、虚実の証拠が相半ばする場合や、伝聞証拠のみであるような場合には正刑を科さず、嫌疑のかかっている罪状相当の贖銅を徴収するものである。

道真のこのような解釈は、法律論としては無理がある。しかし、法律論を超えたより高度な解釈として評価できる一面も備えている。『政事要略』に載せる「昭宣公（基経）に奉る書」では、第一に、文を作るものは必ずしも経史の全説をとらず、一部をとって「断章取義（章を断じて義と為す）」ものであり、広相の場合にも異心をもって作文したものではない。もしこれをもって広相を罰するならば、のちの文を作るものは皆罪科を免れない。これでは文章は廃れてしまうとして、学者の立場から広相を擁護している。そして、続けて広相の天皇に対する功を挙げ、次のように論旨を展開している。広相は当代の擁立に功があり（功一）、その女義子は天皇の寵を得て（至親一）、皇子を二人生み（至親二）、なおかつ、義子は尚侍藤原淑子（基経の妹）の下から今上の内へ入っている（至親三）ことを挙げる。そして藤原氏の功が近代ふるわず、基経の徳によって先祖不朽の名を落さずにすんでいるが、万尋の堤も一蟻のために崩れる事もあるのだから、広相のように才智謀慮あり、親故功労有る者を罪することは基経にとって良策ではないと結んでいる。

道真の諫言は、一般に基経に対する真情からの忠告であるとされているが、書状の表現は受け止め方によっては基経に対する脅迫ともいえるものであって、やはり道真は菅家廊下の出身で立場を同じくする広相の擁護を第一に考えていたと理解すべきであろう。そして、注目すべきは、「大功一。至親三」「有親。有故。有功。有労」などの表現である。それらは『名例律』に律の適用に当たって優遇を受ける者の資格として規定されているものであり、道真が律令に関する該博な知識をもっていたことがわかる。道真は法律論の枠内にとどまりながらも、法律専門家である明法博士達よりも高度な次元で広相の擁護論を展開したといえる。

宇多・醍醐朝の政治

寛平三年（八九一）の藤原基経の死後、宇多天皇は摂政・関白を置かず、菅原道真や良吏として名高い藤原保則らを登用して、「寛平の治」と呼ばれる政治改革を断行した。改革の柱は、院宮王臣家が富豪層と結びついて地方に勢力を伸ばす動きを抑制し、国司の適正な政務実行を督励するなど律令政治の再建をめざすところにあった。

寛平九年（八九七）、宇多天皇は譲位し、十三歳の敦仁親王（醍醐天皇）が即位した。同時に、基経の子藤原時平を大納言とし、信頼する菅原道真を権大納言に引き上げて、執政家の貴公子と文人官僚として出世してきた二人の均衡により、醍醐天皇を補佐させる体制を作り上げた。昌泰二年（八九九）、時平と道真は二人そろって左右大臣に昇進するが、延喜元年（九〇一）、醍醐天皇を廃し斉世《ときよ》親王の擁立を図ったとして菅原道真は大宰権帥に左遷された。道真が醍醐天皇の弟斉世親王に娘を配したことで斉世親王の擁立を図ったとみられたのである。名門の出である時平にすれば、文章道の総帥とはいえ家柄の低い「寒門」の出身である道真が宇多上皇の異例の引き立てによって自分と肩を並べる地位にのぼり、さらに外戚の地位を得る可能性が生まれたことは脅威であった。しかも、時平の妹穏子《おんし》の入内をめぐって宇多上皇と時平は対立していた。道真左遷の宣命が発せられたことを知った宇多上皇は急ぎ内裏に駆けつけ、終日門前に居続けたがついに門は開かれず、空しく引き下がるしかなかった。

醍醐天皇と時平による「延喜の治」の中心となる政策は、延喜二年（九〇二）のいわゆる延喜の荘園整理令の発布である。内容は班田の励行、内膳司の臨時の御厨と院宮王臣家の厨の停止、院宮王臣家による山川藪沢の占有禁止など多岐にわたった。寛平の治に続いて院宮王臣家による大土地所有の進展を抑制し、諸国の「富豪之輩」と呼ばれる富裕層が中央の院宮王臣家と結びついて私的な土地所有の拡大を図る動きを抑えることを目的としていた。この時期になるとそうした富裕層の中には、国司として地方に赴任し、任期終了後もその地に土着して前国司としての権威を背景に勢力を伸ばす中央貴族出身者も現れていた。豊後国日田に私宅をもち広大な私営田を経営していた前豊後介中井王はその典型である。

十世紀半ばには、それら私営田領主が国司と対立して武力抗争に発展することもあった。朱雀天皇―藤原忠平政権の発足後、東国に土着した桓武天皇の曾孫高望王《たかもち》を祖とする平氏の一族内部で対立抗争が激しくなった。承平五年（九三五）頃から天慶三年（九四〇）にかけて、下総国を拠点とする平将門が常陸国衙を襲撃し、下野・上野・武蔵・相模など関東一円を制圧して「新皇」と称する反乱に発展した（平将門の乱）。同じ頃、西海では伊予の前国司藤原純友が瀬戸内の海賊を率いて蜂起し、朝廷を震撼させた（藤原純友の乱）。両者を合わせて、その元号により承平・天慶の乱と呼んでいる。この東西の反乱を乗り切った後、天慶四年（九四一）、忠平は摂政から関白へとうつり、さらに天慶七年（九四四）、忠平の長子実頼が右大臣に昇進した。

東アジアの国際関係の変化

東アジア世界に君臨した唐帝国は、安史の乱（七五五～七六三）以後徐々に衰退し、九世紀末には黄巣の乱も起こって九〇七年、混乱の中で滅亡した。その影響で周辺の東アジア諸国にも動揺が起こった。新羅では、国内の政治抗争が激化し、地方豪族が勢力を伸ばして分裂状態となり、九三六年、高麗が朝鮮半島を統一した。渤海も、九世紀に入って国内が乱れ、九二六年、契丹によって滅ぼされ、遼が建国した。

安史の乱以降の唐王朝は中央集権的な支配がゆるんで地方分権化が進み、租税制度も現物納から銭納へ変わったので、貨幣経済が進展して商業が活発になった。唐が周辺諸国と厳格な朝貢関係を結んでいた頃は、朝貢に対して中国皇帝の威信を示す意味で大量の貴重品を回賜したので朝貢貿易と呼び得るほどであり、反面、民間貿易は禁止されていた。しかし、商業活動への課税を念頭に政府の統制がゆるむと民間貿易は活発になり、朝貢貿易の必要性は薄れた。日本の遣唐使は舒明天皇二年（六三〇）の犬上御田鍬派遣以来十六次にわたるが、安史の乱後は奈良時代に二回、平安時代に二回しか派遣されていない。唐王朝の政治的混乱が影響しているが、唐の商人の来航が増加し、彼らを通じてさまざまな文物の入手が可能になったことも要因の一つである。結局、承和元年（八三四）に派遣された藤原常嗣を大使とする遣唐使が最後の遣唐使となった。

それから六十年後、寛平六年（八九四）に菅原道真が遣唐使の廃止を建言し、事実上遣唐使は途絶するが、これによって日本が鎖国状態になったわけではなく、民間の往来は活発に行われた。この頃、新羅や渤海との関係においても唐王朝の脅威に対抗するための提携を目的とした外交の必要性は薄れ、貿易を主体とした交流が盛んとなる。新羅・唐・日本の三国間を往来して巨利を博した新羅商人張宝高（弓福）の存在は特に有名である。新羅商人の往来に便乗する形で中国の仏教聖跡を巡礼する僧侶も多かった。藤原常嗣らと共に唐に渡った円仁も武宗の排仏が始まった危険な情勢下で、新羅商人の助けを得て五台山などを巡歴し、新羅船に便乗して帰国を果たした。帰国後、円仁が著した『日唐求法巡礼行記』は玄奘の『大唐西域記』、マルコ・ポーロの『東方見聞録』とならんで東アジアの三大旅行記として知られ、E・O・ライシャワーの『世界史上の円仁』（田村完誓訳、一九六三年）によって世界に紹介された。

2 摂関政治の確立

摂政と関白

醍醐天皇から朱雀天皇への譲位の詔には藤原忠平に対して、「幼主を保輔して政事を摂行すべし」と命じる文言があった。忠平の父基経が清和天皇の詔によって陽成天皇の摂政となった前例を踏襲するもので、これによって天皇幼少期には摂政を置くこと、そのことが譲位の詔によって宣言される方式が定着することになった。

忠平は天慶四年（九四一）、朱雀天皇の元服と共に摂政を辞任して関白に任じられた。この時も「仁和の例に准じて、関白の事あり」とされ、基経の関白任命の例にならったものであった。忠平の摂政・関白の任命を通じて、基経の時にははっきりしていなかった、天皇の大権を代行する摂政と天皇を輔弼する関白というそれぞれの役割が明確になった。関白は天皇に奏上され、あるいは天皇から下される一切の文書にあらかじめ目を通す（内覧）が、摂政はこれに加えて、天皇に代わって文書に加署し、叙位・除目を行い、儀式の場では幼帝を輔佐した。

天暦三年（九四九）、忠平が没すると、次の村上天皇の時代には十七年間摂政・関白が置かれなかったが、康保四年（九六七）、村上天皇の後を継いだ十八歳の冷泉天皇が即位すると忠平の子である左大臣藤原実頼《さねより》が関白となり、これより以後は、天皇の外祖父が天皇の幼少時は摂政、成人してのちは関白として政務に関与する慣例が確立した。

安和の変

安和二年（九六九）、左大臣源高明《みなもとのたかあきら》が自身の婿で冷泉天皇の同母弟である為平親王の擁立を謀ったとして、源満仲らに密告され失脚した。この安和《あんな》の変と呼ばれる事件により、藤原氏と対抗できる唯一の存在として残っていた皇族出身の源氏も政界から排除された。以後、藤原氏以外の者が天皇の外戚となる可能性はほぼなくなり、政権をめぐる争いは藤原北家の諸流による内部抗争に移ってゆく。

安和の変後、冷泉天皇が円融天皇に譲位すると藤原実頼（小野宮流）は円融天皇の摂政となったが、翌年亡くなり、次いで摂政となった藤原師輔《もろすけ》（九条流）の子で忠平の孫に当たる伊尹《これただ》《これまさ》も一年で亡くなり、以後は九条流内部で天皇の外戚の地位をめぐる抗争が続いた。伊尹の後継をめぐって藤原兼通《かねみち》・兼家の兄弟が熾烈な骨肉の争いを続け、先に関白の地位を得た兼通は、貞元二年（九七七）、病による死の直前に、小野宮流で実頼の子藤原頼忠《よりただ》に関白職を譲り、あくまで弟兼家の出世を妨害した。しかし、円融天皇が譲位して花山天皇が即位すると、寛和二年（九八六）、兼家は計略を用いて花山天皇を退位させ、自らの娘で円融天皇の女御詮子《せんし》の生んだ一条天皇を皇位につけて摂政の地位を手に入れた。新天皇と外戚関係をもたなかった頼忠は関白の座を降りて三年後、失意の内に亡くなり、そののち小野宮流から摂関が出ることはなかった。兼家は藤原良房以来二人目の天皇の外祖父として摂政になったが、このとき右大臣兼家の上席には太政大臣藤原頼忠と左大臣源雅信がいたため、兼家は右大臣を辞し、しかも摂政を太政大臣・左右大臣の上に置く宣旨（一座の宣旨）を賜った。これによって摂政は律令官制を超越した最高の地位となり、同時に摂関と太政大臣が分離して太政大臣は名誉職化した。

兼家の死後、摂関の地位はその子藤原道隆・道兼に受け継がれたが、道隆は「酒の病」がもとで四十三歳で亡くなった。臨終の際、人々が往生のため念仏を唱えるよう勧めると、道隆は少し先に流行病で亡くなっていた呑み友達の藤原済時《なりとき》や藤原朝光《あさてる》も極楽にいるであろうなと確かめたという。道隆に代わって関白の宣旨を受けた弟の道兼も病のため就任直後に亡くなり「七日関白」と称された。

長徳元年（九九五）に道兼が死去した後は、道隆の子で二十二歳の藤原伊周《これちか》と道兼の弟で三十歳の権大納言藤原道

摂関時代の藤原氏と天皇家の関係系図

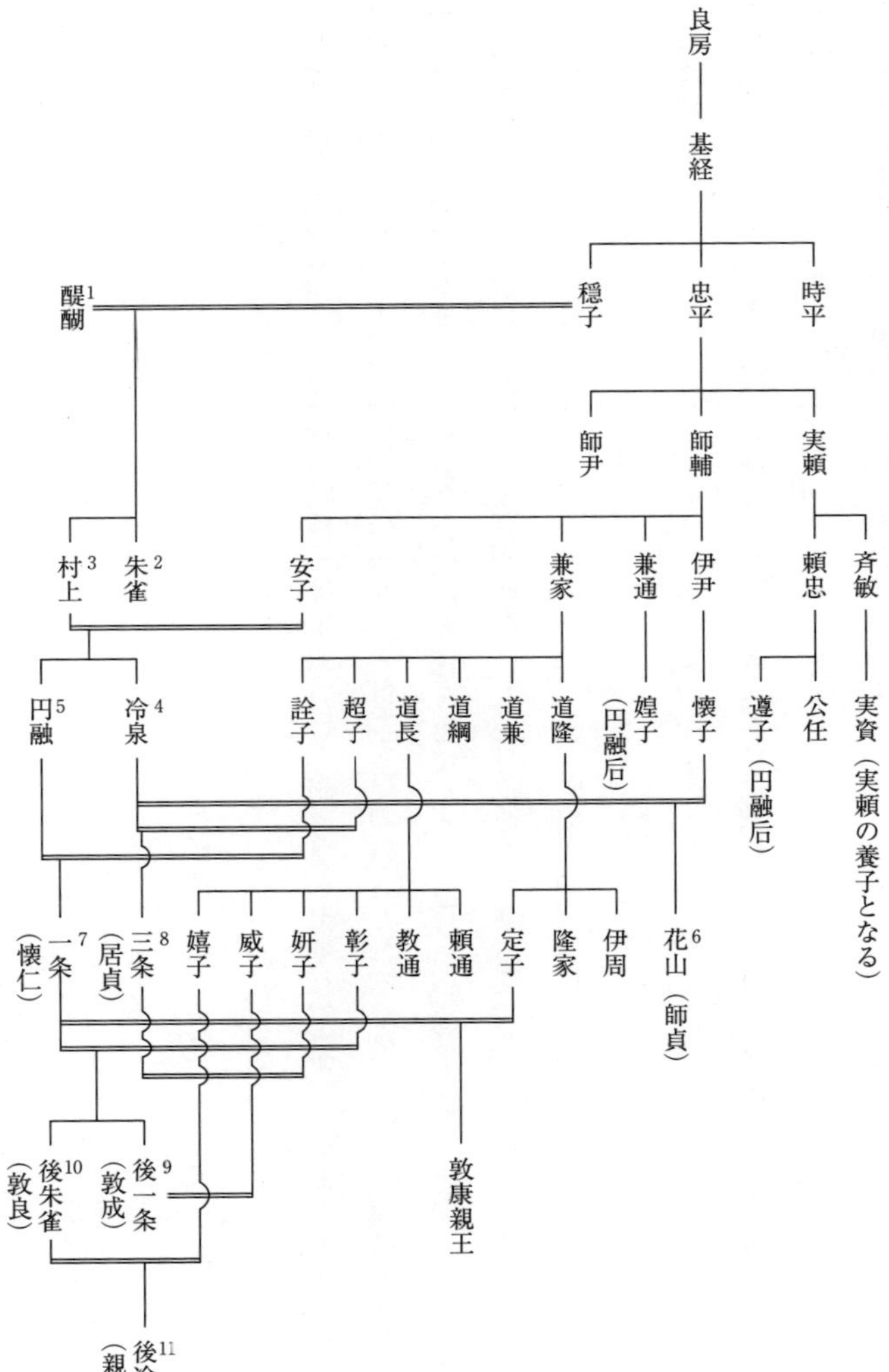

（数字は即位順。兄弟姉妹の長幼の順は示していない。）

長が政権の座に近い位置にいたが、道長が一条天皇から内覧の宣旨を賜り右大臣となった。道長への内覧宣下には一条天皇が難色を示したが、一条天皇の母后であり道長の姉でもある東三条院詮子の涙ながらの説得によって天皇はやむなく道長を選んだ。政争に敗れた伊周は、翌年、弟隆家が、兄の恋仇と誤解して路上で花山法王一行に矢を射かける事件を引き起こした上、自身も詮子を呪詛し、臣下が行ってはならない太元帥《たいげんの》法《ほう》を修した罪を密告された。結局、伊周は大宰権帥に、隆家は出雲権帥に左遷された。

道長は、長保二年（一〇〇〇）にはその娘彰子を一条天皇の中宮に冊立し、道隆の娘である皇后定子と共に一天皇二皇后（皇后・中宮）が並立する新例を開き、その後長く政権の座にあって権勢を極めた。

この間、醍醐天皇の中宮となった基経の娘穏子《おんし》は朱雀・村上両天皇を出産し、兄の摂政忠平と共に国母として幼い朱雀天皇を輔佐した。藤原忠平の子藤原師輔の娘安子も村上天皇の皇后として冷泉・円融二天皇の母となり、亡くなる前に円融天皇に国母の遺命を残して兄兼通の関白就任を実現した。道長の娘彰子（上東門院）ものちに後一条・後朱雀天皇の国母となり、道長の後を継いだ藤原頼通からその弟教通への関白交代などに関与している。天皇権力は外戚としての摂関だけではなく、これら国母との関係を通じて、藤原氏の家父長的権威に包摂されていったのである。

古代社会の変動

律令国家の根本は人民を戸籍計帳に登録して個別人身支配を貫徹し、班田制を施行して土地面積を単位とする租稲を収受すると共に、人別に調庸を賦課して国家財政の基盤とするところにあった。しかし、九世紀半ばから十世紀後半にかけて班田制が行われなくなり、戸籍・計帳制も破綻すると、律令制の原則に基づく国政運営が困難となり、諸国に赴任した国司の官長（国守など上席国司）に徴税・納入の責任を負わせる代わりに、任国内の行政・軍事などの権限を大幅に委ねる体制が確立した。それらの国司は実際に任地に赴いて前任者から文書や事務の引継を受けることから受領《ずりょう》と呼ばれ、人頭税である調庸に代わって田地を基準とする地税賦課の単位として「名《みょう》」を編成し、納入責任者として有力農民を負名《ふみょう》とした。税は官物（租調・出挙利稲などの系譜）と臨時雑役（雑徭・交易雑物などの系譜）を二本の柱とする体制に編成された。一定範囲の納入を済ませればそれ以上は受領の収入とすることができたから、彼らは「受領は倒るるところに土をつかめ」（『今昔物語』巻二十八）といわれたように、与えられた行政上の裁量権を利用してさまざまな手段で徴税を強化し、私富を蓄積した。

国司の苛斂誅求に対して在地の有力者は強く反発した。永延二年（九八八）、尾張国の郡司・百姓らは国守藤原元命《もとなが》の三十一ヶ条の非法を示して太政官に訴え出た。現在に伝わる「尾張国郡司百姓等解文《げぶみ》」によれば、元命は尾張国の慣行である「国例」を超えて収奪を行い、勝手に新しい賦課を考え出して租税の増徴を図っていた。摂関時代の十世紀末から十一世紀半ばにかけてはこのような国司の苛政を訴える上訴が繰り返された。

受領は朝廷の除目によって任命され、任期終了後は受領功過定において成績を判定された。受領を望む多くの競争者があり、また国によって収益に差もあったから、任官希望者達は自己の功績を主張し、任国の希望を記した申文《もうしぶみ》を提出しただけではなく、摂関・公卿など有力者に賄賂を贈って、有利な任官を実現しようと運動した。摂関をはじめ院宮王臣家も、彼らを院司・家司《けいし》として配下に取り込み、受領に推挙してはその財力による奉仕を求めた。道長は受領の推薦権を掌握して力の源泉としており、源頼光も道長の土御門邸新造の際には伊予守として豪奢な調度品一切を献上し、都人を驚かせた。邸宅の建築は諸国の国司達が一棟ずつ工事を担当し、短期間で完成させたという。

藤原道長の栄華

寛仁二年（一〇一八）十月、藤原道長の三女威子《いし》が後一条天皇の中宮となった。天皇は十一歳、中宮は二十歳であった。威子立后を祝う土御門邸での祝宴で、上機嫌の道長は、

この世をば、わが世とぞ思ふ　望月のかけたる事も　無しと思へば

と後世に残る有名な歌を詠んだ。一条・三条・後一条の三代の天皇に娘を嫁がせ、すでに子息頼道を摂政の座に就かせて権勢の絶頂にあった道長の面目躍如たる歌である。歌を披露する前に道長は「誇りたる歌だが、宿構（あらかじめ作成したもの）ではない」と断っているが、それは照れ隠しで、あらかじめ考え抜いた演出であったろう。

剛毅果断で小事にこだわらない鷹揚な性格といわれた道長であるが、政治的な演出力は備えていた。『大鏡』には次のようなエピソードが載せられている。中関白と呼ばれた兄藤原道隆が催した宴に現れた道長は道隆の嫡男伊周と弓競べをすることになり、「道長が家よりみかど、きさきたちたまふべきものならば、この矢当たれ」と言って矢を放つと見事に的の中心に命中し、続く伊周は臆して手もわななき、矢は「無辺世界」へと遠く外れた。二度目は道長が「摂政、関白すべきものならば、この矢当たれ」と言って放つと矢は一度目と同じ場所に命中した。興ざめした道隆は弓競べを止めさせたという。

若い頃には、父兼家が関白藤原頼忠の子公任の才能を羨み、「我が子らは遠く及ばず、（公任の）影を踏むこともできまい」と嘆息した時に、兄の道隆と道兼は返す言葉がなかったが、道長は「影は踏まずとも、面をば踏まん」と答えている。大江山の酒呑童子退治の伝説で有名な源頼光も、道長が父兼家の葬儀で示した堂々たる態度を目にして将器であると感嘆し、進んで道長に臣従して忠勤を励んだ。このことが政界で力を失った源氏が摂関家の武力として勢力を貯わえ、武門の棟梁に成長してゆくきっかけとなった。

また道長には文学的な才能もあり、歌集『御堂関白集』を残したほか、紫式部ら女流作家を庇護した。特に一条天皇中宮となった娘の彰子に仕えた式部の『源氏物語』執筆進行中は、他者に先駆けて原稿の閲覧を求めるほどの愛読者であった。幼い後一条天皇の春日大社行幸の途次には、天皇の母后である娘の彰子と歌の掛け合いに興じている。

道長の歌、

その神や祈りを聴《き》けん　春日野の同じ道にもたずねゆくかな

彰子の返歌は、

くもりなき世の光にや　春日野の同じ道にもたずねゆくらん

道長は「げにげに」と娘の歌を愛でたが、さらに彰子が、

三笠山さしてぞ来つる　石上《いそのかみ》ふるき御幸《みゆき》の跡をたずねて

と一首詠み加えると、春日明神がお詠みになったかと思うばかりの秀歌であると褒めそやした。『大鏡』は、「この殿は、折節ごとにかならずかようの事をおおせられて、ことをはやさせたまうなり」としるしている。武芸に長じているだけではなく、芸術的天分にも恵まれ、賑やか好きだった道長の言動は巧まずして演劇性を放射し、自然に座が盛り上がったのであろう。

摂関期の政務方式

藤原道長は、太皇太后（一条天皇中宮彰子）・皇太后（三条天皇中宮妍子《けんし》）・皇后（後一条天皇中宮威子）と三代の皇后

の父であり、後一条・後朱雀・後冷泉三代の天皇の外祖父として絶大な権力をふるい、摂関時代を代表する人物として評価されるが、長徳元年（九九五）に兄道兼が死去したのちに、内覧の宣旨を受けて右大臣となって以後の二十二年間、関白の地位にはつかず、内覧の地位と、一上《いちのかみ》（一の上卿の略。政務・公事執行の筆頭公卿）の地位を兼帯することで権勢をふるった。内覧は天皇へ奏上され、あるいは天皇から諸司に下される文書のすべてに目を通す権限をもつが、その位置づけは関白に准ずるもので一段低い。

寛弘八年（一〇一一）、一条天皇に代わって三条天皇が即位すると、三条天皇は道長に関白就任をすすめたが道長は固持し、逆に重い眼病にかかった天皇に圧力をかけて譲位を迫った。長和五年（一〇一六）、ついに三条天皇が退位して、道長の娘彰子が生んだ幼少の敦成《あつひら》親王（後一条天皇）が即位すると道長はようやく摂政の地位についたが、翌年、すぐ子息藤原頼通に摂政の地位を譲っている。

道長が関白の地位につかず、輔弼の臣である内覧と執政の臣である一上の兼帯にこだわったことは、当時の政務方式のあり方とも関係している。

律令制下では毎日早朝天皇が大極殿で政務をみる朝政が基本であり、平安京に移った桓武朝では内裏正殿の紫宸殿で行われていたが、仁明朝あたりから天皇の出御回数が減って月四回の旬政となり、さらに四月と十月の朔日に儀式と宴が催される二孟旬と呼ばれる年中行事と化し、最後は天皇の幼少化もあって出御を伴わない宴だけとなった。太政官では、大臣または大納言・中納言が平安宮の太政官曹司庁（弁官曹司）において諸司・諸国から上申される庶政を審理する公卿聴政（官政）が行われていたが、十世紀後半から十一世紀にかけての摂関政治期には、公卿が内裏に日常的に伺候するようになったため、内裏近くに設置され外記が勤務する太政官候庁（外記庁）での外記政が行われるようになった。摂関期の国政は、太政官庁における官政や実務処理の中心である外記庁での外記政などの「政」と御前定・殿上定・陣定などの「定」が中心であるが、このうち陣定は、改元定、外交事項、受領功過定や、流以上の

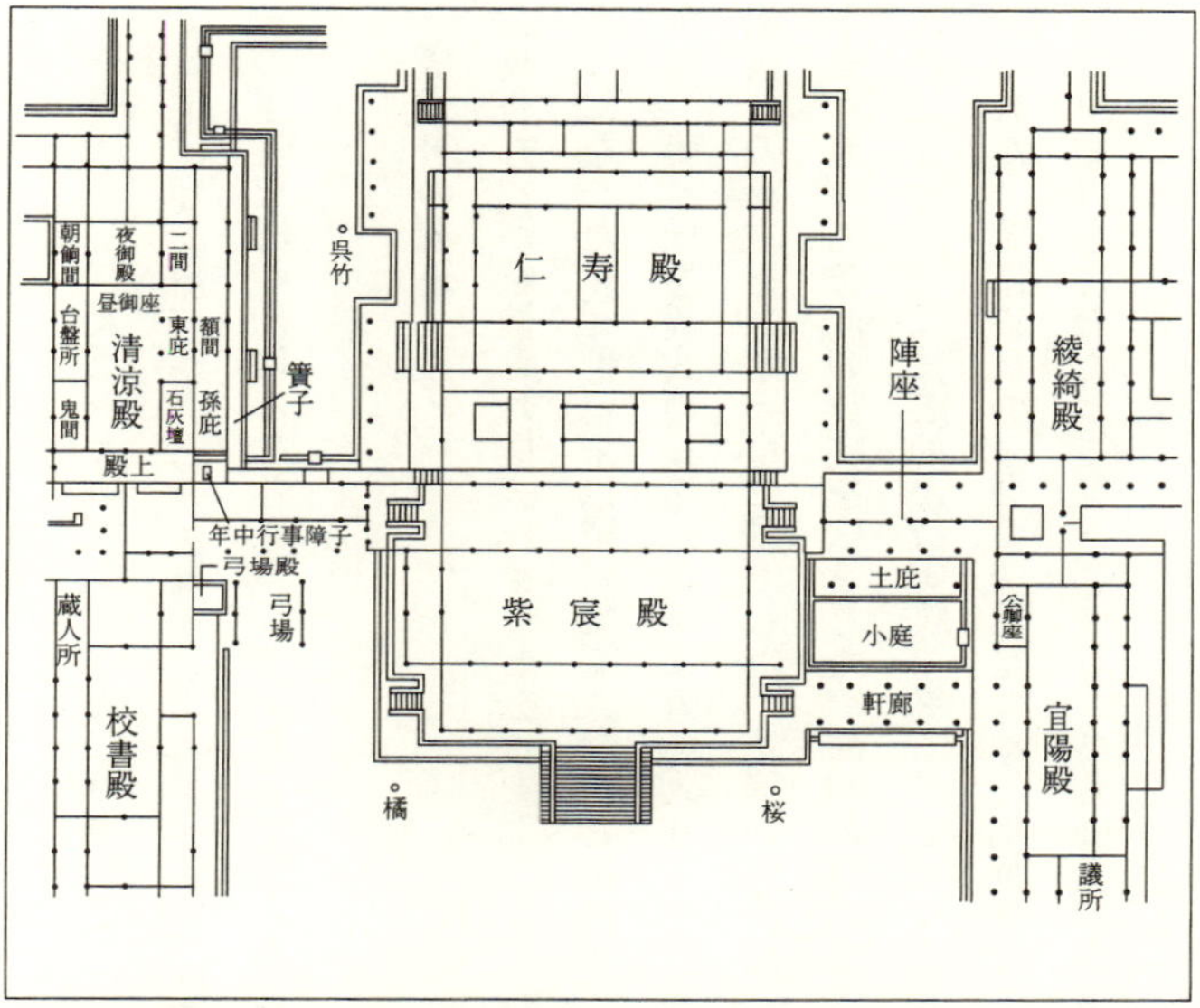

平安宮内裏の中枢部（坂上康俊『律令国家の転換と「日本」』講談社、2001年より）

罪名定など国政審議の場として重要な役割を果たした。

陣定の名称は公卿が内裏の左近衛府の陣に参集して行われたことによっている。天皇の命を受けた上卿が公卿を招集し、先例を調べてまとめた続文や明法博士の答申である勘文などの文書を回覧し、席次の低い公卿から順に意見を述べ、参加者の意見を書き上げた「定文《さだめぶみ》」を作成する。意見が分かれても議決はせず（「受領功過定」だけは意見統一がなされた）、そのまま並記して作成した定文を上卿が蔵人を通じて奏上し、天皇または摂関の決裁を仰いだ。陣定は会議形式としては天皇、太政官が一堂に会して開催する令制の議定方式に比べて簡略化されている。また、令制の代表的な太政官合議である論奏が公卿の満場一致を前提としているのに対して、陣定は満場一致を要しないが、まったく新しい方式ではなく、すでに令制にもその原型が存在した。「獄令」犯罪応入条は、皇親や三位以上、五位以上の特権貴族の重大犯罪については太政官による特別裁判所を設置することを定めているが、その構成員は大納言以上と、刑部の卿（長官）、大輔（次官）、少輔（判官）、判事であり、太政官において「議定」した。審議の場では「衆議量定」し、「もし意見異なること有らば」全員の意見を文書に作成して、天皇に奏聞した。陣定はこの方式を一般的な政務の議定にも拡大したものといえる。

摂関は、左右大臣や大納言など太政官の議政官を超越した地位とされていたので、太政官の議政官組織の伝統を引く陣定には参加しないのが慣例であった。道長は内覧に加えて、議政官の「一上」（筆頭公卿）として直接政務や儀式の運営を取り仕切ることを望んで、あえて関白の地位にはつかなかったのであろう。

儀式書の編纂

政務方式が整備され儀式化すると公事を滞りなく行うために先例故実が重視され、儀式書の編纂も盛んに行われるようになった。九世紀末以降に編纂された官撰の儀式書としては醍醐・村上天皇の頃の『延喜儀式』や『新儀式』がある。藤原氏も儀式の整備と継承に力を入れ、藤原基経は一年中の公事や服仮などの「年中行事御障子文」を記した絹張りの衝立を光孝天皇に献上した。基経の作法は子の時平・忠平に伝えられ、忠平の子の実頼・師輔は、それぞれ小野宮流・九条流の故実を伝承した。醍醐天皇の皇子源高明の『西宮記』や実頼の孫で小野宮流の流れを汲む藤原公任の『北山抄』は代表的な故実書である。政務や儀式の執行の次第を記録し子孫に伝えるため公家の日記も盛んにつくられた。藤原道長の『御堂関白記』や、小野宮流の故実にもくわしく道長と同時代を生きた藤原実資の『小右記』は半世紀以上にわたって書き継がれ、多くの公家が借覧した。

摂関期の司法活動

九世紀半ば以降、検非違使の活動が盛んとなっても、従来の刑部省の活動が停止したわけではなく、地方から送られる流以上の犯罪は依然として太政官の下で刑部省が覆審していたし、国の裁判で処断に疑いのあるものや国司の殺害事件、謀反など特別な事件の場合は刑部省に下して、断罪の適用法条を明らかにする擬律を行わせた。また貞観から仁和（八五九～八八九）にかけての時期には、流以上の犯罪の判決は一年分をまとめて刑部省から太政官に送られ、年終断罪奏として天皇に奏上することが儀式化して定着した。こうした検非違使と刑部省の活動の両方にあって、明法博士を中心とする明法家集団は擬律や、広汎な政治案件について法律的側面から太政官の議政官組織の諮問に答える勘申活動を展開し、法曹官僚として政治の運営を担った。

しかし、十世紀に入ると裁判制度にも大きな変化が生まれ、太政官と検非違使による裁判の二つが主流となった。摂関期には刑部省の役割が形骸化し、年終断罪奏は延喜十四年（九一四）以降みられなくなる。刑部省断罪文に代わって明法家の作成する明法勘文が主流となり、太政官裁判では明法家の罪名勘申に基づいて公卿が陣定において裁定を行った。また九世紀後半に強・窃盗について刑部省から専決権を奪った検非違使はその後、強窃盗以外の犯罪についても裁判権を獲得し、律令とは異なる慣習法としての「使庁之流例」（庁例）による裁判手続を確立した。検非違使の裁判も「政」の形式をとり、左右衛門府に置かれた検非違使庁の政舎で毎日開催される使庁政と五月・十二月に東西の市で開かれる着鈦政及びその前提として強窃盗犯から過状を召す進過状政があった。

刑罰制度にも摂関期の政治構造を反映して変化が現れた。天皇の居所である清涼殿へ伺候することを昇殿といい、その資格を与えられたものを殿上人《てんじょうびと》と呼ぶ。昇殿制はすでに嵯峨朝の頃から天皇の私的側近の制度としてあったが、宇多朝に整備され、摂関期には公的な制度として確立した。清涼殿が天皇の日常的な政務の場となったことと関係しており、昇殿の資格は摂関・大臣・納言・参議及び三位以上の公卿、四位・五位から選ばれる殿上人、蔵人らに与えられ、天皇の代替わりごとに宣下された。殿上人は殿上簡に名を付され、陪膳（天皇への食事の給仕）など諸雑事に奉仕し、上日（出勤）、上夜（宿直）を記録されて、毎月勤務状況を奏上された（月奏）。

こうして内裏に天皇を中心とする政治的空間が成立すると、殿上人を中心とする官人統制の手段として新たな慣習的官人処罰法が生まれた。殿上人の籍簡を削り昇殿の資格を剥奪する除籍や謹慎を命じて天皇の周辺から遠ざける勘事（勅勘・勘当・勘籍・恐懼など）が代表的なものであり、ほかに、殿上を許されていない地下人は近衛の陣に、殿上人は禁中に、蔵人は横敷に拘置して、天皇食膳や御前への奉仕・出仕を禁ずる召籠などがあった。

3　末法の世から院政の時代へ

刀伊の入寇

道長の権勢が絶頂にあった寛仁三年（一〇一九）、大宰府から驚くべき情報がもたらされた。刀伊《とい》の襲来である。刀伊は大陸沿海州地域に住んでいたツングース系の女真族の一部族で、南下して高麗東沿岸で略奪を行い、さらに対馬・壱岐を襲撃し、国守藤原理忠《まさただ》ら数百人を斬殺して、多数の島民を拉致した。刀伊はさらに筑前国から肥前国松浦郡に至る北九州沿岸を荒らし回り、殺害された者三六五人、拉致者一二八〇人超という被害を与えたが、大宰権帥藤原隆家と指揮下の大宰府官人や地元の精兵達の奮戦によってこれを撃退することができた。藤原隆家は藤原道長と権力を争った藤原伊周の弟で花山法王に矢を射かけた事件で出雲権帥に左遷されていたが、東三条院詮子の病による恩赦で帰京し、その後は兵部卿、中納言などを歴任していた。長和三年（一〇一四）に大宰権帥となり、事件の頃は唐人の医師に眼病を治療してもらうために現地に赴任していた。

現地の報が都に届いたのはすでに刀伊が去った後であったが、朝廷の反応は概して鈍く、報告の形式や論功行賞をめぐる議論に集中するだけで、今後の具体的な対応については協議されなかった。寛仁二年六月二十九日の陣定では、大宰府からの勲功と合戦の状の報告に対して、権大納言藤原公任や中納言藤原行成は行賞の旨を通知した勅符の到着前の戦功に対しては行賞すべきでないと主張した。しかし、大納言藤原実資は勅符の前後は問題ではなく、行賞の約束の有無も関係ないとして、寛平六年（八九四）に来襲した新羅の賊を撃退した対馬嶋司文室善友を行賞の勅符無くして賞した例をあげた。結局、この度の勲功に行賞がなければ今後、進んで戦う者がいなくなると指摘した実資の意見が採用され、意見の一致を以て定文を記している。

唐王朝滅亡後の東アジアの国際関係の中で日本の朝廷はかつての国際情勢に対する鋭敏な感覚を失い、海外の事情に対しては鈍感になっていた。そればかりではなく、受領による徴税の請負制が進む中で国内でも地方政治に対する関心が薄れ、貴族の政治感覚は天皇を中心とする宮廷政治の枠内に矮小化していたのである。

道長・頼通と浄土信仰

浄土教の思想は七世紀に日本に伝えられたが、平安仏教の成立以後、人々の間に浄土往生を願う信仰が盛んになった。特に天台宗では、九世紀に円仁が中国五台山から念仏三昧の法を取り入れて叡山に常行三昧堂《じょうぎょうざんまいどう》を建ててから、常行三昧が重要な課業の一つとなった。十世紀には空也が出現して民間に念仏を広め、極楽往生への信仰が社会不安におびえる人々の心をとらえ、貴族社会においても次第に浄土信仰が浸透していった。

天台宗の学僧源信は寛和元年（九八五）、『往生要集』を著したが、道長も書写させた『往生要集』を所持しており、源信の影響で浄土教に関心を持つようになったと思われる。栄華を極めた道長であったが、威子立后を祝う宴でかの望月の歌を詠んだ翌年、寛仁二年（一〇一八）頃から胸の病が起こり、「心神不覚」に陥ることもあった。眼病も併発して病が重くなると、寛仁三年三月、五十四歳の道長は出家し、七月には阿弥陀堂を中心とする無量寿院の造営を始めた。翌年春、皆金色の阿弥陀如来像九体を安置した大堂が完成し、その後、金堂、薬師堂、五大堂など諸堂も加わるとあらためて法成寺《ほうじょうじ》と名づけた。この頃から道長の周辺には不幸が相ついだ。万寿二年（一〇二五）には小一条院（敦明親王）の室となっていた娘の寛子が病で亡くなり、つづいて東宮敦良親王の妃となっていた嬉子《きし》がその頃流行していた赤斑瘡（はしか）に罹り、男児（親仁《ちかひと》親王、のちの後冷泉天皇）を出産した直後に亡くなった。万寿四年（一〇二七）九月、病に罹り出家を願っていた皇太后妍子が危篤に陥った。妍子はかねてから出家を願っており、その臨終の場で、無言で髪に手をやる仕草から娘の意図を悟った道長は涙ながらに娘の髪を切ってやった。この頃、自身もすでに衰弱していた道長は十二月、心血を注いで建立した阿弥陀堂（無量寿院）で念仏を唱えながら臨終を迎えた。

道長の没後は長男藤原頼通《よりみち》が後一条・後朱雀・後冷泉の三天皇のもとで関白を務めた。頼通は長和六年（一〇一七）に道長から摂政の地位を譲られたが、その後、十年は父道長が「大殿」として絶大な権力をふるっていたので、頼通の事績は、道長の強烈な個性に隠れて低く評価される傾向があるが、摂政の地位を譲られてから約半世紀にわたって国政を担当し、道長の死後も長く安定した政権運営を行った政治的手腕は高く評価できよう。

律令体制の終焉

藤原道長・頼通父子の時代は律令体制の変質期で政治・社会構造が大きく変化した。そのような律令体制衰退の動きに対して道長は積極的な対策を打ち出すことはなく、地方では国司に対する反抗が在地における大規模な私営田領主同士の争いに発展することもあった。道長が亡くなった万寿四年（一〇二七）頃、坂東では平将門《たいらのまさかど》の叔父平良文の孫に当たる平忠常が上総下総を中心として官物を強奪し、国司を殺害するなどの行動に出ていた（平忠常の乱）。翌万寿五年（長元元年、一〇二八）朝廷は忠常追討を決定し平直方を追討使として派遣したが、忠常はその後二年にわたって戦い続け、坂東は「亡国」の状況に陥った。最後は忠常と主従関係にある源頼信が新たな追討使として派遣されたことを機に忠常は降伏し乱は終息した。

頼通は後朱雀天皇のもとで寛徳二年（一〇四五）に荘園整理令を発令し（寛徳の荘園整理令）、前国司の任期中以後の新立荘園を停止する政策を打ち出し、その後の荘園整理令に影響を与えた。それまでの荘園整理令が延喜の荘園整理令以後の新立荘園を禁止していたことと比べると後退にみえるが、院宮王臣家の土地私有を一定範囲で認めると同時に、私営田を「別名《べつみょう》」として認定し、公領化を図る点で、律令制の崩壊を食い止めようとする最後の努力といえる政策であった。

この頃、世の中には末法思想が流行し都の貴族も厭世的になり、地方の動向に即した全国的な政策を企画する意欲は失われていた。永承七年（一〇五二）、関白藤原頼通は宇治の別荘に寺を建てて平等院と号し、翌年、阿弥陀堂（鳳凰堂）も完成した。この年、道長の正室で頼通の母倫子が九十歳で亡くなっている。堂内には平安時代を代表する仏師である定朝作の阿弥陀如来像が安置された。頼通による平等院の建立は父道長の法成寺無量寿院建立にならったものので、浄土信仰を背景とする事業であった。平等院が建立された永承七年がちょうど末法に入る年であったことも偶然ではない。頼通は関白職を治暦四年（一〇六八）に弟教通に譲ってからは、国政の表舞台に出ることもなく、晩年はほとんど宇治に籠もり、白河天皇が即位して三年後、後三条法王の死去の翌年に当たる延久六年（一〇七四）にここで死去した。八十三歳であった。

後三条天皇の即位

藤原頼通は娘や養女を後宮に入れたが、いずれも皇子を生むことはなく外戚の地位を得ることはできなかった。こ

後三条天皇を中心とした関連系図

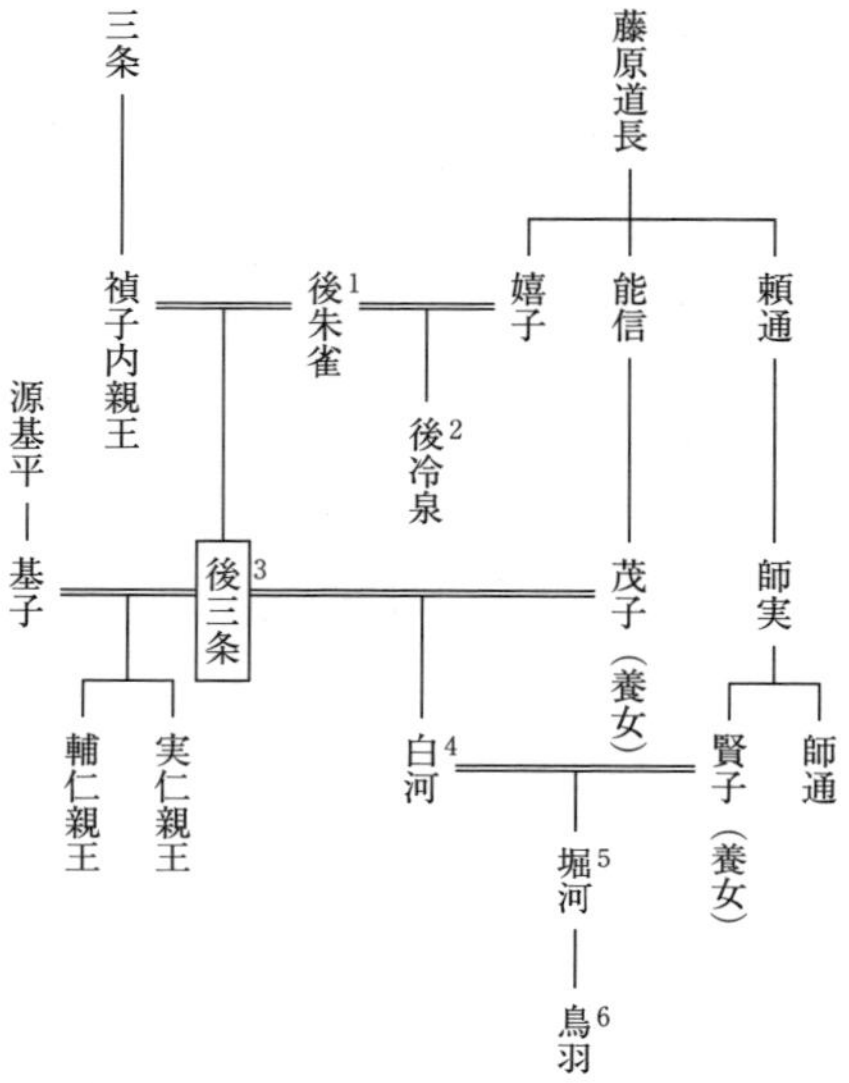

（数字は即位順。兄弟姉妹の長幼の順は示していない。）

れより先、治暦四年（一〇六八）に後冷泉天皇が没すると、後朱雀天皇の皇子で、三条天皇の皇女禎子《ていし》内親王を母とする尊仁《たかひと》親王が即位した。後三条天皇である。天皇は寛平九年（八九七）の宇多天皇の譲位後一七一年目に出現した藤原氏を外戚としない天皇であった。道長の時代に天皇・外戚としての摂関・国母を権力核とする政治体制が確立していたため、外戚の地位を失うことは摂関家にとって大きな権力の低下を招くこととなり、後三条天皇の親政が実現した。

　後三条天皇は、延久元年（一〇六九）、荘園整理令を発して荘園を整理し（延久の荘園整理令）、荘園と公領を明確に区分して国家の財源を確保する政策を打ち出した。また同年、太政官に記録荘園券契所（記録所）を設置して、これまで諸国に委ねてきた荘園の認可・停廃の審査を行い、公卿議定を経て後三条天皇が裁可することにより、荘公区分の明確化を行った。

　延久四年（一〇七二）、後三条天皇は皇太子時代に東宮大夫を務めていた藤原能信の養女茂子との間にもうけた皇太子貞仁《さだひと》親王に譲位し、即位した白河天皇の皇太子にはわずか二歳の実仁《さねひと》親王が立てられた。親王の母は源基平の娘基子で、摂関家との外戚関係をもっていなかった。後三条上皇は翌年四十歳で死去するので実現はしなかったが、上皇（院）が天皇の後見として政治の実権を握る院政の政治形態出現の可能性を開いたといえる。実仁親王が即位して白河天皇となり、さらに譲位後、堀河・鳥羽と二代の幼帝が続くと、白河上皇は事実上の君主としてふるまい、「治天の君」と称された。白河・鳥羽二代の院による本格的な院政が始まると、これによって摂関が国政の中枢にあって権力をふるう時代は終わりを告げた。

コラム11　菅原道真と藤原実資

摂関政治の成立過程では多くの政治的ライバル関係が発生した。そのなかでも藤原時平と菅原道真の対立は道真の悲惨な最期で幕を閉じ、後世にまで大きな影響を残した。これに対して、藤原道長と藤原実資の関係は時平・道真の政治的な対立とはまた違った緊張関係であり、むしろ両者の長きにわたる人間関係が摂関全盛期において朝廷政治を支える役割を果たしたといえる。道真は短命に終わり、実資は長寿を全うした。

道真と時平の間には道真の異例の出世への警戒感だけではなく、政治上の姿勢の違いからくる反目もあったと思われる。

『類聚三代格』には鴨河の堤防周辺での水陸田約二十二町の耕作を許可することを命じた寛平八年四月十三日付けの太政官符が収められている。太政官符によれば経緯は次のようなものであった。

まず鴨河の堤防周辺で水田耕作の許可を願う山城国愛宕郡錦織郷百姓らの愁状が問民苦使平季長に提出された。百姓の訴えによれば、貞観十三年に、鴨河の氾濫を防ぐため堤防周辺で堤を壊し水を引いて田を開墾することが禁じられたが、公田（口分田）の耕作は例外として認められていた。ところが、寛平五年になって、検非違使宣旨により、一切の耕作が禁止され、収穫した稲はすべて没収されて防河所に持ち去られた。これによって口分田からの収入を無くし調庸だけは負担する事態に陥った百姓の愁いは甚だしく、窮状を救って欲しいというものである。

太政官が、山城国司と問民苦使を派遣して現地を実検させると、諸家と百姓の田が交雑しており、なおかつこれらの田は鴨河ではなく堤防の西にある中河の水を引いているので、鴨河の堤防には影響がないことが判明した。そこで太政官に対して、改めてこの地における水田耕作の許可が求められたのである。

寛平八年の太政官符は結局この要請を認めているのだが、この案件を上卿として主管し、太政官符発給の責任者となったのは中納言菅原道真であった。きめの細かい判断には讃岐国司も務め地方行政の現場に詳しかった道真の姿勢が反映していると思われる。興味深いのは、鴨河堤周辺での耕作を一切禁止した寛平五年の検非違使宣旨が発給された当時、別当は藤原時平が務めていたことである。構図の上では、時平の政治的決定を道真が覆したことになる。検非違使は防鴨河使を兼務していたから、鴨河の堤防を守るため一切の耕作を禁止するという決定もあながち横暴とはいえない。しかし、水陸田二十町分の「穫稲」すべてを防河所に運び込んだというのは、防河所の運営経費に充てる意図があったと思われても仕方がない。この案件に時平がどこまで関与していたかはわからないが、検非違使宣旨は別当が発給主体であるからまったく知らなかったとはいえない。やはり、現地の実情に立ち入って慎重に政策判断を行う道真と、武断的に事を決する時平の間には政治姿勢の違いがあったといわざるを得ないのである。

道真が大宰府に左遷されるのはこの一件から五年後のことであった。そして、時平は延喜九年（九〇九）、三十九歳の若さで死去するが、その死は道真の祟りによるものと恐れられた。

さらに延長元年（九二三）、時平の妹穏子を母とする皇太子保明《やすあきら》親王が病のため二十一歳で死去。道真の怨霊が原因との噂が広まったため、動揺した朝廷は道真を右大臣に復して正二位を贈り、左遷の詔書も破棄した。それにもかかわらず、新たに皇太子に立てられた保明親王と時平の娘仁善子《にぜこ》の子慶頼《よしより》王も二年後に五歳で亡くなった。不幸はまだ続く。延長八年（九三〇）、天皇の座所である清涼殿に落雷があり、大納言藤原清貫と右中弁平希世が即死する事件が起こって、これも道真の怨霊の仕業と恐れられた。衝撃を受けた醍醐天皇は重病に陥り、穏子の生んだ八歳の寛明親王（朱雀）に譲位し、時平の弟忠平を摂政としたが、譲位の七日後に死去する。

道真の怨霊は、のちに藤原師輔が北野社の造営に尽力するなど信仰の対象とされ、怨霊を祀る御霊信仰と結びついて現代にまで続く天神信仰が生まれた。

歳月を経て、藤原道長が「望月の歌」を詠んだ土御門邸での祝宴には、大納言藤原実資が同席していた。実資の日記『小右記』によれば、歌を詠む前に道長は実資に必ず和すようにと念を押したが、道長の吟詠後、実資は唐代に元稹《げんかん》の菊詩に居易（白楽天）が和せず、深く賞嘆して終日吟詠した故事を引き、「御歌優美なり。酬答に方なし。満座、ただこの御歌を誦すべし」と答え、諸卿もうなずいて一同がこれを吟詠したので、道長も咎めなかったという。

実資は天徳元年（九五七）の生まれで、道長よりも九歳年長である。祖父藤原実頼の養子となり、小野宮の嫡流を継いでいたが、師輔に始まる九条流が全盛を極める政界で難しい立場にあった。円融・花山・一条朝で蔵人頭を務めるほど有能でありながら、九条流の藤原兼家が摂政を務める一条朝では道長を含む兼家の子達に参議昇進の先を越されてしまったこともある。兼家の後を継いだ藤原道隆急死後の道長と伊周の争いの頃は検非違使別当であり、長徳二年（九九六）の伊周・隆家による花山法王襲撃事件の断罪を指揮して事態の収拾に努めたが、他方で広く縁坐を行うべきではないと主張して筋を通した。また長保元年（九九九）、道長が彰子入内のための屏風和歌の詠進を諸卿に求めた時、屏風和歌は下級官人の風習であるとしてただ一人それに応じなかった。三条天皇即位の翌年長和元年（一〇一二）、故藤原済時《なりとき》の娘娍子《せいし》が皇后に立てられたが、諸卿が道長の娘中宮妍子《けんし》をはばかって儀式への参加を拒む中、実資は「天に二日無く、地に二主無し」と言い、参内して藤原隆家と共に立后の儀を執り行う硬骨さをみせた。寛仁元年（一〇一七）の仁王会では簾中に座す道長について「帝王の如し、人臣にあらず」と批判している。

実資は政治家としての一生の間、小野宮流筆頭公卿としての誇りを失わず、時に道長を批判しながら、故実に関する博学と政務儀式を完璧に執行する手腕をよりどころに道長に頼りにされ、大納言、右大臣の職にあって、次の頼通の時代にも師範役を担った。九十歳の天寿を全うして永承元年（一〇四六）に亡くなっている。

おわりに

いわゆる大岡裁きの一つに落語でお馴染みの「三方一両損」がある。拾った財布に入っていた三両をめぐって、もう自分のものではないから要らぬと言い張る依怙地な持ち主と、人様の金は受け取れぬという律儀な拾い主の奇妙な争いが奉行所に持ち込まれた。双方の主張に耳を傾けた町奉行大岡越前守は元の三両に新たに一両加え、両者二両ずつ分けよと命じる。落とし主は三両落として二両しか戻らぬから一両損、拾い主は三両拾ったのに二両しか手に入らないからこれも一両損、奉行も手元から一両減ったから、結局、三人とも一両損というのである。さすが名奉行の大岡様と一同感嘆するのだが、もちろんこの話はおかしい。所持金が一両減ったのは旧地主と大岡の二人で、発見者は二両丸儲けだからである。真面目に考えれば裁判官たる奉行の法律論としてお粗末といわざるを得ないし、落語でもその滑稽味が売り物である。しかし、それでもなお大岡は名奉行といえるのではないか。江戸の市井に起こった住民同士の揉め事を巧みに収拾したからである。

現代の裁判官であれば遺失物法に従って、落とし主は法定の報労金を拾得者に給すべしとあっさり判決を下すであろう。司法・立法・行政が職権を分担する三権分立の国家体制下では裁判官は基本的には法律論の枠内で判断を下せばすむからである。しかし、この手は大岡が相手にした二人の江戸っ子には通じない。お白州ではお上の権威の前に恐れ入りましたと平伏しても、奉行所の門を出た途端にまた押し問答が再燃するであろう。前近代の国家においては官僚はみな行政官と司法官を兼ねている。江戸の町奉行も同様である。したがって住民同士の争いを裁く場合、法律論を展開するだけでは足りず、最終目的は紛争の要因そのものの解消にある。それができてはじめて名奉行と呼べるのである。その基準に照らせば、大岡はやはり町奉行として優れた人物であったといえよう。

それに比べ、大岡なき現代の国民は時にもどかしい思いにとらわれる。裁判所が議員定数の比率に極端な差を生じているのは法の下の平等を保障した憲法に違反していると判決を下しても、立法府である議会が法改正を実行しなければ不平等は是正されない。議員定数の増減は政治家にとって死活問題であるから立法府もおいそれとは動かない。三権分立ならではの現象だが、このような制度が選択されたのは、国家権力の集中による人権侵害の危険よりは権力の分散による弊害の方がまだ堪えられると判断されたからでもある。大岡のように人格識見共に優れた政治家は滅多に現れるものではない。司法と行政が一体化した状況で権力欲剝き出しの人物が奉行に就任すればその弊害は想像に余りある。有能でカリスマ的な指導者が権力を掌握した後に、かえって国民に災害をもたらす例があることは洋の東西を問わず歴史が証明している。民主制とは、英雄的な王による独裁よりも平凡な市民の合議による漸進をよしとする政治形態である。

世界史の上でも、王権が強く王の意志が法とされた時代にはしばしば民の権利が侵害され、時に流血を伴う王権との対立を経て民主制が確立する。三権分立はその基盤をなす制度の一つであるが、裁判に関していえば類似の発想による原則として罪刑法定主義がある。「どのような行為が犯罪となるか、また犯罪に対してどのような刑罰が科せられるかが、あらかじめ法律によって定められていなければならない」とする主義である。絶対王政の時代には法律に定めがなくとも王の意志でどのような処罰も可能であった。一七八九年のフランス人権宣言は「何人も犯罪に先立って制定され、公布され、かつ適法に適用された法律によらなければ処罰されることがない」と定める。ちなみに現在の日本国憲法三十一条も「何人も、法律の定める手続によらなければ、その生命若しくは自由を奪われ、又はその他の刑罰を科せられない。」と規定している。古くは一二一五年のイギリスのマグナカルタにすでに類似の規定があるのだが、現実に民主制が確立し、罪刑法定主義が市民の権利を守る重要な原則として定着するまでには長い道のりがあった。王の意志が法である時代ははるかに長かったのである。

日本も例外ではない。本文で紹介したように古くは「法」はすべて「宣―ノリ」であり、王の口から発せられる言葉にほかならかった。奈良時代に編纂された『播磨国風土記』によれば、その昔、品太天皇（応神天皇）がこの地を巡った時に山に上り「大法」を宣したことにちなんで大法山（おおのりやま）の地名が誕生したという。音声による法が文字で書かれた法に変わってゆくのは七世紀初頭の推古朝あたりからで、聖徳太子が定めたとされる憲法十七条は成文法の走りといえる。国家行政が成文法に基づいて行われるようになったのは六四五年の大化改新以降、中国的な中央集権国家の形成が進み、大宝元年（七〇一）に大宝律令が施行されてからである。その律令法の中に一見すると罪刑法定主義を示すかと思われる条文がある。断獄律の「罪を断ずるには皆つぶさに律令格式の条文を引け」という規定がそれである。裁判官は必ず判決に適用した法条文を引用せよというのであるから、法律がなければ処罰はできないことになる。もしや古代日本に罪刑法定主義が行われていたのであろうか。残念ながら答えは否である。なぜなら名例律には「非常の断、人主これを専らにす」とあるからである。人主（天皇）は法にかかわらず自由に判断できるというのであり、この発想は王権から市民の権利を守るという近代的な罪刑法定主義とは相容れない。律令法は君主が自らの手足として政治を行う官僚に示した統治の準則であり、官僚は律令法を遵守する義務があるが、皇帝自身は必ずしも法に拘束されなかった。

律令国家は十世紀には衰えたが、律令法の影響は徳川幕府の法にまで及んだ。中国の律令法は秦漢時代に始まって隋唐帝国において完成し、二十世紀の清朝に至るまで国家統治の基本法とされた。名奉行大岡に頼らずとも市民の権利と幸福を守ることが可能な政治制度が生み出されるまでには実に長い歳月を要したのである。

ところで、本書が対象とした律令国家は優れて日本的な歴史概念である。もし律令法に基づく統治を行った国家が律令国家であるとするならば、中国では秦漢から明清に至るすべての統一国家が律令国家であるということになり、そもそも律令国家という概念を措定することが意味をもたないからである。七、八世紀の日本は隋唐帝国の国家体制、支配制度を範として天皇を中心とする官僚制中央集権国家を創りあげた。その際、中国的な制度をそのまま模倣するのではなく、大和王権以来の伝統的な王権の理念と支配構造を温存したまま氏族制と律令制の二元国家という独自の国家像を創りあげた。それが律令国家である。推古朝にみられる大王と畿内豪族の大夫を核とする大和王権が地方を支配する政権構造は、基本的に大化改新以後の政権や奈良・平安時代の律令国家に引き継がれた。畿内政権論については近年では批判もあるが、天皇及び天皇と人格的に結ばれた畿内の貴族集団が政権の中心にあったことは事実である。国家理念としても天皇—有位者集団の居住する都の外側に天皇の代理者である国司を通じて支配される地方の国郡があり、さらにその外側に蝦夷や隼人などの夷狄が住む化外の地があり、同心円の外側には日本に朝貢する蕃国としての新羅や渤海が位置づけられた。

唐との関係では推古朝以来、日本は朝貢はするが冊封を受けて臣従することはしない化外慕礼の国として一貫した外交姿勢を維持し続けた。奈良・平安時代には数多くの遣唐使が派遣されたが、その主要な目的は唐の先進的な文物の摂取であった。唐王朝は民間の貿易を禁じ、国家間の朝貢関係の中でのみ限定的に皇帝から貴重な文物を回賜したので、遣唐使の派遣は日本にとって重要な役割を果たした。しかし、安史の乱後、唐の中央集権的な国家統制が緩み、貨幣経済が進展して商人による民間貿易が盛んになると、文物輸入の面での遣唐使の必要性は薄れた。その後の唐朝の政治的混乱も影響して、承和元年（八三四）に派遣された藤原常嗣を大使とする遣唐使が最後となった。それから六十年後、菅原道真が遣唐使の廃止を建言し、事実上遣唐使は途絶するが、これによって日本が鎖国状態になったわけではない。民間の往来は活発に行われた。

そのころ新羅や渤海との関係においても唐王朝の脅威に対抗するための提携を目的とした外交の必要性は薄れ、貿易を主体とした交流が盛んとなる。新羅商人の往来に便乗する形で中国の仏教聖跡を巡礼する僧侶も多かった。藤原常嗣らと共に唐に渡った円仁も武宗の排仏が始まった危険な情勢下で、新羅商人の助けを得て五台山などを巡歴し、新羅船に便乗して帰国を果たした。

十世紀初頭、左大臣藤原時平の時代に唐の滅亡後、五代十国、宋、元と王朝交替が続くが、日本がこれらの王朝と正式に通交することはなく、十四世紀後半の明朝になって国交が再開した。日本の為政者の間で海外情勢への関心が薄れてゆくのは、摂関時代の最盛期からであるが、それは唐王朝の滅亡によって東アジアの国際関係が大きく変化したことが一つの理由であり、同時に国内でも東アジアの緊張した国際関係の中で生まれた律令国家が解体に向かいつつあったのである。

本書では東アジア世界に登場した倭人が、戦乱や政争などさまざまな紆余曲折を経験しつつ国家建設の歩みを進めた苦闘の歴史をたどった。中国を中心とする東アジアの国際秩序の中に組み込まれながらもかろうじて独立を維持し、倭国から日本へと成長できたのは、絶えず海外情報の入手に努め、国家間の関係が緊張した時期においても人と物の交流を積極的に行ったことが大きな要因である。この稿を終えて古代国家形成期における古代人の国際性の高さが改めて印象に残った。

参考文献

参考文献は、まず基本史料、概説書・通史を掲げ、そのほかは本書がとりあげる分野ごとに関連する単行本を配列している。それぞれの分野には重要な個別論文が多数あるが、テキストという性格上、膨大な学術論文をすべて紹介することは困難なので、単行書の中から主なものを紹介することとした。本書の叙述に直接関係する学術論文で、単行本に収められていないものなどについては特に掲げてある。読者の関心のある分野についてより専門的な個別学術論文を参照したいという場合は、概説書・通史類や、工具書として紹介した文献に引用されている個別論文を参照されたい。

基本史料

坂本太郎・家永三郎・井上光貞・大野晋校注『日本書紀』上・下（日本古典文学大系）岩波書店、一九六五年。

井上光貞監訳『日本書紀』上・下、中央公論社、一九八七年。

小島憲之・直木孝次郎・西宮一民・蔵中進・毛利正守校注・訳『日本書紀』三（新編日本古典文学全集四）小学館、一九九八年。

青木和夫・稲岡耕二・笹山晴生・白藤禮幸校注『続日本紀』一〜五（新日本古典文学大系一二〜一六）岩波書店、一九八九〜一九九八年。

林陸朗校注・訓訳『完訳続日本紀』一〜七（古典文庫）現代思潮社、一九八五〜一九八九年。

直木孝次郎他訳注『続日本紀』一〜四（東洋文庫四五七・四八九・五二四・五四八）平凡社、一九八六〜一九九二年。

東京大学史料編纂所・陽明文庫共編『御堂関白記』（大日本古記録）上・中・下、岩波書店、一九五二〜一九五四年。

山中裕『御堂関白記全註釈』国書刊行会、一九八五年〜二〇一二年。

東京大学史料編纂所編『小右記』（大日本古記録）岩波書店、一九五九〜一九八六年。

小右記講読会・黒板伸夫監修・三橋正編『小右記註釈』上・下、八木書店、二〇〇八年。

松村博司校注『大鏡』（日本古典文学大系）岩波書店、一九六〇年。

新訂増補国史大系『日本書紀』一九八五年、『続日本紀』一九八四年、『日本紀略』一九八五年（以上、吉川弘文館）。

概説書・通史

井上光貞『神話から歴史へ』(『日本の歴史』1)中央公論社、一九六五年。
直木孝次郎『古代国家の成立』(『日本の歴史』2)中央公論社、一九六五年。
青木和夫『奈良の都』(『日本の歴史』3)中央公論社、一九六五年。
北山茂夫『平安京』(『日本の歴史』4)中央公論社、一九六六年。
上田正昭『大王の世紀』(『日本の歴史』二)小学館、一九七三年。
井上光貞『飛鳥の朝廷』(『日本の歴史』三)小学館、一九七四年。
早川庄八『律令国家』(『日本の歴史』四)小学館、一九七四年。
坂本賞三『摂関時代』(『日本の歴史』六)小学館、一九七四年。
和田萃『古墳の時代』(『大系日本の歴史』二)小学館、一九八八年。
吉田孝『古代国家の歩み』(『大系日本の歴史』三)小学館、一九八八年。
棚橋光男『王朝の社会』(『大系日本の歴史』四)小学館、一九八八年。
田中琢『倭人争乱』(『日本の歴史』2)集英社、一九九一年。
吉村武彦『古代王権の展開』(『日本の歴史』3)集英社、一九九一年。
栄原永遠男『天平の時代』(『日本の歴史』4)集英社、一九九一年。
瀧浪貞子『平安建都』(『日本の歴史』5)集英社、一九九一年。
朧谷寿『王朝と貴族』(『日本の歴史』6)集英社、一九九一年。
寺沢薫『王権誕生』(『日本の歴史』02)講談社、二〇〇〇年。
熊谷公男『大王から天皇へ』(『日本の歴史』03)講談社、二〇〇一年。
渡辺晃宏『平城京と木簡の世紀』(『日本の歴史』04)講談社、二〇〇一年。
坂上康俊『律令国家の転換と「日本」』(『日本の歴史』05)講談社、二〇〇一年。
大津透『道長と宮廷社会』(『日本の歴史』06)講談社、二〇〇一年。
大津透他『古代天皇制を考える』(『日本の歴史』08)講談社、二〇〇一年。
笹山晴生『日本古代史講義』東京大学出版会、一九七七年。
吉村武彦編著『古代史の基礎知識』角川書店、二〇〇五年。

大津透『神話から歴史へ』（『天皇の歴史01』）講談社、二〇一〇年。

『岩波講座日本歴史』1〜4巻（古代1〜4）岩波書店、一九七五年〜一九七六年。

『岩波講座日本通史』2〜6巻（古代1〜5）岩波書店、一九九三年〜一九九五年。

『岩波講座日本歴史』1〜5巻（古代1〜5）、岩波書店、二〇一三年〜二〇一五年。

『講座日本歴史』一〜十三巻、東京大学出版会、一九八四〜一九八五年。

『展望日本歴史』（4〜6）東京堂出版、二〇〇〇〜二〇〇二年。

『日本史講座』1・2、東京大学出版会、二〇〇四年。

『日本の時代史』1〜6、吉川弘文館、二〇〇二年。

『東アジア世界における日本』（古代史講座1〜6）学生社、一九八〇〜一九八二年。

分野別参考文献

Ⅰ律令法・裁判・刑罰

青木和夫『日本律令国家論攷』岩波書店、一九九二年。

青木和夫司会『シンポジウム日本歴史4律令国家論』学生社、一九七二年。

朝尾直弘他編『裁判と規範』（『日本の社会史』第五巻）岩波書店、一九八七年。

浅古弘・伊藤孝夫・植田信廣・神保文夫編『日本法制史』青林書院、二〇一〇年。

池田温編『中国礼法と日本律令制』東方書店、一九九二年。

池田温編『日中律令制の諸相』東方書店、二〇〇二年。

石上英一『日本古代史料学』東京大学出版会、一九九七年。

井上光貞「古典における罪と制裁」『日本歴史』第一九〇号、一九六四年（のち『井上光貞著作集』第一巻、岩波書店、一九八五年所収）。

井上光貞「隋書倭国伝と古代刑罰」『季刊日本思想史』創刊号、一九七六年（のち『井上光貞著作集』第二巻、岩波書店、一九八六年所収）。

井上光貞「日本律令の成立とその注釈書」『井上光貞著作集2日本古代思想史の研究』岩波書店、一九八六年。

井上光貞・関晃・土田直鎮・青木和夫『律令』(日本思想大系)岩波書店、一九七六年。

荊木美行編『令集解私記の研究』汲古書院、一九九七年。

大饗亮『律令制下の司法と警察——検非違使制度を中心として』大学教育社、一九七九年。

大津透『律令制研究入門』名著刊行会、二〇一一年。

大津透編『日唐律令比較研究の新段階』山川出版社、二〇〇八年。

小川清太郎『検非違使の研究　庁例の研究』名著普及会、一九八八年。

川尻秋生『日本古代の格と資財帳』吉川弘文館、二〇〇三年。

國學院大學日本文化研究所編『日本律復原の研究』国書刊行会、一九八四年。

小林宏「日本律の成立に関する一考察」(『日本法制史論集』)思文閣出版、一九八〇年。

小林宏編『律令論纂』汲古書院、二〇〇三年。

小林宏『日本における立法と法解釈の史的研究1(古代・中世)』汲古書院、二〇〇九年。

坂上康俊「古代の法と慣習」(『岩波講座日本通史四』古代3)岩波書店、一九九四年。

坂上康俊「律令国家の法と社会」(『日本史講座2律令国家の展開』)東京大学出版会、二〇〇四年。

坂本太郎「飛鳥浄御原律令考」(『日本古代史の基礎的研究』下)東京大学出版会、一九六四年。

佐竹昭『古代王権と恩赦』雄山閣出版、一九九八年。

佐藤誠實「律令考」(『律令格式論集』)汲古書院、一九九一年。

神道大系編纂会編『律・令』(神道大系　古典編九)神道大系編纂会、一九八七年。

曽我部静雄『律令を中心とした日中関係史の研究』吉川弘文館、一九六八年。

高塩博『日本律の基礎的研究』汲古書院、一九八七年。

瀧川政次郎『律令の研究』刀江書院、一九六六年。

天一閣博物館・中国社会科学院歴史研究所天聖令整理課題組校証『天一閣蔵明鈔本天聖令校證　附唐令復原研究』(中華書局、二〇〇六年)

中田薫「古法雑観」(『法制史論集』第一巻)岩波書店、一九二六年。

仁井田陞『唐令拾遺』東方文化学院、一九三三年(東京大学出版会、一九六四年復刊)。

仁井田陞著・池田温編集代表『唐令拾遺補』東京大学出版会、一九九七年。

丹生谷哲一『検非違使』（平凡社選書）平凡社、一九八六年。

長谷山彰『律令外古代法の研究』慶應通信、一九九〇年。

長谷山彰『日本古代の法と裁判』創文社、二〇〇四年。

前田禎彦「摂関期裁判制度の形成過程」『日本史研究』三三九、一九九〇年。

前田禎彦「検非違使別当と使庁」『史林』八二－一、一九九九年。

前田禎彦「古代の裁判と秩序」（『岩波講座日本歴史』第五巻古代五）岩波書店、二〇一五年。

水林彪・大津透・新田一郎・大藤修編『法社会史』（新体系日本史2）山川出版社、二〇〇一年。

水本浩典『律令註釈書の系統的研究』塙書房、一九九一年。

義江彰夫「摂関院政期朝廷の刑罰裁定体系」『中世・近世の国家と社会』東京大学出版会、一九八六年。

義江彰夫「王朝国家刑罰形態の体系」『史学雑誌』一〇四－三、一九九五年。

利光三津夫『続　律令制とその周辺』慶應通信、一九七三年。

利光三津夫・長谷山彰『新裁判の歴史』成文堂、一九九七年。

律令研究会編『訳註日本律令』一～十一、東京堂出版、一九七五～一九九九年。

Ⅱ天皇・皇太子・王権・国家

荒木敏夫『日本古代の皇太子』吉川弘文館、一九八五年。

荒木敏夫『可能性としての女帝――女帝と王権・国家』青木書店、一九九九年。

荒木敏夫『日本古代王権の研究』吉川弘文館、二〇〇六年。

石尾芳久『日本古代天皇制の研究』法律文化社、一九六九年。

石母田正『日本の古代国家』岩波書店、一九七一年。

石母田正『日本古代国家論第一部』岩波書店、一九七三年。

井上光貞『井上光貞著作集第一巻日本古代国家の研究』岩波書店、一九八五年。

大津透『古代の天皇制』岩波書店、一九九九年。

岡田精司『古代王権の祭祀と神話』塙書房、一九七〇年。

小川良祐・狩野久・吉村武彦編『ワカタケル大王とその時代――埼玉稲荷山古墳』山川出版社、二〇〇三年。

加藤謙吉『蘇我氏と大和王権』吉川弘文館、一九八三年。

亀田隆之『皇位継承の古代史』吉川弘文館、一九八六年。

河内祥輔『古代政治史における天皇制の論理』吉川弘文館、一九八六年。

岸俊男「光明立后の史的意義――古代における皇后の地位」『日本古代政治史研究』塙書房、一九六六年。

木下正史『倭国のなりたち』(『日本古代の歴史』1)吉川弘文館、二〇一三年。

倉本一宏『持統女帝と皇位継承』吉川弘文館、二〇〇九年。

倉本一宏『日本古代国家成立期の政権構造』吉川弘文館、一九九七年。

神野志隆光『「日本」とは何か――国号の意味と歴史』(講談社現代新書)講談社、二〇〇五年。

小林行雄『古墳時代の研究』青木書店、一九六一年。

佐藤長門『日本古代王権の構造と展開』吉川弘文館、二〇〇九年。

篠川賢『飛鳥の朝廷と王統譜』吉川弘文館、二〇〇一年。

篠川賢『飛鳥と古代国家』(『日本古代の歴史』2)吉川弘文館、二〇一三年。

白石太一郎『古墳とヤマト政権――古代国家はいかに形成されたか』(文春新書)文藝春秋、一九九九年。

白石太一郎『古墳と古墳群の研究』塙書房、二〇〇〇年。

白石太一郎『古墳の語る古代史』岩波書店、二〇〇〇年。

瀧浪貞子『帝王聖武』(講談社選書メチエ)講談社、二〇〇〇年。

玉井力『平安時代の貴族と天皇』岩波書店、二〇〇〇年。

都出比呂志『古代国家はいつ成立したか』(岩波新書)岩波書店、二〇一一年。

東野治之「天皇号の成立年代について」『正倉院文書と木簡の研究』塙書房、一九七七年。

長山泰孝『古代国家と王権』吉川弘文館、一九九二年。

仁藤敦史『古代王権と都城』吉川弘文館、一九九八年。

仁藤敦史『女帝の世紀――皇位継承と政争』(角川選書)角川書店、二〇〇六年。

仁藤敦史『古代王権と支配構造』吉川弘文館、二〇一二年。

早川庄八『天皇と古代国家』講談社、二〇〇〇年。

春名宏昭「太上天皇制の成立」『史学雑誌』九九－二、一九九〇年。

古尾谷知浩『律令国家と天皇家産機構』塙書房、二〇〇六年。

松尾光「元正女帝の即位をめぐって」『白鳳天平時代の研究』笠間書院、二〇〇四年。

三宅和朗『記紀神話の成立』吉川弘文館、一九八四年。

三宅和朗『古代国家の神祇と祭祀』吉川弘文館、一九九五年。

森公章「天皇号の成立をめぐって――君主号と外交との関係を中心として――」『古代日本の対外認識と通交』吉川弘文館、一九九八年。

吉田孝『日本の誕生』(岩波新書)岩波書店、一九九七年。

吉田孝『歴史のなかの天皇』岩波書店、二〇〇六年。

吉村武彦『日本古代の社会と国家』吉川弘文館、一九九六年。

吉村武彦『古代天皇の誕生』角川書店、一九九八年。

吉村武彦『女帝の古代日本』(岩波新書)岩波書店、二〇一二年。

和田萃『日本古代の儀礼と祭祀・信仰(上・下)』塙書房、一九九五年。

Ⅲ大化改新論

石上英一『律令国家と社会構造』名著刊行会、一九九六年。

石母田正『日本の古代国家』岩波書店、一九七一年。

市大樹『飛鳥藤原木簡の研究』塙書房、二〇一〇年。

市大樹『飛鳥の木簡――古代史の新たな解明』(中公新書)中央公論新社、二〇一二年。

井上光貞『井上光貞著作集1日本古代国家の研究』岩波書店、一九八五年。

井上光貞『井上光貞著作集4大化前代の国家と社会』岩波書店、一九八五年。

井上光貞『井上光貞著作集5古代の日本と東アジア』岩波書店、一九八六年。

大山誠一『古代国家と大化改新』〈古代史研究選書〉吉川弘文館、一九八八年。

鬼頭清明『日本古代国家の形成と東アジア』校倉書房、一九七六年。

坂本太郎『坂本太郎著作集6大化改新』吉川弘文館、一九八八年。

鈴木靖民『日本の古代国家形成と東アジア』吉川弘文館、二〇一一年。

関晃『関晃著作集1・2大化改新の研究(上・下)』吉川弘文館、一九九六年。

薗田香融『日本古代財政史の研究』塙書房、一九八一年。

遠山美都男『大化改新』(中公新書) 中央公論社、一九九三年。

遠山美都男『古代王権と大化改新——律令制国家成立前史』雄山閣出版、一九九九年。

長山泰孝『古代国家と王権』吉川弘文館、一九九二年。

野村忠夫『研究史大化の改新増補版』吉川弘文館、一九七八年。

原秀三郎『日本古代国家史研究——大化改新論批判』東京大学出版会、一九八〇年。

山尾幸久『「大化改新」の史料批判』塙書房、二〇〇六年。

吉川真司『飛鳥の都』(岩波新書) 岩波書店、二〇一一年。

Ⅳ官僚制・政務方式

青木和夫『日本律令国家論攷』岩波書店、一九九二年。

池田温『岩波講座世界歴史5古代5東アジア世界の形成2』岩波書店、一九七〇年。

石尾芳久『日本古代の天皇制と太政官制度』有斐閣、一九六二年。

石母田正『石母田正著作集3日本の古代国家、日本古代国家論第一部』岩波書店、一九八九年。

井上亘『日本古代朝政の研究』吉川弘文館、一九九八年。

大隅清陽『律令官制と礼秩序の研究』吉川弘文館、二〇一一年。

大津透「摂関期の律令法——罪名定を中心に」『山梨大学教育学部研究報告』四七、一九九六年。

大津透『古代の天皇制』岩波書店、一九九九年。

大津透「摂関期の陣定」『山梨大学教育学部研究報告』四六、一九九五年。

坂上康俊「関白の成立過程」『日本律令制論集』下、吉川弘文館、一九九三年。

坂上康俊「日唐律令官僚制の比較研究」大津透編『律令制研究入門』名著刊行会、二〇一一年。

川尻秋生「日本古代における『議』」『史学雑誌』一一〇-三、二〇〇一年。

今正秀「摂政制成立考」『史学雑誌』一〇六-一、一九九七年。

笹山晴生『日本古代衛府制度の研究』東京大学出版会、一九八五年。

佐藤全敏『平安時代の天皇と官僚制』東京大学出版会、二〇〇八年。

曽我良成『王朝国家政務の研究』吉川弘文館、二〇一二年。

竹内理三『竹内理三著作集4律令制と貴族』角川書店、二〇〇〇年。

武光誠　『律令太政官制の研究（増訂版）』吉川弘文館、二〇〇七年。

玉井力『平安時代の貴族と天皇』岩波書店、二〇〇〇年。

寺崎保広『古代日本の都城と木簡』吉川弘文館、二〇〇六年。

東野治之『長屋王家木簡の研究』塙書房、一九九六年。

虎尾達哉『日本古代の参議制』吉川弘文館、一九九八年。

虎尾達哉「律令国家と皇親」『律令官人社会の研究』塙書房、二〇〇六年。

直木孝次郎「律令官制における皇親勢力の一考察」『奈良時代史の諸問題』塙書房、一九六八年。

直木孝次郎『飛鳥奈良時代の考察』高科書店、一九九六年。

中田薫「養老令官制の研究」『法制史論集3（上）』岩波書店、一九四三年。

中村順昭『律令官人制と地域社会』吉川弘文館、二〇〇八年。

仁藤敦史『古代王権と官僚制』臨川書店、二〇〇〇年。

仁藤智子『平安初期の王権と官僚制』吉川弘文館、二〇〇〇年。

野村忠夫『古代官僚の世界――その構造と勤務評定・昇進』（塙新書）塙書房、一九六九年。

野村忠夫『律令官人制の研究（増訂版）』吉川弘文館、一九七八年。

野村忠夫『官人制論』雄山閣出版、一九七五年。

野村忠夫『律令政治と官人制』吉川弘文館、一九九三年。

橋本義則『平安宮成立史の研究』塙書房、一九九五年。

早川庄八『日本古代官僚制の研究』岩波書店、一九八六年。

早川庄八『宣旨試論』岩波書店、一九九〇年。

早川庄八『日本古代の文書と典籍』吉川弘文館、一九九七年。

春名宏昭『律令国家官制の研究』吉川弘文館、一九九七年。

古瀬奈津子「昇殿制の成立」『日本古代王権と儀式』吉川弘文館、一九九八年。

宮崎市定「日本の官位令と唐の官品令」（『宮崎市定全集 日中交渉』）岩波書店、一九九二年。

吉川真司『律令官僚制の研究』塙書房、一九九八年。

吉川真司「王宮と官人社会」『列島の古代史3社会集団と政治組織』岩波書店、二〇〇五年。

渡辺直彦『日本古代官位制度の基礎的研究（増訂版）』吉川弘文館、一九七八年。

Ⅴ奈良時代の政治全般

木本好信『奈良時代の政争と皇位継承』吉川弘文館、二〇一二年。

倉本一宏『奈良朝の政変劇――皇親たちの悲劇』吉川弘文館、一九九八年。

坂上康俊『平城京の時代』（岩波新書）岩波書店、二〇一一年。

笹山晴生『奈良の都――その光と影』吉川弘文館、二〇一〇年。

須田勉『日本古代の寺院・官衙造営――長屋王政権の国家構想』吉川弘文館、二〇一三年。

関晃『関晃著作集4日本古代の国家と社会』吉川弘文館、一九九七年。

高島正人『奈良時代の藤原氏と朝政』吉川弘文館、一九九九年。

瀧川政次郎『律令諸制及び令外官の研究　法制史論叢第四冊』角川書店、一九六七年。

直木孝次郎『奈良時代史の諸問題』塙書房、一九六八年。

中川収『奈良朝政争史――天平文化の光と影』（教育者歴史新書）教育社、一九七九年。

中川収『奈良朝政治史の研究』高科書店、一九九一年。

中西康裕『続日本紀と奈良朝の政変』吉川弘文館、二〇〇二年。

西宮秀紀『奈良の都と天平文化』（『日本古代の歴史』3）吉川弘文館、二〇一三年。

野村忠夫『奈良朝の政治と藤原氏』吉川弘文館、一九九五年。

森公章『長屋王家木簡の基礎的研究』吉川弘文館、二〇〇〇年。

横田健一『白鳳天平の世界』創元社、一九七三年。

Ⅵ平安時代の政治全般

川尻秋生『平安京遷都』（岩波新書）岩波書店、二〇一一年。

北村優季『平安京――その歴史と構造』吉川弘文館、一九九五年。

倉本一宏『摂関政治と王朝貴族』吉川弘文館、二〇〇〇年。

黒板伸夫『平安王朝の宮廷社会』吉川弘文館、一九九五年。

坂上康俊『摂関時代史論集』吉川弘文館、一九八〇年。

坂本賞三『摂関政治と地方社会』(『日本古代の歴史』5)吉川弘文館、二〇一五年。

坂本賞三『日本王朝国家体制論』東京大学出版会、一九七二年。

坂本賞三『藤原頼通の時代――摂関政治から院政へ』平凡社、一九九一年。

笹山晴生編『平安の都――古代を考える』吉川弘文館、一九九一年。

笹山晴生『平安の朝廷――その光と影』吉川弘文館、一九九三年。

佐藤宗諄『平安前期政治史序説』東京大学出版会、一九七七年。

佐藤全敏『平安時代の天皇と官僚制』東京大学出版会、二〇〇八年。

瀧浪貞子『日本古代宮廷社会の研究』思文閣出版、一九九一年。

玉井力『平安時代の貴族と天皇』岩波書店、二〇〇〇年。

土田直鎮『奈良平安時代史研究』吉川弘文館、一九九二年。

所功『菅原道真の実像』臨川書店、二〇〇二年。

西本昌弘『日本古代儀礼成立史の研究』塙書房、一九九七年。

西本昌弘『桓武天皇――造都と征夷を宿命づけられた帝王』山川出版社、二〇一三年。

橋本義彦『平安貴族社会の研究』吉川弘文館、一九七六年。

橋本義彦『平安貴族』平凡社、一九八六年。

林陸朗『長岡京の謎』新人物往来社、一九七二年。

林陸朗『桓武朝論』雄山閣出版、一九九四年。

春名宏昭『平城天皇』吉川弘文館、二〇〇九年。

藤木邦彦『平安王朝の政治と制度』吉川弘文館、一九九一年。

藤森健太郎「日本古代元日朝賀儀礼の特質」『古代天皇の即位儀礼』吉川弘文館、二〇〇〇年。

古瀬奈津子『日本古代王権と儀式』吉川弘文館、一九九八年。

古瀬奈津子『摂関政治』(岩波新書)岩波書店、二〇一一年。

村井康彦『平安貴族の世界』徳間書店、一九六八年。

森田悌『王朝政治』（教育社歴史新書）教育社、一九七九年。

森田悌『王朝政治と在地社会』吉川弘文館、二〇〇五年。

山本信吉『摂関政治史論考』吉川弘文館、二〇〇三年。

米田雄介『藤原摂関家の誕生――平安時代史の扉』吉川弘文館、二〇〇二年。

米田雄介『摂関制の成立と展開』吉川弘文館、二〇〇六年。

Ⅶ宮都関係論

網伸也『平安京造営と古代律令国家』塙書房、二〇一一年。

井上和人『日本古代都城制の研究――藤原京・平城京の史的意義』吉川弘文館、二〇〇八年。

今泉隆雄『古代宮都の研究』吉川弘文館、一九九三年。

小澤毅『日本古代宮都構造の研究』青木書店、二〇〇三年。

狩野久『日本古代の国家と都城』東京大学出版会、一九九〇年。

川尻秋生『平安京遷都』（岩波新書）岩波書店、二〇一一年。

岸俊男『日本古代宮都の研究』岩波書店、一九八八年。

岸俊男『日本の古代宮都』岩波書店、一九九三年。

北村優季『平城京成立史論』吉川弘文館、二〇一三年。

鬼頭清明『日本古代都市論序説』法政大学出版局、一九七七年。

鬼頭清明『古代木簡と都城の研究』塙書房、二〇〇〇年。

木下正史『藤原京』（中公新書）中央公論社、二〇〇三年。

木下正史・佐藤信編『飛鳥から藤原京へ』（『古代の都１』）吉川弘文館、二〇一〇年。

國下多美樹『長岡京の歴史考古学研究』吉川弘文館、二〇一三年。

古代学協会・古代学研究所編『平安京提要』角川書店、一九九四年。

佐藤信『日本古代の宮都と木簡』吉川弘文館、一九九七年。

積山洋『古代の都城と東アジア――大極殿と難波京』清文堂出版、二〇一三年。

寺崎保広『古代日本の都城と木簡』吉川弘文館、二〇〇六年。
中尾芳治『難波宮の研究』吉川弘文館、一九九五年。
西本昌弘『日本古代の王宮と儀礼』塙書房、二〇〇八年。
仁藤敦史『古代王権と都城』吉川弘文館、一九九八年。
橋本義則『平安宮成立史の研究』塙書房、一九九五年。
橋本義則『古代宮都の内裏構造』吉川弘文館、二〇一一年。
林部均『古代宮都形成過程の研究』青木書店、二〇〇一年。
堀内明博『日本古代都市史研究――古代王権の展開と変容』思文閣出版、二〇〇九年。
山田邦和『京都都市史の研究』吉川弘文館、二〇〇九年。
山中章『日本古代都城の研究』柏書房、一九九七年。
山中章『長岡京研究序説』塙書房、二〇〇一年。
吉田歓『日中宮城の比較研究』吉川弘文館、二〇〇二年。
吉村武彦・舘野和己・林部均『平城京誕生』角川学芸出版、二〇一〇年。

Ⅷ財政・税制・公民制・支配制度

石上英一『律令国家と社会構造』名著刊行会、一九九六年。
今津勝紀『日本古代の税制と社会』塙書房、二〇一二年。
梅村喬『日本古代社会経済史論考』塙書房、二〇〇六年。
大津透『律令国家支配構造の研究』岩波書店、一九九三年。
大津透『日唐律令制の財政構造』岩波書店、二〇〇六年。
鎌田元一『律令公民制の研究』塙書房、二〇〇一年。
岸俊男『日本古代籍帳の研究』塙書房、一九七三年。
岸俊男『日本古代文物の研究』塙書房、一九八八年。
鬼頭清明『古代木簡の基礎的研究』塙書房、一九九三年。
櫛木謙周『日本古代労働力編成の研究』塙書房、一九九六年（初出一九八九年）。

栄原永遠男『奈良時代流通経済史の研究』塙書房、一九九二年。

栄原永遠男『日本古代銭貨流通史の研究』塙書房、一九九三年。

十川陽一『日本古代の国家と造営事業』吉川弘文館、二〇一三年。

薗田香融『日本古代財政史の研究』塙書房、一九八一年。

時野谷滋『律令封禄制度史の研究』吉川弘文館、一九七七年。

長山泰孝『律令負担体系の研究』塙書房、一九七六年。

早川庄八『日本古代の財政制度』名著刊行会、二〇〇〇年。

森田悌『日本古代律令法史の研究』文献出版、一九八六年。

山下信一郎『日本古代の国家と給与制』吉川弘文館、二〇一二年。

吉田孝『律令国家と古代の社会』岩波書店、一九八三年。

Ⅸ班田制・土地制度

阿部猛『日本荘園史の研究』同成社、二〇〇五年。

鎌田元一『律令公民制の研究』塙書房、二〇〇一年。

鷺森浩幸『日本古代の王家・寺院と所領』塙書房、二〇〇一年。

虎尾俊哉『日本古代土地法史論』吉川弘文館、一九八一年。

虎尾俊哉『班田収授法の研究』吉川弘文館、一九六一年。

服部一隆『班田収授法の復原的研究』吉川弘文館、二〇一二年。

藤井一二『初期荘園史の研究』塙書房、一九八六年。

堀敏一『均田制の研究——中国古代国家の土地政策と土地所有制』岩波書店、一九七五年。

三谷芳幸『律令国家と土地支配』吉川弘文館、二〇一三年。

宮本救『律令田制と班田図』吉川弘文館、一九九八年。

村山光一『研究史　班田収授』吉川弘文館、一九七八年。

森公章「長屋王家木簡と田庄の経営」『長屋王家木簡の基礎的研究』吉川弘文館、二〇〇〇年。

弥永貞三『日本古代社会経済史研究』岩波書店、一九八〇年。

山尾幸久『日本古代国家と土地所有』吉川弘文館、二〇〇三年。
吉田孝『律令国家と古代の社会』岩波書店、一九八三年。
吉村武彦『日本古代の社会と国家』岩波書店、一九九六年
吉村武彦編『律令制国家と古代社会』塙書房、二〇〇五年。

X地方支配

泉谷康夫『日本中世社会成立史の研究』高科書店、一九九二年。
川尻秋生『古代東国史の基礎的研究』塙書房、二〇〇三年。
川尻秋生『平将門の乱』(『戦争の日本史4』)吉川弘文館、二〇〇七年。
熊田亮介『古代国家と東北』吉川弘文館、二〇〇三年。
笹山晴生『平安の朝廷その光と影』吉川弘文館、一九九三年。
鈴木哲雄『平将門と東国武士団』(『動乱の東国史1』)吉川弘文館、二〇一二年。
高橋富雄『蝦夷』吉川弘文館、一九九五年。
中込律子『平安時代の税財政構造と受領』校倉書房、二〇一三年。
中野栄夫『律令制社会解体過程の研究』塙書房、一九七九年。
長山泰孝「古代貴族の終焉」『古代国家と王権』吉川弘文館、一九九二年。
福田豊彦『平将門の乱』(岩波新書)岩波書店、一九八一年。
福田豊彦『中世成立期の軍制と内乱』吉川弘文館、一九九五年。
北條秀樹『日本古代国家の地方支配』吉川弘文館、二〇〇〇年。
松原弘宣『藤原純友』吉川弘文館、一九九九年。
村井康彦『古代国家解体過程の研究』岩波書店、一九六五年。
森公章『古代郡司制度の研究』吉川弘文館、二〇〇〇年。
森田悌『平安時代政治史研究』吉川弘文館、一九七八年。
森田悌『解体期律令政治社会史の研究』国書刊行会、一九八二年。
山中敏史『古代地方官衙遺跡の研究』塙書房、一九九四年。

米田雄介『郡司の研究』法政大学出版会、一九七六年。

XI 氏族・人物

阿部猛『菅原道真——九世紀の政治と社会』（教育社歴史新書）教育社、一九七九年。

安藤更生『鑑真』（人物叢書新装版）吉川弘文館、一九八九年。

井上光貞『井上光貞著作集4 大化前代の国家と社会』岩波書店、一九八五年。

井上満郎『桓武天皇』ミネルヴァ書房、二〇〇六年。

上田正昭『藤原不比等』朝日新聞社、一九七八年。

大野達之助『聖徳太子の研究——その仏教と政治思想』吉川弘文館、一九七〇年。

大山誠一『〈聖徳太子〉の誕生』吉川弘文館、一九九九年。

勝浦令子『孝謙・称徳天皇——出家しても政を行ふに豈障らず』ミネルヴァ書房、二〇一四年。

加藤謙吉『大和政権と古代氏族』吉川弘文館、一九九一年。

門脇禎二『蘇我蝦夷・入鹿』（人物叢書）吉川弘文館、一九八五年。

岸俊男『藤原仲麻呂』（人物叢書）吉川弘文館、一九六九年
木本好信『律令貴族と政争——藤原氏と石上氏をめぐって』（塙選書）塙書房、二〇〇一年。

木本好信『藤原仲麻呂——率性は聡く敏くして』（ミネルヴァ日本評伝選）ミネルヴァ書房、二〇一一年。

木本好信『藤原四子』ミネルヴァ書房、二〇一三年。

木本好信『藤原種継』ミネルヴァ書房、二〇一五年。

倉本一宏『一条天皇』（人物叢書）吉川弘文館、二〇〇三年。

黒板伸夫『藤原行成』（人物叢書）吉川弘文館、一九九四年。

今正秀『摂関政治と菅原道真』（『敗者の日本史3』）吉川弘文館、二〇一三年。

今正秀『藤原良房』山川出版社、二〇一二年。

佐伯有清『伴善男』吉川弘文館、一九七〇年。

坂本賞三『藤原頼通の時代』（平凡社選書）平凡社、一九九一年
坂本太郎『菅原道真』（人物叢書）吉川弘文館、一九六二年。

新川登亀男『聖徳太子の歴史学——記憶と創造の一四〇〇年』講談社、二〇〇七年。

高島正人『藤原不比等』（人物叢書）吉川弘文館、一九九七年。

田村圓澄『聖徳太子』（中公新書）中央公論社、一九六四年。

土橋寛『持統天皇と藤原不比等——日本古代史を規定した盟約』中央公論社、一九九四年。

寺崎保広『長屋王』吉川弘文館、一九九九年。

遠山美都男『蘇我氏四代』ミネルヴァ書房、二〇〇六年。

所功『三善清行』（人物叢書）吉川弘文館、一九七〇年。

所功『菅原道真の実像』臨川書店、二〇〇二年。

直木孝次郎『持統天皇』（人物叢書）吉川弘文館、一九八五年。

林陸朗『光明皇后』（人物叢書新装版）吉川弘文館、一九八六年。

林陸朗『奈良朝人物列伝　『続日本紀』薨卒伝の検討』思文閣出版、二〇一〇年。

平田耿二『消された政治家菅原道真』（文春新書）文藝春秋、二〇〇〇年。

平野邦雄『大化前代社会組織の研究』吉川弘文館、一九六九年。

宮田俊彦『吉備真備』（人物叢書）吉川弘文館、一九六一年。

山中裕『平安人物志』東京大学出版会、一九七四年。

義江明子『日本古代系譜様式論』吉川弘文館、二〇〇〇年。

義江明子『県犬養橘三千代』（人物叢書）吉川弘文館、二〇〇九年。

吉村武彦『聖徳太子』（岩波新書）岩波書店、二〇〇二年。

渡部育子『元明天皇・元正天皇』ミネルヴァ書房、二〇一〇年。

XII国際関係

石井正敏『日本渤海関係史の研究』吉川弘文館、二〇〇一年。

石野博信・高島忠平・西谷正・吉村武彦編『研究最前線邪馬台国——いま、何が、どこまで言えるのか』朝日新聞出版、二〇一一年。

榎一雄『邪馬台国』（日本歴史新書）至文堂、一九六〇年、増補版、一九七八年。

榎本淳一『唐王朝と古代日本』吉川弘文館、二〇〇八年。

大山誠一『日本古代の外交と地方行政』吉川弘文館、一九九九年。

岡本健一『邪馬台国論争』（講談社選書メチエ52）講談社、一九九五年。

礪波護・武田幸男「隋唐帝国と古代朝鮮」（『世界の歴史』6）中央公論社、一九九七年。

筧敏生『古代王権と律令国家』校倉書房、二〇〇二年。

笠井倭人『研究史　倭の五王』吉川弘文館、一九七三年。

金子修一『隋唐の国際秩序と東アジア』名著刊行会、二〇〇一年。

河内春人『東アジア交流史のなかの遣唐使』汲古書院、二〇一三年。

河上麻由子「遣隋使と仏数」『古代アジア世界の対外交渉と仏教』山川出版社、二〇一一年。

氣賀澤保規『遣隋使がみた風景――東アジアからの新視点』八木書店、二〇一二年。

鬼頭清明『日本古代国家の形成と東アジア』校倉書房、一九七六年。

金鉉球『大和政権の対外関係研究』吉川弘文館、一九八五年。

佐伯有清『研究史　邪馬台国』吉川弘文館、一九七一年。

佐伯有清『研究史　戦後の邪馬台国』吉川弘文館、一九七二年。

佐伯有清『魏志倭人伝を読む（上・下）』吉川弘文館、二〇〇〇年。

佐伯有清『邪馬台国基本論文集』創元社、一九八一・二年。

佐伯有清『研究史　広開土王碑』吉川弘文館、一九七四年。

佐伯有清『古代を考える　雄略天皇とその時代』吉川弘文館、一九八八年。

佐伯有清『邪馬台国論争』（岩波新書）岩波書店、二〇〇六年。

坂元義種『古代東アジアの日本と朝鮮』吉川弘文館、一九七八年。

坂元義種『倭の五王――空白の五世紀』教育社、一九八一年。

酒寄雅志『渤海と古代の日本』校倉書房、二〇〇一年。

鈴木靖民『古代対外関係史の研究』吉川弘文館、一九八五年。

鈴木靖民編『倭国と東アジア』（日本の時代史2）吉川弘文館、二〇〇二年。

鈴木靖民『倭国史の展開と東アジア』岩波書店、二〇一二年。

鈴木英夫『古代の倭国と朝鮮諸国』青木書店、一九九六年。

関晃『帰化人』〈日本歴史新書〉至文堂、一九五六年。

武田幸男『高句麗史と東アジア』岩波書店、一九八九年。

田中史生『日本古代国家の民族支配と渡来人』校倉書房、一九九七年。

田中俊明『古代の日本と加耶』山川出版社、二〇〇九年。

田中史生『倭国と渡来人――交錯する「内」と「外」』吉川弘文館、二〇〇五年。

田中俊明『大加耶連盟の興亡と「任那」――加耶琴だけが残った』吉川弘文館、一九九二年。

東野治之『遣唐使と正倉院』岩波書店、一九九二年。

東野治之『遣唐使』(岩波新書)岩波書店、二〇〇七年。

中野高行『日本古代の外交制度史』岩田書院、二〇〇八年。

西嶋定生『日本歴史の国際環境』(UP選書4)東京大学出版会、一九八五年。

西嶋定生「総説――東アジア世界の形成」(『岩波講座世界歴史　四』岩波書店)一九七〇年。

西嶋定生『邪馬台国と倭国――古代日本と東アジア』吉川弘文館、一九九四年。

原島礼二『倭の五王とその前後』塙書房、一九七〇年。

平野邦雄『大化前代政治過程の研究』吉川弘文館、一九八五年。

平野邦雄編『古代を考える　邪馬台国』吉川弘文館、一九九八年。

藤間生大『倭の五王』(岩波新書)岩波書店、一九六八年。

堀敏一『律令制と東アジア世界』汲古書院、一九九四年。

堀敏一『東アジアのなかの古代日本』研文出版、一九九八年。

三品彰英『邪馬台国研究総覧』創元社、一九七〇年。

森公章『「白村江」以後――国家危機と東アジア外交』講談社、一九九八年。

森公章『東アジアの動乱と倭国』(『戦争の日本史』I)吉川弘文館、二〇〇六年。

森公章「加耶滅亡後の倭国と百済の「任那復興」策について――白村江への道の前段階として」『遣唐使と古代日本の対外政策』吉川弘文館、二〇〇八年。

森公章『古代日本の対外認識と通交』吉川弘文館、一九九八年。

山尾幸久『古代の日朝関係』塙書房、一九八九年。

吉田晶『倭王権の時代』（新日本新書4）新日本出版社、一九九八年。
吉田一彦『仏教伝来の研究』吉川弘文館、二〇一二年。
吉村武彦『ヤマト王権』（岩波新書）岩波書店、二〇一〇年。
李成市『古代東アジアの民族と国家』岩波書店、一九九八年。
若井敏明『邪馬台国の滅亡――大和王権の征服戦争』吉川弘文館、二〇一〇年。

学習の手引き

本書の内容は法制史と政治史の両分野を柱とし、ほかに対外関係史、社会経済史の分野に属する事項も多く扱っている。したがって学習者はまず参考文献として掲げた日本古代史全般にわたる概説書類に目を通すことが望ましい。次に講座類の読習をおすすめする。講座類は個別的な学術論文の紹介を兼ねながら、それぞれのテーマについて書かれた論文を収めているので、概説書よりもさらに専門性が高く、その時々の学界の中心的な研究テーマと学説の動向を知ることができる。その意味で、『岩波講座日本歴史』（『岩波講座日本通史』）は編集された年代の古いシリーズから順に読むことで学説の推移をたどることができ、より効果的である。分量が膨大なので限られた時間内で全体を読習することが難しい場合は、自身の関心のあるテーマについて通読するだけでも十分効果的であるし、卒業論文のテーマを探す場合にも役に立つ。さまざまなテーマごとに簡単に学界の状況や基本的な参考文献について紹介する文献としては、以下の工具書類に掲げた阿部猛他編『日本古代史研究事典』（東京堂出版）、『新視点日本の歴史』（新人物往来社）などが役に立つ。

ある程度関心のある分野が絞られてきたら、個別のテーマごとの参考文献にあたるとよい。そこに引用された代表的な論文を参照することでより詳しい知識が得られ、概説書に書かれている歴史事実がどのような史料に基づき、どのような考証を経て導き出されたのかを理解することができる。参考文献の数も多いので、最初は「岩波新書」「中公新書」「教育社歴史新書」「人物叢書」のような一般的な読者をも念頭においた文献から読み始めることもよい。そのほか、出版年が一九八〇年代以前の比較的古い文献は学界の通説となっているものが多く、九〇年代以降の文献は、通説に再検討を加える新しい学説が多いので、同じ分野で両方を比較してみることで、あらたな視点を得ることができる。

卒業論文の作成に当たっても、自分の選んだテーマについてまず学界の動向を知り、次に関連する史料を集め、史料とつきあわせながら先行研究の当否を吟味し、史料を根拠とした実証的な検討を加えて自分自身の見解を導き出すことが基本的方法である。

日本古代史に関する史料にはどのようなものがあり、どこに収められているか、また史料をどのように読解していったらよいのか、史料の読解に必要な基本的史料（工具書）類や文献調査に役立つ情報については以下に掲げるので参考にして頂きたい。「参考文献」と重複する部分もあるが著者が担当する学部・大学院での日本史演習の授業に用いるために、大学院生諸君が作成してくれたもので有用である。二〇〇五年に作成され、その後逐次必要な文献は追加しているが、漏れているものもあり、あくまで基本的な情報だけを収載しているので、学習者が学習の一環として自身で必要な情報を採集されることを望みたい。

具体的な学習方法について一つだけ紹介するならば、日本古代史の史料はほとんどが漢文なので、まず漢文史料の読解に慣れる必要がある。これについては代表的な古代史料を実例として用いながら読解の方法を紹介した書物として、池田温編『日本古代史を学ぶための漢文入門』（吉川弘文館、二〇〇六年）や小山田和夫『入門史料を読む　古代・中世』（吉川弘文館、一九九七年）が役に立つ。古記録については苅米一志『日本史を学ぶための古文書・古記録訓読法』（吉川弘文館、二〇一五年）がある。

また本書で扱った時代の中で、七世紀から十世紀についての基本史料はほとんどが『日本書紀』『続日本紀』によっている。『日本書紀』から始まって、『続日本紀』『日本後紀』『続日本後紀』『日本文徳天皇実録』『日本三代実録』と続く歴史書は国家が編纂した正史であり、六国史とよばれている。六国史は『新訂増補国史大系』のシリーズで原文に当たることができ、ほかに参考文献に掲げた『日本書紀』(日本古典文学大系)、『続日本紀』(新日本古典文学大系)などのシリーズに収められた同書は、原文、読み下し文、語句解説、基本事項解説が付されており、便利である。六国史以後の時代については同じ新訂増補国史大系の中に収められた『日本紀略』が基本史料であり、ほかに『小右記』などの記録(日記)類がある。六国史をはじめ『令義解』『令集解』『類聚三代格』など『新訂増補国史大系』に収められた文献について詳細な解説を加えたものとしては『国史大系書目解題上・下』(吉川弘文館、一九七一年・二〇〇一年)があり、六国史については坂本太郎『六国史』(吉川弘文館、一九七〇年)がある。『小右記』を中心とした古記録(日記)についての解説は三橋正「藤原実資と『小右記』」(小右記講読会・黒板伸夫監修・三橋正編『小右記注釈』八木書店、二〇〇八年)が詳しい。古記録一般についての解説としては倉本一宏編『日記・古記録の世界』(思文閣出版、二〇一五年)、高橋秀樹『古記録入門』(東京堂出版、二〇〇五年)、飯倉晴武『古記録』(東京堂出版、一九九八年)、山中裕『古記録と日記』(思文閣出版、一九九三年)などがある。

史料上の語句について読み方や意味が不明の場合には、漢字の用語であれば『大漢和辞典』をひき、読み方がわかっていれば『日本国語大辞典』を参照する。これらが語彙が豊富で専門性が高い。歴史上の用語・事項については『国史大辞典』が詳しく、人名については『日本古代人名辞典』が典拠史料を紹介しながら人物の履歴をたどっている。ほかに工具書類として下記にあげた『古事類苑』は「官位部」「官職部」「法律部」など広い分野について、事項ごとに解説に加えるだけでなく、諸書にみえる関連史料を掲げており、関心のある分野についてどのような史料があるのかを知ることができる。

また本書の中で扱った古代の法制史分野については、参考文献にも掲げた『律令』(日本思想大系)が養老令に関して、原文、読み下し文と、用語解説、そして詳細な解説を付しており、養老令の内容を体系的に知ることができる基本書である。律については『訳註日本律令』(東京堂出版)が同様に律条文について唐律と日本律を対照しながら律の復原を行い、逐条的な訳註を加えている。法制史に特化した専門的な概説書としてはこれも参考文献に掲げた『日本法制史』（青林書院）があり、律令制研究の動向を知る文献としては『律令制研究入門』（名著刊行会、二〇一一年）が便利である。このほかにも多数の関連書があるが、それらについては適宜参照されたい。

最後に法制、政治経済、外交、神祇など広汎な分野について網羅的に参考文献を掲げながら奈良時代を中心に古代史の研究史、研究方法について非常に詳しく紹介した文献として小山田和夫『奈良時代の政治とその周縁』（一九八八年）をあげておく。非売品であるが、主要な図書館に著者から寄贈されている。

古代史研究の基礎～工具書・文献調査編～（稿）

◇辞典

- 国語辞典　『日本国語大辞典』（小学館）、『広辞苑』（岩波書店）など
- 漢和辞典　『大漢和辞典』・『広漢和辞典』（ともに大修館書店）、『学研漢和大字典』（学習研究社）、『字通』（平凡社）など
- 古語辞典　『角川古語大辞典』（角川書店）、『時代別国語大辞典』（三省堂）など
- 字典　『くずし字用例辞典』・『くずし字解読辞典』（ともに東京堂）、『異体字解読字典』（柏書房）、『古文書古記録難訓用例大辞典』（柏書房）、阿部猛編著『古文書古記録語辞典』（東京堂出版）、『平安時代記録語集成』（吉川弘文館）、『改定新版日本古代木簡字典』（八木書店）など
- 日本史辞典　『国史大辞典』（吉川弘文館）、『日本史広辞典』（山川出版社）、『岩波日本史辞典』（岩波書店）、『日本史大事典』（平凡社）、『日本歴史大辞典』（河出書房新社）、『日本歴史大事典』（小学館）など
- 人名辞典　『日本古代人名辞典』・『日本古代氏族人名辞典』（ともに吉川弘文館）、『平安人名辞典　長保二年』（高科書店）『平安人名辞典　康平三年』（和泉書院）、『藤原道長事典』（思文閣出版）など
- 地名辞典　『大日本地名辞書』（冨山房）、『日本地名大辞典』・『古代地名大辞典』（ともに角川書店）、『日本歴史地名大系』（平凡社）など
- 個別テーマ　『有識故実大辞典』（吉川弘文館）『平安時代史事典』（角川書店）、『平安時代　儀式年中行事事典』（東京堂出版）『日本荘園史大辞典』・『神道史大辞典』・『日本交通史辞典』・『日本民俗大辞典』・『歴代天皇・年号事典』（以上吉川弘文館）、『コンサイス仏教辞典』（大東出版社）、今泉淑夫編『日本仏教史辞典』（吉川弘文館）など
- その他　『日本史文献解題辞典』・『日本史研究者辞典』（ともに吉川弘文館）、『日本史文献事典』（弘文堂）、『中国史籍解題辞典』（燎原書店）など

◇工具書・補任・系図類

● 工具書　『古事類苑』（吉川弘文館）、『大日本史料』・『史料綜覧』（ともに東京大学出版会）

● 補任類　『公卿補任』（『新訂増補國史大系』、吉川弘文館）、『公卿補任年表』（山川出版社）、『弁官補任』・『官史補任』・『近衛府補任』・『衛門府補任』・『国司補任』・『蔵人補任』・『検非違使補任』（以上、続群書類従完成会）、『春宮坊官補任』（『續群書類従』）、『僧綱補任』（『大日本仏教全書』興福寺叢書）、『平安時代補任及び女人綜覧』（笠間書院）、『大間成文抄』（吉田早苗校訂、吉川弘文館）、『除目大成抄』（『新訂増補史籍集覧』、臨川書店）、『魚魯愚抄』（『史料拾遺』、臨川書店）、『地下家伝』（正宗敦夫編、自治新報社）

● 系図類　『尊卑分脈』（『新訂増補国史大系』、吉川弘文館）、『群書類従』・『続群書類従』など所収の系図（続群書類従完成会）、『系図纂要』（名著出版）、『系図綜覧』（名著刊行会）、近藤敏喬編『古代豪族系図集覧』・同『宮廷公家系図集覧』（ともに東京堂出版）

● 便覧等　『平安京提要』（角川書店）、『皇居行幸年表』（続群書類従完成会）、『日本史総覧』（新人物往来社）、『日本古代史年表』上・下（東京堂出版）、『日本史必携』（吉川弘文館）、『日中古代都城図録』（クバプロ）など

国立歴史民俗博物館編『日本荘園資料』（吉川弘文館、一九九八年）※「付荘園関係文献目録」もあり

『日本史総合年表』（吉川弘文館）、『年表日本歴史』（筑摩書房）、田島公「日本、中国・朝鮮対外交流史年表—大宝元年～文治元年—」（『貿易陶磁：奈良・平安の中国陶磁』臨川書店）

◇史料検索

『国書総目録補訂版』・『古典籍総合目録』（ともに岩波書店）、『日本叢書索引』（名著刊行会）

◇研究に有効なホームページ

東京大学史料編纂所　http://www.hi.u-tokyo.ac.jp/index-j.html
明治大学日本古代学研究所　http://www.kisc.meiji.ac.jp/~meikodai/
京都大学図書館　http://www3.kulib.kyoto-u.ac.jp/
国立公文書館　http://www.archives.go.jp/
東京国立博物館　http://www.tnm.jp/
国立歴史民俗博物館　http://www.rekihaku.ac.jp/

奈良文化財研究所　http://www.nabunken.go.jp/
橿原考古学研究所　http://www.kashikoken.jp/
全国遺跡報告総覧　http://sitereports.nabunken.go.jp/ja
中央研究院（漢籍電子文献）　http://www.sinica.edu.tw/~tdbproj/handy1/
国文学研究資料館　https://www.nijl.ac.jp/
現説公開サイト　http://www.gensetsu.com/
など

※その他に、各自治体の教育委員会や埋蔵文化財センター等のホームページに、現地説明会の情報や最新の発掘成果などが掲載されていることもある

◇検索データベース

KOSMOS（慶應義塾図書館）　http://kosmos.lib.keio.ac.jp/
WINE（早稲田大学図書館）　http://wine.wul.waseda.ac.jp/
NDL-OPAC（国立国会図書館）　https://ndlopac.ndl.go.jp/
Webcat-plus　http://webcatplus.nii.ac.jp/
CiNii Articles　http://ci.nii.ac.jp/

◇主な研究雑誌

● 日本史一般
『史学雑誌』（東京大学）、『史林』（京都大学）、『歴史学研究』、『日本史研究』、『日本歴史』、『歴史評論』、『ヒストリア』、『史学』（慶應義塾大学）など

● 古代史
『続日本紀研究』、『古代文化』、『木簡研究』、『延喜式研究』、『正倉院文書研究』、『古代交通研究』、『年報中世史研究』、『風土記研究』、『古事記年報』など

● 法制史

『法制史研究』

◇研究雑誌中の文献目録など

「回顧と展望」・「史学文献目録」（ともに『史学雑誌』）、「日本史関係雑誌文献目録」（『日本歴史』）、「研究発表」（『古事記年報』）など

※その他、各雑誌の記念号などに総目録が掲載されているものもある

◇その他文献目録

● 日本史一般

『日本史学年次別論文集』（学術文献刊行会）、平田耿二編『古代日本研究文献総合目録』（勉誠出版）、『日本史関係雑誌文献総覧』（国書刊行会）

古事記学会編『古事記研究文献目録』単行書篇・雑誌論文篇（国書刊行会）、二葉憲香監修『日本霊異記研究文献目録』（永田文昌堂）

● テーマ別

国学院大学日本文化研究所編『神道論文総目録』（明治神宮社務所）、同『続神道論文総目録』（第一書房）、図書刊行会編『仏教学関係雑誌文献総覧』（国書刊行会）、龍谷大学仏教学研究室編『仏教学関係雑誌論文分類目録』Ⅳ（永田文昌堂）

法制史学会編『法制史文献目録』（創文社）、坂上康俊編『古代東アジア世界における中国法継受に関する基礎的研究　―大宝令の復元とその位置づけを中心課題として―』

● 東洋史など

『東洋学文献目録』（京都大学人文科学研究所付属東洋学文献センター）

朝鮮史研究会編『戦後日本における朝鮮史文献目録　一九四五～一九九一』（緑蔭書房）

※この他、慶應義塾図書館にも雑誌記事索引類がある

◇研究史シリーズ（吉川弘文館）

工藤雅樹『日本人種論』、星野良作『神武天皇』、大谷光男『金印』、佐伯有清『邪馬台国』、同『戦後の邪馬台国』、同『広開土王碑』、笠井倭人『倭の五王』、武光誠『部民制』、新野直吉『国造』、野村忠夫『大化改新増補版』、村山光一『班田収授』、星野良作『壬申

の乱増補版』、前之園亮一『古代の姓』、八木充『飛鳥藤原京』、井上満郎『平安京』、佐伯有清他『将門の乱』、森田悌『王朝国家』、関幸彦『地頭』

◇概説書・研究入門書

● 概説書

『日本の時代史』（吉川弘文館）、『日本の歴史』（講談社）、『日本史講座』・『講座 日本歴史』・笹山晴生『日本古代史講義』（ともに東京大学出版会）、吉村武彦編著『古代史の基礎知識』（角川書店）、『古代の日本』（角川書店）・『新版 古代の日本』（角川書店）・『岩波講座 日本歴史』・『岩波講座 日本通史』（ともに岩波書店）、『集英社版 日本の歴史』（集英社）『大系 日本の歴史』（小学館）、『日本の歴史』・『日本の古代』（中央公論社）、『日本歴史大系』・『新体系日本史』（ともに山川出版社）など

※その他、『論争 日本古代史』（河出書房新社）、『争点日本の歴史』・『新視点日本の歴史』（新人物往来社）、『論集日本歴史』（有精堂）など『人物叢書』シリーズ・『古代を考える』シリーズ（ともに吉川弘文館）や『日本史リブレット』シリーズ（山川出版社）など

● 研究入門

中尾堯他編『日本史論文の書きかた――レポートから卒業論文まで』（吉川弘文館）、鈴木靖民『古代国家史研究の歩み』（新人物往来社）、武光誠『古代史入門ハンドブック』・同『古代文化史入門ハンドブック』（ともに雄山閣出版）、阿部猛他編『日本古代史研究事典』（東京堂出版）など

小山田和夫『入門 史料を読む 古代・中世』・『史料による日本の歩み』古代編（ともに吉川弘文館）、橋本義彦ほか『日本歴史「古記録」総覧 古代・中世編』（新人物往来社）、飯倉晴武『古記録』〈日本史小百科〉（東京堂書店）、佐藤進一『〔新版〕古文書学入門』（法政大学出版局）、日本歴史学会編『概説古文書学 古代・中世編』・飯倉晴武『古文書入門ハンドブック』（ともに吉川弘文館）

山根幸夫編『中国史研究入門』（山川出版社）、『アジア歴史研究入門』（同朋舎）など

年表

西暦	年号(天皇)	国内	東アジア
前一〇八			前漢武帝、衛氏朝鮮を滅ぼし楽浪郡など四郡を置く。
紀元前後		この頃、倭人百余国に分かれ、楽浪郡に朝貢する。	
紀元二五			光武帝、後漢を建て、洛陽に都を置く。
五七		倭の奴国王、後漢に朝貢し、光武帝より印綬を賜わる。	
一〇七		倭国王帥升ら、後漢の安帝に生口百六十人を献じ、請見を願う。	
一四七		この頃、（後漢桓帝（一四七〜一六七）、霊帝（一六八〜一八八））の間、倭国大いに乱れ、たがいに攻伐して、歴年主なし。その後、邪馬台国の卑弥呼を立てて、倭国の女王となす。	
二〇四			公孫康が楽浪郡を分割して帯方郡を設置。
二三八			魏、遼東の公孫氏を滅ぼし、楽浪・帯方郡を接収。
二三九		6倭の女王卑弥呼、大夫難升米らを帯方郡に遣わし、魏の明帝に朝献を求める。12明帝、卑弥呼に「親魏倭王」の金印紫綬を授け、銅鏡百枚等を下賜する。	
二四七		倭の女王卑弥呼、狗奴国の男王卑弥弓呼と不和となり、交戦の状を伝える。魏、張政らを遣わし、詔書と黄幢を与え、檄を作って、告諭する。	
二四八		この頃、卑弥呼、死す。径百余歩の冢を作り、奴婢百余人を徇葬する。男王を立てるが、国中服さず、誅殺しあい、千余人が殺される。卑弥呼の宗女で十三歳の台与を王とし、国中が安定する。	
二六六		倭の女王（台与か）、西晋に入貢。	
二六八			西晋、律令を発布する（泰始律令）。
三一三			この頃、高句麗、楽浪・帯方二郡を滅亡させる。
三四〇			この頃、百済・新羅が建国。

西暦	年号(天皇)	国内	東アジア
三六九		百済王世子（太子）が倭王に七支刀を贈る（石上神宮七支刀銘）。	
三七一			百済近肖古王、高句麗の平壌城を攻め、故国原王を戦死させる。
三九一		倭、渡海して百済・新羅を破り、臣民とする。	
三九六			高句麗広開土王、百済を討つ。
四〇四		倭、渡海して高句麗と戦い敗れる。	高句麗広開土王、渡海した倭と戦う。
四一四			広開土王碑が建立される。
四二〇			宋が建国。
四二七			高句麗、平壌城へ遷都。
四三〇		倭国王、宋に使いを派遣し、方物を献じる。	
四三八		倭王珍、宋に遣使し、安東将軍倭国王に任じられる。珍、また倭隋ら十三人に平西・征虜・冠軍・輔国将軍号を賜わるよう求め、許される。	
四三九			北魏、華北を統一。南北朝時代始まる。
四四三		倭王済、宋に遣使し、安東将軍倭国王に任じられる。	
四六二		倭王の世子興、宋に遣使し、安東将軍に任じられる。	
四七一		埼玉県稲荷山古墳出土鉄剣銘文に「獲加多支鹵大王」（雄略）の文字がみえる。	
四七五			高句麗の攻撃により、百済の漢山城が陥落し、都を熊津へ遷す。
四七七		倭王、宋に遣使する。	
四七八		倭王武、宋に遣使し、上表して安東大将軍倭王に任じられる(倭王武の上表文)。	
五〇二			百済、武寧王即位。
五〇七	継体元	2男大迹王、越前から迎えられ、大伴金村らによって大王に擁立される（継体天皇）。	

五一二	六	12任那の四県を百済に割譲。	
五一三	七	百済から五経博士来日。	
五二七	二十一	6筑紫君磐井、反乱を起こす（磐井の乱）。	
五二九	二十三	新羅の任那侵略を阻止するために、近江毛野を安羅に派遣。	
五三一	二十五	継体天皇、没する。	
五三四	安閑元		北魏、東西に分裂。東魏成立。
五三五	二	5諸国に屯倉を設置する。12安閑天皇、没する。宣化天皇即位。	西魏成立。
五三八	宣化三	10（あるいは12）百済聖明王、仏教を伝える（戊午年。『上宮聖徳法王帝説』など）。『日本書紀』は五五二年とする。	
五三九	四	宣化天皇、没する。12欽明天皇、即位する。	
五四〇	欽明元	任那四県割譲問題で大伴金村が失脚。	
五五四	十五		百済の聖王（聖明王）、新羅との戦いで戦死。
五五五	十六	吉備に白猪屯倉を設置。	
五六二	二十三		新羅、任那の官家を滅ぼす。
五七一	三十二	欽明天皇、没する。	
五七二	敏達元	4敏達天皇、即位。	
五七五	四	新羅、任那調を献ずる。	
五八一	十〇		隋、建国。高句麗・百済、隋より冊封を受ける。
五八五	十四	8敏達天皇、没する。9用明天皇、即位。崇仏派の蘇我馬子と廃仏派の物部守屋が対立を深める。	
五八七	用明二	4用明天皇、没する。6穴穂部皇子、殺害される。7蘇我馬子・厩戸皇子ら物部守屋を滅ぼす。8崇峻天皇、即位。	
五八八	崇峻元	飛鳥寺（法興寺）の造営始まる。	
五八九	二		隋、陳を滅ぼし、中国を統一。
五九二	五	11蘇我馬子、東漢直駒に命じて崇峻天皇を暗殺。12推古天皇、即位。	

西暦	年号(天皇)	国内	東アジア
五九三	推古元	4聖徳太子（厩戸皇子）摂政となる。この年、四天王寺の造営始まる。	
五九四	二		新羅、隋の冊封を受ける。
五九六	四	11飛鳥寺（法興寺）が竣工。	
五九八	六		高句麗、遼西へ侵攻する。隋、高句麗遠征。
六〇〇	八	遣隋使を派遣する（隋書）。	
六〇一	九	2聖徳太子、斑鳩宮を建てる。	
六〇二	十	10百済僧観勒、暦・天文地理・遁甲方術の書を献上し、書生に教える。	
六〇三	十一	11秦河勝、蜂岡寺（広隆寺）を造営する。12冠位十二階を制定。	
六〇四	十二	4憲法十七条を制定。	隋、煬帝が即位する。
六〇五	十三	4推古天皇、丈六仏の造立を発願し、鞍作止利に制作を命じる。	
六〇六	十四	4丈六仏が完成し、元興寺（飛鳥寺）金堂に安置する。	
六〇七	十五	7遣隋使（小野妹子ら）を派遣。	隋、大業律令を発布する。
六〇八	十六	4小野妹子が隋使裴世清を伴い帰朝する。9小野妹子に隋使を送らせ、高向玄理・僧旻・南淵請安らを隋へ派遣する。	
六〇九	十七	9小野妹子ら帰朝。	
六一一	十九		隋、高句麗遠征を開始する。
六一四	二十二	6遣隋使（犬上御田鍬ら）を派遣する。	
六一五	二十三	9犬上御田鍬ら帰朝する。百済使が来日する。	
六一八	二十六		煬帝が殺害され、李淵が唐を建国。
六二〇	二十八	この年、聖徳太子・蘇我馬子らが、天皇記・国記をつくる。	
六二二	三十	2聖徳太子、没する。	
六二四	三十	10蘇我馬子、葛城県の下賜を要求し、推古天皇拒否する。	唐、武徳律令を発布。均田制・租庸調制を定める。高句麗・百済・新羅が唐の冊封を受ける。

六二六	三十四	5蘇我馬子、没する。	唐、太宗李成民が即位。貞観の治。
六二八	三十六	3推古天皇、没する。	
六二九	舒明元	1舒明天皇、即位。	
六三〇	二	8遣唐使（犬上御田鍬ら）を派遣する。	
六三七	九		唐、貞観律令を制定。
六三八	十	この年、百済・新羅・任那が朝貢する。	
六四〇	十二	10南淵請安・高向玄理、帰朝する。	
六四一	十三	10舒明天皇、没する。	
六四二	皇極元	1皇極天皇、即位。	百済、新羅を攻撃する。高句麗で泉蓋蘇文がクーデターを起こし、全権を掌握する。
六四三	二	11蘇我入鹿ら山背大兄王を襲い、上宮王家を滅ぼす。	
六四四	三		唐、三度にわたる高句麗遠征を開始する。
六四五	孝徳(大化)元	6中大兄と中臣鎌足ら、蘇我入鹿を殺害する。蘇我蝦夷自殺（乙巳の変）。皇極天皇、譲位し、孝徳天皇、即位。中大兄が皇太子、中臣鎌足が内臣となる。大化に改元。8東国国司を派遣し、校田と造籍を命じる。12難波長柄豊碕宮へ遷都。	
六四六	二	1改新の詔を発布する。	
六四七	三	この年、冠位十三階を制定する。新羅、金春秋（のちの武烈王）を派遣してくる。	
六四九	五	2冠位十九階を制定する。3右大臣蘇我倉山田石川麻呂、謀叛の疑いをかけられ、自殺する。	
六五〇	(白雉)元	2白雉に改元。	
六五三	四	5遣唐使を派遣する。この年、中大兄、孝徳天皇と不和となり、母皇極前天皇、妹間人皇女（孝徳天皇妃）を連れて飛鳥へ戻る。	
六五四	五	2遣唐使を派遣する。10孝徳天皇、没する。	

西暦	年号(天皇)	国内	東アジア
六五五	斉明元	1斉明（皇極）天皇、飛鳥板蓋宮で重祚する。	唐、武照を皇后とする（則天武后）。
六五九	五	3阿倍比羅夫、蝦夷を征討する。7遣唐使を派遣する。	
六六〇	六	10百済の鬼室福信ら百済救援と王子余豊璋の即位を求める。	唐・新羅、百済を滅ぼし、熊津に都督府を置く。
六六一	七	1斉明天皇、中大兄ら百済救援のため、九州へ下向する。5遣唐使帰朝する。7斉明天皇、朝倉宮に没する。中大兄、称制する。9百済王子余豊璋を本国へ送る。	百済遺臣の鬼室福信ら挙兵する。
六六三	天智二	3百済救援のため、軍を派遣する。8倭・百済軍、白村江で唐・新羅軍と戦い、大敗する（白村江の戦い）。	余豊璋、謀叛の疑いで鬼室福信を処刑する。
六六四	三	2冠位二十六階を制定する。氏上・民部・家部のことを定める（甲子の宣）。この年、対馬・壱岐・筑紫などに防人・烽（とぶひ・のろし）を置き、筑紫に水城を築く。	
六六七	六	3近江大津宮に遷都。	唐・新羅、高句麗を攻撃する。
六六八	七	1天智天皇、即位。	唐、平壌に安東都護府を置く。
六六九	八	10天智天皇、中臣鎌足に大織冠・大臣位を授け、藤原の姓を賜う。鎌足、没する。この年遣唐使を派遣する。	
六七〇	九	2庚午年籍を造る。	新羅、旧百済領に進攻し、支配下に収める（半島統一）。
六七一	十	1大友皇子を太政大臣とし、左右大臣・御史大夫を任じる。冠位・法度を施行する（近江令一部施行か?）。11唐、郭務悰を派遣してくる。12天智天皇、没する。	
六七二	天武元	大海人皇子、挙兵して近江朝廷を滅ぼす（壬申の乱）。	
六七三	二	2大海人皇子、飛鳥浄御原宮で即位する（天武天皇）。	
六七五	四	2天智三年（六六四）に設置した部曲を廃止する。	
六七六	五		新羅、朝鮮半島統一。
六七八	七	10官人の考課・選叙法の制定。	
六八〇	九	11天武天皇、皇后の病気平癒のため、薬師寺建立を発願。	

六八一	十	2律令の制定を命じる。草壁皇子立太子。3帝紀・上古諸事の記録・考定を命じる。	
六八三	十二	2大津皇子、はじめて朝政に参加。	
六八四	十三	3藤原京の宮室の地を定める。10八色の姓を制定。	
六八六	朱鳥元	7朱鳥に改元。宮を飛鳥浄御原宮と命名。9天武天皇没する。皇后（持統）、称制。9天武殯宮儀礼中に大津皇子の謀反発覚。10大津皇子、死を命じられる。	新羅、唐に遣使。冊封される。
六八八	持統二	11天武天皇を檜隈大内山陵に埋葬。	
六八九	三	4皇太子（草壁）没する。6飛鳥浄御原令二十二巻を諸司に頒布。	
六九〇	四	1皇后鸕野讃良皇女、即位（持統天皇）。7高市皇子を太政大臣とする。12持統天皇、藤原宮の地を視察。この年、造籍（庚寅年籍）。	唐、武后即位し国号を周と改める。
六九四	八	12藤原京へ遷都。	
六九七	文武元	8持統天皇、譲位。皇太子軽皇子即位（文武天皇）。	
六九八	二		大祚栄、震（のちの渤海）を建国。
七〇〇	四	3大宝令の読習（大宝令の編纂終了か）と、律の撰定を命じる。	
七〇一	大宝元	1遣唐使を任命（粟田真人・山上憶良ら）。3対馬嶋貢金により大宝の年号を制定。大宝令の官制・位階を施行。6大宝令を施行。この年、首皇子（聖武）・光明子誕生。	
七〇二	二	10大宝律令を諸国に頒布。12持統太上天皇没する。	
七〇三	三	1刑部親王を知太政官事に任じる。	
七〇七	慶雲四	6文武天皇没する。7阿閇皇女即位（元明天皇）。授刀舎人寮設置。	

西暦	年号(天皇)	国内	東アジア
七〇八	和銅元	1武蔵国から銅献上によって和銅に改元。2平城遷都の詔。3藤原不比等を右大臣に任じる。5和同銀銭を発行。8和同銅銭を発行。	
七一〇	三	3平城京へ遷都。	
七一一	四	9太安万侶に『古事記』撰録を命じる。10蓄銭叙位令施行。	
七一二	五	1『古事記』撰上。	唐、玄宗即位。開元の治。
七一三	六	5『風土記』撰進を命じる。	
七一四	七	6首皇子、元服・立太子。	
七一五	霊亀元	9元明天皇、氷高内親王に譲位（元正天皇）。霊亀に改元。	
七一六	二	8遣唐使を任命（多治比県守ら。下道真備・玄昉・阿倍仲麻呂らも同行）。この年、光明子を皇太子妃とする。	
七一七	養老元	10藤原房前を朝政に参議させる。11養老に改元。この年、郷里制施行。	
七一八	二	12遣唐使帰国。この年、藤原不比等ら養老律令撰定を開始。	
七一九	三	6首皇太子、朝政を聴く。	唐、開元七年令公布。
七二〇	四	5舎人親王ら『日本紀』（日本書紀）を撰進。8藤原不比等没する。舎人親王を知太政官事に、新田部親王を知五衛及授刀舎人事に任じる。	
七二一	五	1長屋王を右大臣に任じる。10藤原房前を内臣とする。12元明太上天皇没する。	新羅、長城を築く。
七二二	六	2養老律令撰定者に田を賜う。4陸奥国百万町歩開墾計画発布。	唐、募兵制開始。新羅、日本に対し城関を築く。
七二三	七	4三世一身法を発布。	
七二四	神亀元	2元正天皇、首皇子に譲位（聖武天皇）。神亀に改元。長屋王を左大臣に任じる。蝦夷の反乱。4藤原宇合を征夷持節大将軍に任命。この年、多賀城を造営。	

七二七	四	閏9藤原光明子に皇子誕生。11皇子、立太子。	
七二八	五	7中衛府・内匠寮を設置。9皇太子没する。	
七二九	天平元	2長屋王、謀反の疑いをかけられ自殺（長屋王の変）。8天平に改元。光明子立后。9皇后宮職を設置。	
七三二	四	8遣唐使を任命（多治比広成ら。栄叡・普照らも同行）。節度使を任命。	唐、『大唐開元礼』成立。渤海、唐の登州に侵攻する。
七三三	五	2『出雲国風土記』成立。	
七三四	六	1藤原武智麻呂を右大臣に任じる。聖武天皇、一切経を発願。	
七三五	七	2国号を王城国と改めた新羅の使者を返す。3遣唐使帰国。4下道真備、唐の文物を献上。この年、天然痘流行。	渤海、唐に謝罪し朝貢を再開。新羅、唐より浿江以南を獲得する。
七三六	八	8唐僧道璿・波羅門僧菩提僊那ら拝朝。11葛城王、橘姓を賜い、名を諸兄と改める。この年、光明皇后、一切経発願（五月一日経）。	
七三七	九	1藤原麻呂を持節大使に任命。4～8藤原四兄弟（武智麻呂・房前・宇合・麻呂）、天然痘のために相次いで没する。12玄昉の加療によって治癒した藤原宮子、皇后宮で聖武天皇と対面する。この年、天然痘流行。	唐、開元二十五年律令格式を公布。
七三八	十	1阿倍内親王立太子。橘諸兄を右大臣に任じる。	『大唐六典』成立。
七四〇	十二	9藤原広嗣、玄昉・下道真備の排斥を求めて九州で挙兵（藤原広嗣の乱）。10聖武天皇、東国行幸へ出発。12恭仁京へ遷都。	
七四一	十三	3国分寺・尼寺建立の詔（続日本紀）。	
七四二	十四	8紫香楽宮行幸（～9月）。	
七四三	十五	1阿倍内親王、五節舞を舞う。4聖武天皇、一切経発願。新羅使を失礼のため放還。5橘諸兄を左大臣に任じる。墾田永年私財法を発布。10大仏造立の詔。甲賀寺の寺地を開く。11恭仁京へ還幸。12紫香楽宮造営のために恭仁京の造作を停止。	

西暦	年号(天皇)	国内	東アジア
七四四	十六	閏1安積親王没する。2難波宮を首都とする。	
七四五	十七	1行基を大僧正とする。5平城京へ還都。8大養徳国金光明寺で大仏造立を開始。	
七四七	十九	9大仏鋳造を開始。	
七四八	二十	元正太上天皇没する。	
七四九	天平感宝元 (天平勝宝元)	2陸奥国、黄金を献上。4東大寺へ行幸。天平感宝に改元。7皇太子阿倍内親王即位（孝謙天皇）。天平勝宝に改元。紫微中台・中宮省を設置。藤原仲麻呂を紫微令に任じる。10大仏鋳造完了。	
七五〇	二	1吉備真備を筑前守に左遷。9遣唐使を任命（藤原清河ら）。	
七五一	三	11吉備真備を遣唐副使に任命。『懐風藻』成立。大仏殿造営終了。	
七五二	四	4大仏開眼供養会。	
七五四	六	1鑑真来日。4聖武太上天皇・光明子・孝謙天皇、鑑真より受戒。7藤原宮子没する。10双六禁止令を出す。	
七五五	七	1天平勝宝七年を七歳と改める。	唐、安史の乱（〜七六三）。
七五六	八	2橘諸兄が致仕。5聖武太上天皇没する。道祖王立太子。6光明子、聖武の遺品を東大寺に献納する。	
七五七	天平宝字元	3道祖王廃太子。4大炊王立太子。中男・正丁の年齢を改定。藤原仲麻呂を紫微内相とする。養老律令施行。6橘奈良麻呂、仲麻呂の打倒を謀議するも、密告によって失敗する（橘奈良麻呂の変）。7右大臣藤原豊成を左遷。8天平宝字に改元。	

七五八	二	1京畿七道に問民苦使を派遣。8孝謙天皇、譲位。皇太子大炊王即位（淳仁天皇）。藤原仲麻呂を大保（右大臣）とし、恵美押勝の名を賜い、鋳銭・挙稲や家印の使用を許可する。官名を唐風に改定。9遣渤海使帰国、渤海使来日。唐における安禄山の乱勃発の報がもたらされる。	
七五九	三	6新羅征討のため大宰府に『行軍式』作成を命じる。8唐招提寺創建。12授刀衛を設置。	新羅、官職名を唐風化。
七六〇	四	1恵美押勝を大師（太政大臣）とする。雄勝城・桃生城完成。6光明皇太后没する。	
七六二	六	5孝謙・淳仁が不和。平城宮へ還幸後、孝謙太上天皇は法華寺、淳仁天皇は中宮院へ入る。6孝謙太上天皇、国家の大事と賞罰を行う旨の宣命を出す。	渤海、大欽茂が唐より渤海国王に封じられる。
七六三	七	2新羅使来日。入京させず帰国させる。	
七六四	八	恵美押勝、反乱を起こすが失敗。塩焼王を擁して近江へ逃れるが敗死（恵美押勝の乱）。藤原豊成、右大臣に復任。道鏡を大臣禅師とする。官名を旧に戻す。10淳仁天皇を廃し、淡路に幽閉。孝謙重祚（称徳天皇）。	
七六五	天平神護元	1天平神護に改元。淳仁廃帝没する。閏10道鏡を太政大臣禅師とする。	
七六六	二	1藤原永手を右大臣に任じる。道鏡を法王に任じ、永手を左大臣、吉備真備を右大臣、弓削御浄人を中納言とする。	
七六七	神護景雲元	3法王宮職を置く。8神護景雲に改元。10陸奥国伊治城完成。	
七六九	三	7法王宮職印を使用。9和気清麻呂・姉法均（広虫）を配流。	

西暦	年号（天皇）	国内	東アジア
七七〇	宝亀元	4百万塔を、十大寺に分置。8称徳天皇没する。藤原永手・宿奈麻呂（良継）ら白壁王を擁立、立太子。道鏡を下野薬師寺へ左遷。10皇太子（白壁王）即位（光仁天皇）。宝亀に改元。11井上内親王立后。	
七七一	二	1他戸親王立太子。10武蔵国を東山道から東海道に改める。	
七七二	三	3井上内親王廃后。5他戸親王廃太子。	
七七三	四	1山部親王立太子。	
七七四	五	7征夷軍を派遣。蝦夷が桃生城を襲う。	
七七六	七	2征夷のため陸奥・出羽の軍士を徴発。	
七八〇	十一	3伊治呰麻呂、反乱を起こす。藤原継縄を征東大使に任命。	
七八一	天応元	1天応に改元。4光仁天皇、譲位。皇太子（山部親王）即位（桓武天皇）。早良親王、立太子。12光仁太上天皇没。	
七八二	延暦元	閏1氷上川継らの謀反事件発覚し、配流。	
七八四	三	11長岡京へ遷都。	
七八五	四	9藤原種継が暗殺され、事件に関与した疑いにより皇太子（早良親王）が乙訓寺に幽閉され、淡路配流の途上で没する。	
七八七	六	11交野で郊天祭祀を行う。安殿親王、立太子。	
七八八	七	7紀古佐美を征東大使に任命。	
七八九	八	6征東将軍、胆沢城での敗戦を報告。	
七九一	十	3刪定律令を施行。7大伴弟麻呂を征東大使、坂上田村麻呂らを副使に任命。	
七九四	十三	6征夷副将軍（副使）坂上田村麻呂以下、蝦夷を征討。『続日本紀』巻二十一から巻三十四を進上。10平安京へ遷都。11山背国を山城国と改める。新京を平安京と号する。	

七九七	十六	2『続日本紀』完成。6删定令格四五条を施行。11坂上田村麻呂を征夷大将軍に任命。
八〇〇	十九	7早良親王の怨霊を恐れ、崇道天皇と追称する。
八〇一	二十	6畿内班田を十二年に一度に改める。
八〇二	二十一	1胆沢城を造営。4蝦夷阿弖流為投降する。8阿弖流為を斬る。
八〇三	二十二	2『延暦交替式』施行。4遣唐使に節刀を授ける。遣唐船難破する。5遣唐大使藤原葛野麻呂節刀を返上する。
八〇四	二十三	3遣唐大使藤原葛野麻呂に節刀を授ける。
八〇五	二十四	7遣唐大使帰京し、節刀を返上。9最澄、高雄山寺で灌頂を行う。12藤原緒嗣・菅野真通、天下の徳政を論じ平安京の造営を中止する。
八〇六	大同元	3桓武天皇没する。5六道観察使を置く。平城天皇即位。
八〇七	二	4参議を廃止し観察使を置く。11桓武皇子伊予親王と母藤原吉子、謀反の嫌疑で川原寺に幽閉され、自殺する。
八〇八	三	7畿内班田を六年に一度に戻す。
八〇九	四	4平城天皇譲位、嵯峨天皇即位。12平城上皇、平城旧京に移る。
八一〇	引仁元	3蔵人所を設置、藤原冬嗣らを蔵人頭に任じる。6観察使を廃し、再び参議を置く。9嵯峨天皇、平城京に兵を出し、平城上皇の復位を阻止し、藤原薬子自殺（平城上皇の変（薬子の変））。
八一二	三	11空海、高雄山で灌頂を行う。
八一四	五	5嵯峨皇子女に源姓を賜う。6万多親王ら『新撰姓氏録』を撰上する。この年、『凌雲集』成立する。
八一五	六	7橘嘉智子立后。
八一六	七	6空海、高野山に道場をひらく。
八一八	九	『文華秀麗集』成立。
八一九	十	この年、藤原冬嗣・緒嗣らに『日本後紀』の撰修を命じる。

西暦	年号(天皇)	国内	東アジア
八二〇	十一	4『弘仁格』を施行する。	
八二一	十二	1藤原冬嗣ら『内裏式』を撰上する。	
八二二	十三	6最澄没する。この頃、『日本霊異記』が編まれる。比叡山に戒壇設立を勅許する。	
八二三	十四	1空海に東寺を下賜、教王護国寺と称する。2大宰府管内に公営田制を実施する。嵯峨天皇譲位、淳和天皇即位。	
八二四	天長元	6渤海使の入朝を十二年に一度と定める。7平城上皇没する。	
八二五	二	7桓武皇子葛原親王の子高棟王に平姓を賜う（桓武平氏）。	
八二七	四	5『経国集』撰上される。	
八三三	十	2清原夏野ら『令義解』を撰上。淳和天皇譲位、仁明天皇即位。	
八三四	承和元	1藤原常嗣・小野篁らを遣唐使に任命。12『令義解』を施行。	
八三五	二	3空海没する。	
八三八	五	6遣唐使出航する。円仁ら同行する。遣唐副使小野篁、病と称し出航せず、12篁、配流される。	10遣唐大使藤原常嗣ら長安に向かい、円仁ら天台山入山の勅許を待つ。
八三九	六	8遣唐大使ら帰着。	
八四〇	七	5淳和上皇没する。	唐、文宗没、武宗即位。8円仁長安に入城する。12新羅人張宝高、使を遣わし方物を献じるも追却する。
八四一	八	12『日本後紀』撰上。	
八四二	九	7嵯峨上皇没する。伴健岑・橘逸勢らの謀叛発覚。皇太子恒貞を廃し、伴健岑・橘逸勢を配流（承和の変）。8道康親王立太子。新羅人の入国を禁止する。	会昌の廃仏始まる。
八四七	十四	9円仁帰国。	
八五〇	嘉祥三	3仁明天皇没する。4文徳天皇即位。	
八五三	仁寿三	7円珍、唐の商船に便乗し、渡唐する。	
八五四	斉衡元	4円仁、天台座主となる。	

八五五	二	2藤原良房らに『続日本後紀』の撰修を命じる。	
八五七	天安元	2藤原良房を太政大臣に任じる。	
八五八	二	6円珍帰朝。8文徳天皇没する。11清和天皇即位。藤原良房摂政の職に当たる。	
八六一	貞観三	8真如法親王、入唐。	
八六三	五	5神泉苑で御霊会を行い、崇道天皇、伊予親王らの霊をまつる。	
八六四	六	1円仁没する。	
八六六	八	閏3応天門が炎上する。7最澄に伝教大師、円仁に慈覚大師の諡号を授ける。8藤原良房を摂政に任じる。9伴善男ら五人を遠流に処す（応天門の変）。	
八六八	十	閏12『貞観交替式』を施行。この頃、惟宗直本『令集解』を編纂する。	
八六九	十一	6新羅海賊、豊前国の年貢を奪う。8『続日本後紀』撰上。9『貞観格』を施行。	
八七一	十三	10『貞観式』を施行。	
八七二	十四	9藤原良房没する。	
八七五	十七	4『左右検非違使式』を撰進。	黄巣の乱おこる（〜八八四）。
八七六	十八	11清和天皇譲位、藤原基経を摂政に任じる。	
八七七	元慶元	1陽成天皇即位。	
八七八	二	3畿内に校班田を行う。出羽国で夷俘が秋田城を襲撃（元慶の乱）。5藤原保則を出羽権守に任じる。6小野春風を鎮守将軍に任じる。	
八七九	三	11『日本文徳天皇実録』完成。12畿内に官田四千町を置く（元慶官田）。	
八八〇	四	12藤原基経を太政大臣に任じる。	黄巣、洛陽ついで長安を占領して帝位に即く。
八八一	五	10真如法親王、羅越国に没する。	

西暦	年号(天皇)	国内	東アジア
八八四	八	2陽成天皇譲位、光孝天皇即位。6藤原基経を関白に任じる（関白の初例）。	
八八七	三	8光孝天皇没する。11宇多天皇即位。	
八八八	四	6藤原基経、宇多天皇の勅書を撤回させる（阿衡の紛議）。	
八九〇	寛平二	この年、橘広相『蔵人式』を撰進。	
八九一	三	1藤原基経没する。2藤原道真、蔵人頭になる。	
八九二	四	5源能有ら『日本三代実録』の編纂を開始。菅原道真『類聚国史』を撰修する。	
八九三	五	5新羅の賊、肥前国に来襲。	
八九四	六	4新羅の賊、対馬に来襲。8菅原道真を遣唐大使に任命。9菅原道真、遣唐使廃止を建言。	
八九五	七	3新羅の賊に備えて博多の警備を厳しくする。12検非違使の職掌などを定める。	
八九七	九	7宇多天皇譲位、醍醐天皇即位。藤原時平・菅原道真に内覧を命じる。	
八九九	昌泰二	2藤原時平を左大臣に、菅原道真を右大臣に任じる。	
九〇一	延喜元	1菅原道真、大宰権帥に左遷される。8時平ら『日本三代実録』を撰上。	
九〇二	二	3延喜の荘園整理令発令。班田を十二年に一度とする。この年阿波国で戸籍がつくられる。	
九〇三	三	2菅原道真、大宰府にて没する。	
九〇五	五	4紀貫之ら『古今和歌集』を撰上。8藤原時平『延喜式』の編纂に着手する。	
九〇七	七	藤原時平ら『延喜格』を撰上。	朱全忠、哀帝より受禅、唐滅亡。五代十国時代始まる。
九〇八	八	12『延喜格』を施行する。	
九〇九	九	4藤原時平没する。	

九一四	十四	4三善清行「意見封事十二箇条」を奉る。	
九二〇	二十		渤海使が入京する（最後の遣使）。
九二一	二一	1『延喜交替式』を奏進。10空海に弘法大師の諡号を授ける。	
九二三	延長元	3皇太子保明死去。菅原道真の怨念のためと噂が流れる。4菅原道真を右大臣に復し、正二位を追贈。	
九二六	四		契丹が渤海を滅ぼす。
九二七	五	12藤原忠平ら『延喜式』を撰上する。	
九三〇	八	6清涼殿に落雷。菅原道真の祟りと恐れられる。9醍醐上皇没する。藤原忠平を摂政に任じる。11朱雀天皇即位。	
九三一	承平元	4承平に改元。7宇多法皇が没する。	
九三五	五	2平将門が伯父平国香らと常陸で戦い、国香を殺す（平将門の乱はじまる）。この頃紀貫之『土佐日記』が成立する。	高麗が新羅を滅ぼす。
九三六	六	8忠平が太政大臣となる。	高麗が百済を滅ぼし、朝鮮半島を統一。
九三七	七	11東国諸国に将門追討の官符を下す。	
九三八	天慶元	5天慶に改元。	
九三九	二	11将門が常陸国府を襲う。12将門が下野・上野国府を襲撃し、新皇と称する。藤原純友が備前介藤原子高らを襲撃する（藤原純友の乱はじまる）。	
九四〇	三	2藤原秀郷・平貞盛らが将門を討つ。この頃『将門記』成立。	
九四一	四	5純友が太宰府内に乱入、追捕凶賊使小野好古が純友軍を討つ。11忠平が関白となる。	
九四四	七	4藤原実頼を右大臣に任じる。成明親王が立太子する。	
九四六	九	4朱雀天皇が譲位し、成明親王が即位する（村上天皇）。	契丹が国号を遼に改める。
九四七	天暦元	4天暦に改元。天暦の治。実頼を左大臣に任じる。藤原師輔を右大臣に任じる。	
九四九	三	8藤原忠平が没する。	

西暦	年号(天皇)	国内	東アジア
九五二	六	8朱雀法皇が没する。	
九五七	天徳元	10天徳に改元。	
九六〇	四	5右大臣師輔が没する。晩年に『九条年中行事』を編纂。	
九六四	康保元	7康保元に改元。この頃源高明『西宮記』が成立する。	
九六六	三	4この頃、『新儀式』が成立する。	
九六七	四	5村上天皇が没し、憲平親王が践祚する。6左大臣実頼が関白となる。7『延喜式』を施行する。9兄為平親王をさしおき、守平親王が立太子する。10憲平親王が即位する（冷泉天皇）。12実頼が太政大臣、源高明が左大臣となる。	
九六九	安和二	3源満仲らの密告により、為平外舅の左大臣源高明が大宰権帥に左遷される（安和の変）。藤原師尹が左大臣となる。8冷泉天皇が譲位し、守平親王が受禅、実頼が摂政となる。師貞親王が立太子する。9守平親王が即位する（円融天皇）。10師尹が没する。	
九七〇	天禄元	5実頼が没し、右大臣伊尹が摂政となる。	
九七一	二	10源高明を大宰府から召還する。11伊尹が太政大臣、源兼明が左大臣となる。	
九七二	三	11伊尹が没する。権中納言藤原兼通が、弟大納言兼家を超えて内大臣となる。	大宰府より高麗使が対馬に来着したとの報せが来る。
九七四	天延二	2内大臣兼通が太政大臣となる。3兼通が関白となる。	
九七六	貞元元	5内裏が焼亡し、7円融天皇が兼通の堀河第に移る（里内裏の初例）。	
九七七	二	10兼通が左大臣藤原頼忠に関白を譲る。11兼通が没する。	
九七八	天元元	10頼忠が太政大臣、源雅信が左大臣、兼家が右大臣となる。11兼家女詮子を女御とする。	

九七九	二		宋が中国を統一。
九八四	永観二	8円融天皇が譲位、懐仁親王が立太子。10師貞親王が即位する（花山天皇）。	
九八六	寛和二	6兼家の陰謀により花山天皇が譲位し出家する。居貞親王が受禅、兼家が摂政となる。居貞親王が立太子、懐仁親王が即位（一条天皇）。	
九八八	永延二	11尾張国の郡司・百姓らが国守藤原元命の非法を訴える（尾張国郡司百姓等解文）。	
九八九	永祚元	6藤原頼忠が没する。12兼家が太政大臣となる。	
九九〇	正暦元	1一条天皇が元服する。5兼家が病のため内大臣藤原道隆に関白を譲り出家。関白道隆を摂政とする。7兼家が没する。10円融中宮遵子を皇后とし、道隆女定子を中宮とする。	
九九一	二	2円融法皇が没する。9円融皇太后詮子、出家して東三条院となる（女院の初例）。	
九九三	四	4摂政道隆が関白となる。	
九九四	五	8藤原道兼が右大臣、藤原伊周が内大臣となる。	
九九五	長徳元	3道隆の病により伊周が内覧となる。4道隆が没し、道兼が関白となる。5道兼が没し（七日関白）、権大納言藤原道長が内覧となる。6道長が内大臣伊周をおさえ、右大臣となる。	
九九六	二	1伊周と弟隆家が花山法皇を射る事件を起こす。4伊周を大宰権帥、隆家を出雲権守に配流する。5伊周妹中宮定子が出家する。7道長が左大臣、藤原顕光が右大臣となる。	
九九七	三	4伊周・隆家を召還する。	
九九九	長保元	6内裏が焼亡し、天皇は一条院へ移る。11道長女彰子が入内。	

西暦	年号(天皇)	国内	東アジア
一〇〇〇	二	2道隆女定子が皇后、道長女彰子が中宮となる。12定子が没する。この頃清少納言『枕草子』が成立する。	
一〇〇一	三	12東三条院藤原詮子が没する。	
一〇〇二	四	この年、惟宗允亮『政事要略』が成立する。	
一〇〇七	寛弘四	8道長が金峯山に参詣し、経筒を埋納する。	
一〇〇八	五	2花山法皇が没する。	
一〇一〇	七	1藤原伊周が没する。この頃『紫式部日記』『源氏物語』、が成立する。	
一〇一一	八	6一条天皇が譲位し出家の後、没する。居貞親王が受禅、敦成親王が立太子。8道長が内覧となる。10居貞親王が即位する(三条天皇)。冷泉上皇が没する。	
一〇一二	長和元	2道長女妍子が中宮となる。4故大納言藤原済時女娍子が皇后となる。	
一〇一五	四	8眼病を理由に、道長が天皇に譲位をせまる。	
一〇一六	五	1三条天皇が譲位し、敦成親王が受禅、道長が摂政となる。敦明親王が立太子する。2敦成親王が即位する(後一条天皇)。7道長の土御門邸が焼亡。受領の奉仕により新造される。	
一〇一七	寛仁元	3道長が長男頼通に摂政を譲る。5三条法皇が没する。8敦明親王が東宮を辞退し、小一条院となる。敦良親王(後一条弟)が立太子する。12道長が太政大臣となる。長和・寛仁年中、藤原公任『北山抄』を撰する。	
一〇一八	二	1皇太后彰子を太皇太后とする。2道長が太政大臣を辞退する。6道長の土御門第改築。源頼光家具調度を献じる。10中宮妍子が皇太后、威子が中宮となる。道長が望月の歌を詠む。	

一〇一九	三	3道長が病のために出家する。4刀伊（女真族）が対馬・壱岐・筑前に来寇、大宰権師藤原隆家らが撃退する（刀伊の入冠）。12摂政頼通が関白となる。
一〇二〇	四	3道長が無量寿院の落慶供養を行う。
一〇二一	治安元	7藤原公季が太政大臣、頼通が左大臣、藤原実資が右大臣となる。この年、道長『御堂関白記』の記述が終了。
一〇二二	二	7無量寿院を法成寺と改め、金堂の落慶供養を行う。
一〇二三	三	10道長が高野山金剛峯寺に参詣する。
一〇二五	万寿二	この年、道長は相次いで二人の娘寛子、嬉子を失う。
一〇二六	三	1太皇太后彰子が出家し、上東門院の号を賜う。
一〇二七	四	9皇太后藤原妍子が没する。12道長が没する。
一〇二八	長元元	6前上総介平忠常が反乱を起こし、追討使を派遣する（平忠常の乱）。
一〇二九	二	これ以後、『小野宮年中行事』が成立する。
一〇三一	四	4忠常は戦わずして源頼信に降伏し、上洛の途上に病死。
一〇三二	五	この年、藤原実資『小右記』の記述が終了。
一〇三六	九	4後一条天皇が没し、敦良親王が受禅、7後朱雀天皇即位。9中宮威子が没する。
一〇三七	長暦元	1頼通の養女嫄子が入内する。3嫄子が中宮となる。
一〇四〇	長久元	6長久の荘園整理令が発令される。
一〇四五	寛徳二	1後朱雀天皇が譲位し出家の後、没する。親仁親王が受禅し、皇太弟尊仁親王が立太子する。4親仁親王が即位する（後冷泉天皇）。10寛徳の荘園整理令が発令され、前任国司以後の新立荘園を停止する。
一〇四六	永承元	1藤原実資が没する。
一〇五二	七	3頼通が宇治平等院を供養する。

西暦	年号(天皇)	国内	東アジア
一〇五五	天喜三	3天喜の荘園整理令が発令され、寛徳二年以後の新立荘園を停止する。	
一〇五八	康平元	2法成寺が焼亡する。	
一〇六〇	三	7頼通の弟教通が左大臣となる。	
一〇六一	四	12頼通が太政大臣となる。	
一〇六七	治暦三	12頼通が関白を辞任する。	
一〇六八	四	4皇后寛子が中宮、女御歓子が皇后、左大臣教通が関白となる。後冷泉天皇が没し、摂関家を外戚としない尊仁親王が践祚、7後三条天皇即位。	
一〇六九	延久元	2延久の荘園整理令を発令し寛徳二年以後の新立荘園を停止する。4貞仁親王が立太子。8藤原師実を左大臣、源師房を右大臣に任じる。閏10記録荘園券契所（記録所）を設置する。	
一〇七二	四	9量衡の制（延久の宣旨升）を定める。12後三条天皇が譲位、貞仁親王が即位（白河天皇）。	

［ま行］

［や行］

［な行］

［は行］

［た行］

［さ行］

事項索引

（左大臣、右大臣などの頻出語句は割愛した）

［あ行］

［か行］

［ら行］

［わ行］

［た行］

［な行］

人名索引

長谷山　彰（はせやま　あきら）

慶應義塾大学文学部教授。慶應義塾塾長。
略　　歴：1952年生まれ。1975年慶應義塾大学法学部卒業、1979年同文学部卒業、1981年同大学院文学研究科修士課程修了、1984年同大学院博士課程単位取得退学。駿河台大学法学部教授を経て1997年より慶應義塾大学文学部教授。2009年より慶應義塾常任理事。2017年より慶應義塾塾長。法学博士。
専　　攻：法制史・日本古代史。
主要著作：『律令外古代法の研究』（慶應通信、1990年）、『新 裁判の歴史』（共著、成文堂、1997年）、『日本古代の法と裁判』（創文社、2004年）、『政治と宗教の古代史』（共著、慶應義塾大学出版会、2004年）、『日本法制史』（共著、青林書院、2010年）、『法制と社会の古代史』（共著、慶應義塾大学出版会、2015年）など。

日本古代史
——法と政治と人と

2016年4月30日　初版第1刷発行
2018年1月25日　初版第2刷発行

著　者————長谷山彰
発行者————古屋正博
発行所————慶應義塾大学出版会株式会社
〒108-8346　東京都港区三田2-19-30
TEL〔編集部〕03-3451-0931
〔営業部〕03-3451-3584〈ご注文〉
〔　〃　〕03-3451-6926
FAX〔営業部〕03-3451-3122
振替　00190-8-155497
http://www.keio-up.co.jp/
装　丁————鈴木　衛
印刷・製本——萩原印刷株式会社
カバー印刷——株式会社太平印刷社

Printed in Japan ISBN 978-4-7664-2328-0